디자이너 마인드로 일하라

인간은 무엇이어야 하는가

포스트휴먼 시대, 인간을 다시 묻다

백종현 지음

아카넷

책을 내면서

최근에 진보를 거듭하고 있는 인공지능과학기술, 이에 의한 로봇, 드론, '자율주행'차, 그리고 뇌과학, 의생명과학 등은 자연 생명체인 인간의 삶 전반을 근본적으로 변혁시키는 한편, '이성적 동물'로 규정되던 '인간' 개념 자체의 변경까지를 종용하고 있다.

이미 어떤 면에서는 자연인간의 지능을 뛰어넘는 인공지능의 과시는 지식 개념을 흔들고 있으며, 의생명과학기술은 생명의 탄생과 유지 및 종결 방식에 지속적으로 개입하면서 '생명이란 무엇인가?'에 대한 근본적 성찰까지도 재삼 요구하고 있다. 인간의 노동을 기계적으로 대신하는 단순한 로봇을 넘어 정보통신기술과 생명과학기술 그리고 인공지능기술의 융합 산물인 사이보그(cyborg)가 등장하고, 미구에 자기산출 능력을 갖춘 유사 인간종('posthomo sapiens')까지 출현한다면, 우리는 '인간다움', '인간의 존엄성', '인격'이라는 인간의 본질 규정을 재검토하지 않을 수 없는 상황에 놓인다.

인간(Homo)이 한낱 자연물인지, 그 이상의 어떤 품격을 가지고 있는지에 대한 오랜 논란이 더욱 격화되어가고 있다. 인간을 신체적 존재자로 파악하는 근대인들에게 인체는 곧 인간의 모든 것을 뜻한다. 그래서 인체의 변조는 인간의 변모가 된다. 이러한 상황에서 인간의 수명 연장과 능력 증강에 대한 오랜 욕구가 과학기술을 부추기면 아마도 자연 존재자로 태어난 인간도 종국에는 모두 사이보그가 될 것이다. '인간-기계 공진화(co-evolution of human and machine)'니 '인간-기술 공생체(human-technology symbiont)'니 하는 이름 아래 자연인간의 낡은 심장은 기계 펌프로 교체되고, 부실한 신장과 혈관은 맞춤 사육한 여느 동물의 신장과 혈관으로 대체되며, 파괴된 한쪽 뇌는 인공지능이 대신할 가능성이 (또는 우려가) 점점 커지고 있다. 또는 생명공학적 조작에 의해 다수의 동일인이 대체(代替)하여 생을 이어갈 수도 있고, 그래서 사람 "수명이 1,000살 정도에 도달할 수"(D. P. O'mathuna)도 있다는 전망조차 나오고 있다. 또한 당초에는 인간에 의해 제작되고 조정받던 로봇이 정교화를 거듭하면, 마침내는 스스로 로봇을 제작하고 스스로 조작하며 조정하여, 총체적인 능력에서 인간을 제압하는 국면마저 도래할지도 모를 일이다.

오늘날의 인간 문명은 인간의 지적 능력에 힘입은 바 크다. 또한 "지식이야말로 힘이다(ipsa scientia potestas est)."(F. Bacon)라는 매력적인 표어는 과학적 지식이 전근대적인 삶의 고초들로부터 사람들을 해방하고, 의식주의 필수품을 구하는 데 매인 사람들의 삶에 자유와 여가를 줌으로써 충분한 신뢰를 확보하였다. 그러나 힘인 지식은 타인을 지배하고, 자연을 개작하고, 세계를 정복하고, 수요가 있는 곳에서는 제한 없이 이용된다. 지식은 기술에든, 자본에든, 권력에든, 전쟁에든 (심지어 악마적 흉계에도) 가리지 않고 힘이 된다. 갈수록 자연과학이 대세로 자리 잡고, 진리로 찬양받는 것은 사람들이 "자연과학을 통해 자연과 인간을 완전히 지배하기 위해 자연[과 인간]을 이용하는"(Horkheimer · Adorno) 지식 곧 힘을 얻을 수 있다고 보기 때문이다. 과학기술의 진보는 한편으로는 자연 즉 대상(객체)들을 지배할 힘을 증대시켜나가지만, 다른 한편으로는 자칫 인간의 인간다움을 위협 내지 훼손하는 것을 넘어 파기하는 결과를 가져올 수도 있다.

추세대로 나가면 산업적으로 군사적으로 그 유용성이 확인되는 마당에서 인공지능 로봇의 기능은 급속도로 향상될 것이고, 인간의 끝없는 생명 연장 욕구를 충족시키는 의료기술과 함께 생명공학은 진시황의 소망 성취를 향해 질주할 것이다. 그리고 이를 정당화하는 논리 또한 개발될 것이다. 이른바 '트랜스휴머니즘(transhumanism)', '포스트휴머니즘(posthumanism)'은 그러한 궤도를 달린다.

인간이 순전히 자연물이라면, 자연물의 산출 또한 자연물인 만큼, 인간의 지능과 손을 거쳐 나온 인공지능, 갖가지 인공적 조작 역시 실은 일종의 자연물이라 해야 할 것이다. 이쯤 되면 '인공적(人工的, artficial)'과 '자연적(自然的, natural)'을 굳이 분별할 일은 없다. 이로써 자연인간과 인공인간의 본질적 구별도 사라진다. 그러니까 자연인간이 인격체라면 로봇도 사이보그도 인격체가 된다. 자연인간이 대체 불가능성을 근거로 '존엄성'을 주장하는 것은 근거를 상실한다.

자연인간이든 로봇이든 사이보그든 모두 복제도 가능할 것이고, 동일한 것으로 대체도 가능할 것이기 때문이다. 그래서 '인간'이라는 것도 자연적으로 태어나는 것이 아니라, 인공적으로 제작되는 임의적인 생산품의 일종이 된다.

바야흐로 이렇게 인간에 대한 시각이 변하고, '인간'의 변조가 가능해지면 '인간이란 무엇인가?'라는 존재-본질의 물음은 일정한 대상을 잃는다. 그래서 이제 우리는 '인간이란 무엇이어야 하는가?'라는 당위-본질의 물음을 동시에 묻지 않을 수 없게 되었다. 인간의 본질 문제는 단지 사실의 문제가 아니라 이념의 문제, 가치의 문제가 된 것이다.

이 물음을 함께 묻고 더불어 답을 구하고자 필자는 동료 학자들과 뜻을 맞춰 2015년 9월에 '한국포스트휴먼학회'를 창립하고, 학회 활동을 안정적으로 지원하는 한편 관련 연구과제를 지속적으로 개발하고 수행하기 위해 2016년에는 '한국포스트휴먼연구소'를 설립하였다. 두 기관을 설치하고 운영하는 행정·재정적인 토대는 '법무법인 민후'가 마련해주었고, 처음의 공동연구과제 수행 연구비는 '한국연구재단'이 지원해주었다. 이와 관련한 관계자들께 깊은 감사의 마음을 표한다.

이 책은, 예전부터 필자가 쓴 인간 사회에 관한 논설들을 밑바탕으로 해서, 최근에 한국포스트휴먼학회의 공동연구에 참여하여 작성한 논고들에 현시점에서 적실한 사항을 가필하여 재정리한 산물이다. 책에 재사용된 기발표 논저는 아래와 같다.

「인간 개념의 혼란과 포스트휴머니즘 문제」, 수록:《철학사상》,
　제58호(서울대학교 철학사상연구소, 2015. 11).

「포스트휴먼 사회와 휴머니즘 문제」, 수록:『포스트휴먼 시대의
　휴먼』, 한국포스트휴먼연구소 · 한국포스트휴먼학회(편),
　아카넷, 2016.

「'제4차 산업혁명'의 시대, 인문학의 과제와 역할」, 수록:《철학사
　상》, 제65호(서울대학교 철학사상연구소, 2017. 8).

「제4차 산업혁명과 사회 윤리적 과제」, 수록:『제4차 산업혁명과
　새로운 사회 윤리』, 한국포스트휴먼연구소 · 한국포스트
　휴먼학회(편), 아카넷, 2017.

「인공지능의 출현과 인간 사회의 변동」, 수록:『인공지능과 새로
　운 규범』, 한국포스트휴먼연구소 · 한국포스트휴먼학회
　(편), 아카넷, 2018.

「포스트휴먼 사회의 도래와 휴머니즘」, 수록:『포스트휴먼 사회
　와 새로운 규범』, 한국포스트휴먼연구소 · 한국포스트휴
　먼학회(편), 아카넷, 2019.

『서양근대철학』, 철학과현실사, 2003(증보판).

『현대 한국사회의 철학적 문제 ─ 윤리 개념의 형성』, 철학과현실
　사, 2003.

『현대 한국사회의 철학적 문제 ─ 사회운영원리』, 서울대학교출
　판부, 2004.

『철학의 개념과 주요 문제』, 철학과현실사, 2007.

『시대와의 대화: 칸트와 헤겔의 철학』, 아카넷, 2017(개정판).

『이성의 역사』, 아카넷, 2017.

『한국 칸트사전』, 아카넷, 2019.

사상가라면 누구나 인간의 인간임에 관해 성찰하지 않은 이가 없으니, 인간에 대한 고찰은 인류의 자기반성의 축적이라 하지 않을 수 없다. 그런 까닭에 이 책에는 고전부터 최신의 간행물까지 많은 문헌에서의 인용이 있는데, 서지사항은 처음 인용 시에만 상세히 적고, 차후에는 번거로움을 피하기 위해 약칭으로 제시하며, 완전한 정보는 책 끝의 '참고문헌'에 모아서 밝힌다. '참고문헌'에는 그 밖에도 특정 대목을 인용하지는 않았지만, 독서 중에 착상과 시사점을 얻은 논저들도 포함되어 있다. 후대인의 말 중에 선인들의 말에서 기인하지 않은 것이 몇 마디나 있겠는가.

앞선 연구자들의 가르침 외에도 이 작은 책자에는 여러 동료의 후의가 담겨 있다. 조금 더 인간적인 사회를 일구기 위한 공동연구에 참여하여 높은 식견과 넓은 견문을 나눠주신 박찬국, 박충식, 정원섭, 손화철, 하대청, 박신화 교수님, 공동연구가 원활하게 진행되도록 조력해주신 유상미, 김수현, 문아현 선생님, 그리고 학회와 연구소를 설립하여 연구공간을 제공하고, 새로운 문명 동향에 대한 연구를 지원해주신 김경환 대표변호사님, 최주선 변호사님, 학회와 연구소 활동의 행정업무를 시종일관 도맡아 정성을 다해주신 신윤정 선생님, 최영선 선생님께 특별한 감사 말씀을 드린다. 또한 수 권의 책을 출판해준 인연으로 이 책까지도 맡아 내주신 아카넷 김정호 대표님과, 초고부터 검토하여 책의 얼개와 논변을 다듬는 데 이해 깊은 조언을 해주신 김일수 부장님, 풍부한 견식과 일관된 세심함으로써 어긋나 있는 문장과 어울리지 않는 어휘들을 바로잡아주신 정민선 선생님께도 심심한 사의를 표한다. ─여러 동행들과 나눈 우정, 이것이 이 책에 담겼다.

아무쪼록 이 작은 책자가 성큼 다가서고 있는 '포스트휴먼 시대'를 맞아, 더욱더 인간적인 번영을 기하기 위해 인간(휴먼)이 자기성찰을 심화하고 사회구조를 개편해나가는 데에 작은 쓰임이라도 있기를 바라면서, 소견을 공론의 장에 내놓는다.

로봇공학이든 생명공학이든, 아니 과학기술 일반이 인간의 창출인 이상 그것들이 인간의 품격을 고양하는 데 쓰여야 함은 당연한 일이다. 현안은 과학기술의 성과가 인간성을 지속적으로 고양시킬 수 있는 방안을 강구하여, 인간 문명의 산물이 인간 문명을 파괴할 위험을 방지하고, 인간이 애써 취득한 힘이 인간을 궁지로 내모는 폭력이 되지 않도록 하는 일이다.

2021년 3월
정경재(靜敬齋)에서
백종현

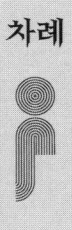

차례

머리말

　현생 인류 호모 사피엔스(Homo sapiens)는 대략 20~30만 년 전에 등장하여 오랜 원시생활 끝에 비로소 7만 년 전부터는 불을 이용할 줄 알았다. 거의 비슷한 시기에 시작된 언어 사용과 함께 이른바 '인지혁명'이 일어났고, 이때부터 인간은 차츰 '말을 할 줄 하는 동물' 곧 "이성을 가진 동물(ζῶον λόγον ἔχον)"[1]로 진화하였다 하니, 이로써 여타 동물 즉 짐승들과는 뚜렷하게 다른 점을 가졌다 하겠다.

　말하기를 터득한 인류는 대략 1만 2,000년 전부터는 밭을 갈아 농사를 짓는 경작(耕作, colere)법을 깨우쳤으며 그로부터 인간 '문화(文化, cultura)'가 개화하였겠다. 종전의 수렵-채취 위주의 삶의 방식은 헤매다니는 산천의 넓이와 노동량에 비해 소득이 형편없었으나, 농경생활이 시작되면서 생산성은 증대되고 그 효과로 사람들은 일정한 곳에 정착할 수 있게 되었는바, 그로부터 비교적 견고한 사회 공동체가 생겨났다.

그러나 다른 한편으로는 노동에 대한 의식과 함께 나의 노동의 성과물은 '나의 것'이고 그의 노동의 결과물은 '그의 것'이라는 사유재산 개념이 형성되었으니, 사유재산제도는 공동체와 그 생성의 궤를 같이한다. 비옥한 토지를 찾아 모여든 사람들 각자가 자기 힘으로 개간한 땅을 소유하고, 스스로 경작한 땅의 소출은 노동한 자에게 귀속하는 것이 자연스럽게 받아들여진 것이나, 이렇게 형성된 '내 것'과 '네 것'은 공동체 안에서만 담보될 수 있는 것이기 때문이다. 그래서 후대 사람들은 '자기의 것(Eigentum)' 곧 '소유(所有, property)'를 '자연법/자연권(自然法/自然權, ius naturae, ius naturale)' 이라 일컬었다. 이제 정치공동체가 시민들 각자의 소유 곧 생명(life)과 자유(liberty)와 재산(estate)을 보전할 목적으로 생겨났다는 것은 "모든 이성적인 피조물에게는 자연법상 명백히 이해되는" 일이라고 주장되었다.[2] 누구에게나 그 자신의 목숨/생명과 자기의 몸을 자기 의사대로 움직일 자유가 있으며, 그 자신의 힘으로 창출해낸 성과물이 '자기의 것'임은 지당하다는 것이다. '경작'에서 유래한 인간의 문화는 이렇게 인간의 기본적 '권리/법(Recht)'과 '함께 성장(concrescere)' 곧 '구체화(concretio)'하였다.

사회 공동체의 발생과 함께 사유재산제도가 정착됨으로써 인류 사회에는 국가 간, 지역 간, 가족 간, 개인 간의 경쟁 체제가 들어서고 갈등이 일반화하는 한편, 다른 한편으로는 자연인간을 시민(市民, civis)으로 전환시키는 문명화(文明化, civilisatio)가 촉진되었다. 일방의 권리에 타방의 권리가 맞서자 대화가 불가피해졌고, 대화를 이어가기 위해서는 시비곡직(是非曲直)의 준거가 필요했다. 그래서 법규가 생겨나고, 법규 아래에서 사는 삶 곧 시민생활이 시작된 것이다. 시민생활은 곧 공동체 규범 아래에서의 생활이다.

시민공동체 곧 국가(civitas)들이 형성되어 사람들 사이의 대화가 빈번해지고 국가 간의 교역이 활발해진 기원전 5, 6세기에 이르러 인류는 체계적인 지식, 지혜, 진리를 추구하는 수준에 이르렀으니, 이때부터 학술 형성과 함께 학파가 생겨났다. 학술의 기반은 신화나 전설과 같은 혼잣말(monologos)이 아니라 주고받는 말(dialogos)에 있고, 학파는 대화 중에 서로 다른 견해가 공존하는 방식이다. 이러한 대화는 학술의 기초이자, 더 일반적으로는 더불어 삶, 인간(人間)적 삶의 유대인 것이다. 사람의 말에는, 설령 그가 광인이라고 하더라도, 최소한의 일리는 담겨 있으니, 서로의 말에 귀를 기울여야 한다. ─이것이 인류가 학술 탐구 중에, 사회생활 중에 터득한 지혜이다.

대화 방식 곧 인류 문화사의 진행은 무엇보다도 말을 담아내는 문자의 형태, 글자의 고정 방식과 글의 유포 방식에 따라 크게 영향을 받는다. 1377년에 한국에서 『백운화상초록불조직지심체요절(白雲和尙抄錄佛祖直指心體要節)』이 금속활자로 인쇄되고, 유럽에서는 1450년경 구텐베르크(J. Gutenberg, 1397/1400~1468)에 의해 활자 인쇄술이 개발되어, 1450년대 후반부터는 활자본 도서가 널리 보급되기 시작하였다. 그 후 50년 사이에 유럽 각지 1,000여 곳의 인쇄소에서 1,000만 권 이상의 서책이 발행되었고, 이는 우선 유럽 지역에 각종 문자 문화의 급속한 발전을 가져왔을 뿐만 아니라, 16세기 중반에는 예수회를 통해 활자 인쇄기가 일본에까지 보급되었다 하니, 그

파장이 전 지구에 미쳤다 해도 과언이 아니다. 이는 인류 문명사에서 획기적인 사건으로서, 바야흐로 소수의 사람들이 독점하고 있던 '진리의 말씀'을 대중이 함께 확인 검토할 수 있는, 곧 대화할 수 있는 시대가 도래했음을 알렸다.

1453년 오스만 튀르크에 의해 비잔틴 제국(330/395~1453)이 멸망하자 유럽의 기독교 문화권과 인도 · 중국과의 육로 교통에 장애가 생겼다. 이에 지구가 둥글다는 것을 알게 된 사람들이 서쪽으로의 해상 교통로 탐색에 나섰고, 마침내 1492년 콜럼버스(Ch. Columbus, 1451~1506) 일행이 아메리카 대륙에 닿았다. 이때에 비로소 현재의 사람들이 알고 있는 지구의 크기와 모양이 널리 인지되었다. 이로써 근대인들은 이전 사람들과는 전혀 다른 '지구'(1507)와 '세계', 더 나아가 '인류'의 개념을 가지게 된 것이다.

이탈리아 지역에서 시작된 르네상스(Renaissance) 인문주의 운동의 확산과 함께 루터(M. Luther, 1483~1546)로부터 시작된 종교개혁 운동(1517)은 사람들에게 자기 자신의 자유로 복귀할 것을 촉구하면서 개인의식을 고취하였다. '인류(人類)' 개념 형성과 짝을 맞춰 이 '개인(個人)' 개념이 등장한 것은 인류 역사에서 '호모 사피엔스'의 등장 못지않은 대사건이다.

이 시기에 인간 사회를 종전의 것과 결정적으로 구분 짓는 또 하나의 요소인 수학적 자연과학이 발흥하였다. 베이컨(Francis Bacon, 1561~1626)은 종래의 학문이 고정 관념과 억견(臆見) 밑에서 형식적인 삼단논법에 따라 추상적 사변에 빠진 것을 비판하면서,[3] 실험 관찰적 방식의 '지식(scientia)'만이 "인간의 능력(potentia)을 보완한다"⁴라고 주창하였다. 이러한 귀납의 방법에 수학적 사고를 더함으로써 코페르니쿠스(Copernicus, 1473~1543), 케플러(Kepler, 1571~1630), 갈릴레이(Galilei, 1564~1642), 뉴턴(Newton, 1643~1727) 등은 자연과학의 세계를 열어젖혔다.

이즈음 자연과학의 진보와 함께 인간을 신체적 존재자로 이해하고, 신체 단위 개개인의 인권을 시민의 권리로 납득함으로써 자유민주주의의 이념이 점차 구체화되었고, 그때 영국의 명예혁명(1688/1689)은 주권재민 사상과 자유민주주의 정체의 원형을 제공하였다. ― 오늘날 지상에 '민주주의'의 원칙을 내세우지 않는 정치공동체는 없다.

1780년대 과학기술의 결실인 와트(J. Watt, 1736~1819)의 증기기관(steam engine)의 등장으로 인해 개시된 제1차 산업혁명은 1만 년 이래의 집단적 농경 사회를 공업과 상업의 사회로 이행시켰고, 그 결과 도시가 발달하고 시민계층이 형성되었다. 유일한 생산수단인 토지의 소유자인 귀족과 소작인 신분의 농민으로 구성되어 있던 구식(ancien) 사회에 자수성가한 시민들의 등장은 사회의 근본적인 변혁을 몰고 왔다. 차츰 사회적으로 영향력이 커진 전문인들(학자, 고급기술자, 기업인) 대부분이 시민계층에서 나왔을 뿐만 아니라, 태어날 때 이미 가진 개개인의 신체의 자유와 자신의 노동을 통해 획득한 재산이 불가침임을 주장함으로써 국가사회와 개인, 개인과 개인 사이의 관계를 다시 한번 정립하지 않으면 안 되는 상황이 벌어졌다. 그 상황은 정치혁명을 초래했으니, 애덤 스미스(Adam Smith, 1723~1790)가 자본주의 원론 격인 『국부론』⁵을 펴낸 1776년에 독립을 선언한 미국의 헌법 국가 수립(1789)과, 같은 해에 발발한 프랑스 대혁명에 의한 '인간과 시민의 권리 선언'(1789)을 계기로, 사회는 바야흐로 신식(modern)으로 개변하였다. 산업에서의 혁명적 성취가 단지 '산업' 분야에 국한되지 않고 전반적인 사회혁명으로 이어진 것으로, 산업구조의 급격한 변화는 이내 사회 구성원의 삶의 방식도 근본적으로 뒤흔들어 놓은 것이다.

누차에 걸친 시민혁명들이 이어지는 중에서도 과학기술은 진보를 거듭하였고, 그 결과 1860년대 전기 에너지 활용이 계기가 된 제2차 산업혁명은 석유, 자동차, 전화, 기계 산업을 크게 일으켰다. 이에 더하여 20세기 들어서면서 확산되기 시작한 대량 생산체제는 선진 산업 국가들의 경제적 부를 현저히 증대시켰다. 제2차 산업혁명의 선도국가들은 부국강병을 이루었고, 민족주의 정서에 휩싸인 제국주의 다툼 속에서 국가 단위의 주체는 제1, 2차 세계대전이라는 인류 역사상 일찍이 없었던 참상을 빚었다. 그리고 식민지 쟁탈전의 후유증은 여전히 고도 선진 산업국가와 빈곤국가가 공존하는 현실로 남아 있다.

거듭된 세계대전의 참화를 겪은 후 1960년대 반도체와 컴퓨터 그리고 '디지털'이라는 이름과 함께 인간 문화사에 등장한 이른바 '제3차 산업혁명'은 로봇, 컴퓨터 등 '생각하는 기계'가 그 중심을 이루고 있었다. 이제까지의 기계가 인간의 손발이 하는 일의 보조자 내지는 대행자였다면, 바야흐로 인간의 두뇌 기능을 대신하는 기계가 등장한 것이다.

2010년대에 이르러서는 인공지능(AI: Artificial Intelligence)의 기술

발전에 가속도가 붙어, 어떤 개발자에 의하면 21세기 내에 인간의 일반적 지능 수준의 범용인공지능(AGI: Artificial General Intelligence)은 물론 인간 지능을 훨씬 뛰어넘는 초인공지능(ASI: Artificial Super Intelligence)이 출현할 것이라고까지 한다. 그러한 예견이 현실화한다면 지능 외의 인간 요소들도 갖춘 인공마음(AM: Artificial Mind) 내지 인공인간(AH: Artificial Human)의 출현도 충분히 예상할 수 있는 일이다. 다른 한편 이에 더하여 발전을 거듭하고 있는 유전체 편집 기술은 맞춤형 아기(designer beings)를 '생산'하고, 합성생물학(synthetic biology)은 생체조직을 임의로 제조해내는 바이오프린팅(bioprinting) 기술 및 생명공학(biotechnology)과 함께 사이보그(cyborg)를 제작해낼 기세이다. 머지않아 변환인간(transhuman)이 등장하고, 포스트휴먼(posthuman) 사회가 도래하여 자연인간(homo sapiens)과 유사 인종('posthomo sapiens')이 더불어 살게 되거나 또는 자연인간이 오히려 탁월한 유사 인종에 예속되거나 아예 소멸할지도 모른다고 우려하는 이들마저 있다. 이러한 유사 인종의 출현은 인간 위격(位格, humanism)의 근본을 뒤흔드는 것을 넘어, 인류의 존립에 대한 위기감마저 불러오고 있는 실정이다.

이제 다시 우리는 묻지 않을 수 없다. — 인간은 무엇인가? 과연 인간(human, human being)은 하나의 자연물(물리학적이든 생물학적이든)에 불과한가, 그 이상의 어떤 품격을 가지고 있는가? 인간을 인간이도록 하는 것은 무엇인가? 무엇으로써 인간은 인간이 되는가?

어떤 이는 문명 변천을 이끈 근대에서의 변혁의 네 계기를 4차례의 "혁명"이라고 칭하면서, 신의 나라를 동경하던 인간이 기계로 추락하는 과정을 4단계로 요약하기도 한다.

① 코페르니쿠스에 의한 제1차 혁명: 지동설 — 인간의 변방적 지위 확인
② 다윈에 의한 제2차 혁명: 생물학주의 — 인간이 동물의 일종임을 확인
③ 프로이트에 의한 제3차 혁명: 정신분석학 — 인간이 이성적 존재자가 아님을 확인
④ 컴퓨터과학기술에 의한 제4차 혁명: 정보시스템 — 인간도 기계의 일종인 정보유기체![6]

아닌 게 아니라 컴퓨터과학기술에 의해 '인간의 기계화와 기계의 인간화'가 진행되면서 인간과 기계, 자연과 인공의 이원적 구분이 해체되는 한편, 의생명과학과 뇌과학은 생물학과 물성과학의 경계를 넘나듦으로써 인간의 포스트휴먼화(posthumanization)를 재촉하고 있다. 이른바 '포스트휴먼의 사회'가 다가서고 있으며, 이로 인해 '휴먼의 사회'에 난제들이 잇따라 제기되고 있다.

우선 인간을 다시 돌아보게 하는 물음들이다.

1) 과연 '인간'은 무엇인가?
2) 도대체 '생명'이란 무엇인가?
3) '인간적 삶', '인간답게 산다'는 것은 무엇을 뜻하는가?

윤리적이고 법률적인 물음들이 이어진다.

4) 인간은 어느 지점까지 의료기술에 의지해 생명을 이어가야 하는가?
— 의료기술이 할 수 있는 한?
   자연적으로 태어난 인간도 종국에는 사이보그로 생존하는 것이 아닐까? 그렇게 된다면, 그것이 '인간의'('나'의) 삶일까?
5) 우생학적 조치와 시술은 (어디까지) 허용할 것인가?
— 인간의 유전자 변형·복제·성형의 기술능력이 미치는 한?
   제한을 한다면, 그 기준은 누가 무엇을 근거로 정할 수 있을까?
6) '동일인' 개념은 어느 지점까지 유지될 수 있는가?
— 거듭되는 시술에 의해 자연인간이 변형되어가면 어느 지점까지 '동일인'으로 간주될 수 있는가?

현실적이고 구체적인 물음들도 뒤따른다.

7) 노동현장에서 로봇과 사이보그에게 일자리를 넘겨주고 인간은 단지 한가를 즐길 수 있는가?
— 지금 50대의 노동자가 80세에는 로봇의 노동력에 의존해 연금을 받게 되는가?
— 인간은 '일 없이' 무엇을 하면서 살 수 있는가, 그것도 계속 수명이 연장되는 세월을?

8) 전쟁터에서 자연인간 부대와 로봇 부대가 전투를 벌이는 국면
   은 피할 수 있겠는가?
   — 전투는 로봇들의 병정놀이로 그칠까?

이제 '포스트휴먼 사회'의 본질적 물음이 부상한다.

9) 자연인간과 로봇 또는 사이보그의 사회적 관계는?
   — 로봇, 사이보그도 자연인간과 똑같은 '국가시민'인가?
     (초기 국면에서는 시민권 부여 여부가 자연인간들 사이의 논란거리일지
     모르나, 과거 휴먼 사회에서 거듭된 시민혁명을 통해 만인이 평등권을
     갖게 되었듯이, 어쩌면 미구에는 로봇과 사이보그 또는 다른 유사 인종
     들이 봉기하여 시민권을 쟁취할 수도 있고, 자기산출 능력을 갖춘 탁월
     한 유사 인종이 출현할 경우에는 거꾸로 그들이 자연인간들을 지배하게
     될 수도 있겠으며, 종국에는 자연인간이 소멸할지도 모르겠다.)
   — 자기산출 능력과 자치능력을 갖춘 로봇, 사이보그 들이 독자
     적 국가를 세운다면, 자연인간들의 국가와 공존공영할 수 있
     을까? 과연 그러한 경우에도 국제관계라는 것이 성립할까?

이러한 물음에 상관하는 현실이 구체화되어 갈수록 마침내 인간
의 정체성 물음이 과제가 되지 않을 수 없다. 인간의 개조 내지 변
조, 심지어는 제작이 가능한 마당에서 "인간이 무엇인가?(Was ist der
Mensch?)"라는 물음은 자칫 "무엇을 '인간'이라고 칭하는가"라는 물
음에서 맴돌게 된다. 그래서 우리는 이제 대체 "인간은 무엇이어야

하는가?(Was soll der Mensch sein?)"를 함께 묻지 않을 수 없다. 인간의 본질 문제, '인간' 개념의 외연을 확정하는 문제는 단지 하나의 사실의 문제가 아니라 이념의 문제, 지향의 문제가 된 것이다.

10) 인간은 무엇이어야 하는가?
― 그러나 누가, 무엇을 근거로 해서 인간의 본질(이념)을 규정할 수 있겠는가?

근대 문명의 총아인 과학기술의 진보와 그 덕분에 광범위한 찬동을 얻는 물리주의적 인간관의 연장 선상에 있는 포스트휴먼 사회가 야기하고 제기하는, 이러한 문제들에 대한 성찰이야말로 당면한 철학적 과제이다. 무릇 인간의 지혜의 산물인 과학기술과 사회제도들이 인류의 번영을 위해 활용되어야 할 것은 정한 이치이다.

이제 앞의 물음들을 염두에 두면서 다시 한 번, 인간이 무엇이고, 무엇이어야 하는지를 성찰하면서 인간이 인간으로서 걸어야 할 정도(正道)를 찾아보자. 그러나 이미 분명한 것은, 인간은 자신이 무엇인지(사실), 무엇이어야 하는지(당위)를 물을 수 있고, 더구나 이 두 물음을 구별하여 물을 수 있는 자기성찰적 존재자라는 사실이다. 그리고 아마도 이 사실에서 우리는 물음의 답을 이끄는 실마리를 발견할 수 있을 터이다.

서장

인간의 존엄성을
어떻게
고양할 것인가

지금까지의 인간 문화사를 돌이켜보건대, 인간은 종(縱)으로는 역사성을, 횡(橫)으로는 사회성을 현시하면서 기초적으로 지성[知]·감정[情]·의지[意]라는 의식작용을 자아활동으로 펴는바, 이러한 자아활동은 지능(논리학, 수학)과 지식(과학) 및 지혜(인문학)의 이론적 활동, 그리고 희(喜)·노(怒)·애(哀)·낙(樂)·애(愛)·오(惡)·구(懼)와 같은 정서, 윤리와 법과 같은 당위 규범에 따르는 실천 활동의 기반으로서, 이에서 인간은 진(眞)·선(善)·미(美)의 가치를 추구하고, 인간의 힘이 미치지 못하는 거룩함[聖]을 희구하는 삶을 산다.—이러한 가치 추구의 삶이 인간적 삶의 고유 방식이라 할 수 있겠다.

　인간은 관찰과 논리적 추리와 계산에 의해 지식정보를 생산 축적하고 부딪치는 문제를 해결해가는 능력 곧 지능(知能)을 가지며, 또한 주어져 있는 것을 있는 그대로 파악하고 그러한 것에 의미를 부여하는 지식활동을 하고, 자신을 성찰하고 자신을 도야하는 교양 활동을 한다.

인간은 스스로 생각하고, 생각한 것을 언어화함으로써 타인과 소통한다. 자연인간은 여러 족속으로 존재하고, 족속마다 고유한 자연언어를 가지되, 언어의 상이성에도 불구하고 언어에 담기는 논리와 윤리는 전 인류 사이에 보편성이 있어서, 족속 간의 소통 또한 가능하다.

동물로서의 인간 역시 생존본능에 따라 행동하면서도, 각자의 행동이 합당한지를 끊임없이 상호 검토하니, 일반 동물처럼 한낱 '생존본능에 따르는 것'이 아니라 '정당성'이라는 보편적 가치 척도에 따라 행위한다. 인간은 이익을 좇는가 하면, 진리와 선량함을 추구하고 신성함을 간구하면서도, 이런 것들과 아무런 상관이 없는 것에서도 쾌감과 불쾌감을 느끼는 미추(美醜)의 감정에 따라 다수의 활동을 한다. 인간 외에 울타리 너머로 보이는 장미 넝쿨, 울안을 가득히 채운 구절초를 보고서 흐뭇해하는 동물은 없다.

이러한 인간의 활동을 총체적으로 '문화(文化, cultura)' 활동이라 한다면, 문화는 본래 자연 위에, 곧 인간의 동물성 위에 새겨지는 이성의 무늬이니, 문화는 자연과 인간 이성이 합치하는 곳에서 피어나는 인문성(人文性, humanitas)의 진수라 하겠다. 인간의 문화, 곧 인문은 자연상태를 그대로 두지 않고, 자연에 무늬를 새기는 일, 자연을 채색 단장하는 일, 자연을 개간 경작하여 세련화하고, 자연성을 교화 형성하는 일, 교양을 쌓는 일이 주요 요소이다. 거기에 자연인간을 시민(civis)으로 만드는 일, 곧 문명화(civilisatio)하는 일이 덧붙여진다. 이러한 관점에서 인간을 '문화적 동물'이라고 일컬을 수 있을 것이다.

사람들이 흔히 진·선·미를 최고의 가치로 꼽으며 그를 지향하는 것은 인간에게 세 가지의 '자율'적 활동, 곧 법칙수립[입법]의 방식이 있기 때문으로 보인다. 이를 칸트(Kant, 1724~1804)는 마음의 자발성(Spontaneität), 자율(Autonomie), 자기자율(Heautomie)이라고 구별하여 표현하고 있지만, 넓게 보면 모두 자율의 방식이다.[1] 인식은 이론이성의 자발성의 발로인 인식 법칙의 수립에 의거해 가능하며, 그 인식 안에서 존재와 진리는 드러난다. 도덕적 행위는 실천이성의 자율적 명령에 의해 가능하며, 행위 중에서 선과 악이 드러난다. 미적 판단은 반성적 판단력의 자기자율인 합목적성의 원리에 의거해 가능하며, 거기에서 비로소 아름다움이 등장한다.

사물에 대한 앎, 인식은 마음이 아직 모르는 무엇인가(X)를 인식하기 위해 스스로 만들어 가진 인식의 형식들, 곧 감성의 형식인 공간 시간 표상과 지성의 형식인 범주들, 그리고 감성과 지성의 형식들의 사용 원칙들에 의해 비로소 가능하다. 의지가 "그 자신에게 (의욕의 대상들의 모든 성질로부터 독립적으로)"[2] 부여하는 법칙, 곧 "의지의 자율", 이른바 '정언적 명령[지시규정]'에 따르는 행위만을 도덕적으로 선하다고 일컬을 수 있다. '합목적성'은 자연 안에서 객관적으로 발견되지는 않지만, 자연적 소여를 빈틈없이 이해하기 위한 마음의 감정 활동의 순수 원리로서 주관 자신을 규제한다는 점에서 '자기 자율'이고, 인간의 마음은 어떤 대상의 감각에서 그것이 합목적임을 포착하면 '아름답다'라는 쾌감을 느끼고, 합목적이지 않음을 포착하면 '추하다'라는 불쾌감을 느낀다.

사람 앞에 이미 만들어져 주어져 있는 것이라는 사실(事實, fact, Faktum)도 실은 인간의 사물인식 방식에 따라 '인식된 것'이니, 인간에 의해 규정된 것이고, 아름다운 것이라는 것도 그 자체로 있는 것이라기보다는 인간의 쾌·불쾌의 감정 방식에 따라 '느껴진 것'이다. 무엇보다도 윤리 도덕이라는 것은 이미 '당위(當爲, Sollen)'라는 일컬음이 함의하고 있듯이, 존재(存在, Sein)하는 것이 아니라, 인간의 의지의 자율, 곧 인간의 "의지가 그 자신에게 (의욕의 대상들의 모든 성질로부터 독립적으로) [행위] 법칙"³을 부여하는, 그러니까 입법적인 활동으로 생겨난 인간다움의 행위 규범이다. 사람의 마음은 이러한 작용방식을 갖고 있다. 그러니까 무엇인가가 인간 유(類)에 포함되려면 이러한 마음과 작용방식을 갖고 있는 한에서 그러하겠다.

그런데 인간에 대한 이러한 서술이 진상이 아니라는 이의가 곳곳에서 제기되고 있다. 20세기 후반 이래 사이버네틱스, 뇌과학, 진화생물학, 생명공학 등이 부상하면서 인간 또한 하나의 물체, 물질조직으로 간주되는 추세인 터에, 21세기 중에 유사 인종의 출현 가능성마저 높아지자 인간(Homo)의 정체성에 관한 의문들이 잇따르는 것이다.

한편에서는 인간의 지능 못지않은 인공지능 로봇이 곳곳에서 활동하고 있고, 머지않아 인간 지능을 능가하는 '초인공지능(ASI)'마저 출현할 것이라 한다. 실로 인간의 지능을 능가하는 이른바 '초인공지능'이 출현한다면, 그러한 인공지능은 인간 문명을 심대하게 변형시키는 것을 넘어 인간종 자체를 소멸시킬 것이다. 어떤 이들은 그러한 과학기술이 불완전한 생물학적 존재자인 인간을 한결 '개선'시킬 수도 있을 것이라 기대하지만, 그런 식으로 '인간'이 존속한다 해도 그것은 더 이상 자연인간이 아니라 기껏해야 변형인간 내지 변조인간(transhuman, 'Homo sapiens 2.0')일 것이고, 정확히 말하면 이미 현생 인류, 생물학적 의미의 인간은 아닐 것이며, 따라서 이제까지의 인간에 관한 서술은 실로 그 대상을 상실할 터이다. 이런 상황을 두고 어떤 이는 "인공지능의 출현"을 전 우주의 역사에서 "우주의 창조"와 "생명의 출현"에 이은 "세 번째의 대사건"[4]이라 칭하기도 한다.

당초에는 인간에 의해 제작되고 조종받던 로봇이 정교화를 거듭하면 마침내는 스스로 로봇을 제작하고 스스로 조작할 가능성도 없지 않다. 그래서 '초인공지능'이 한 번 만들어지고 나면 그 초인공지능에 의한 지능의 진화(발전)가 급속도로 진전되어 누구 말대로 "지능 폭발(intelligence explosion)"[5]이 일어나 자연존재자인 인간의 지능으로서는 전혀 통제할 수 없는 상황이 발생할 것이다. 이에 '초인공지능'은 자연인간인 "우리의 마지막 발명"으로서, 그로써 "인간 시대는 끝"[6]이라는 경고가 허술히 들어 넘길 말만은 아니다.

그런가 하면 또 다른 한편에서는 컴퓨터과학기술과 의생명과학기술이 어우러져 인체가 개조되고 수명 또한 임의로 조정할 수 있다 하고, 거기에 더하여 생명공학은 사이보그를 산출할 기세이다. 그 기세를 이어 이제까지는 생물학 영역에 있던 생명체를 물성과학의

기술로 산출해내 '인공생명(AL: Artificial Life)'마저 등장할 것이라고
한다.

이러한 사정은 '생명'에 대한 새로운 개념 형성은 물론, 이제까지
의 '인간' 개념 자체를 전복시키려 한다.

땅(humus)에 사는 것인 인간(Homo)은 이성적 동물(animal rationale)
이다. 땅에서 호흡(anima)하며 호흡하는 동안만 생명을 갖는 시
간적인 존재자인 인간은 동물로서 개체로서는 제한적인 생명성
(animalitas)을 갖지만 유(類)로서는 영속적으로 생명을 이어가며, 개
선되어가는 이성적 힘에 의해 자연 안에서도 자연을 가공하면서 산
다. 그래서 인간의 생은 자연적(natural) 요소와 인공적(artificial) 요소
로 이루어져 있는 것으로 이해되어왔다. 그리고 그 '인공적'인 것 안
에는 '창의적(creative)'인 것도 포함되는 것으로 여겨져, 인간은 창조
자인 신과 순전히 피조물인 동물 사이에 있는 중간자라고 호칭되기
도 했다. 그러다가 19세기 진화론의 등장과 함께 인간도 여타의 동
물과 별반 다를 것이 없는 동물의 일종으로 간주되더니, 20세기 물
리주의(physicalism)가 득세하면서는 인간을 포함한 동물 일반이 차
츰 기계적인 물체로 취급되고 있다. 급기야 21세기에 들어서는 급진
전하는 인공지능과학기술과 의생명과학기술이 합세 합류하여 인체
를 개조하고, 더 '나은' 인체(人體)를 생산해낼 것을 의욕하고 있다.
인간이 '인체' 이상도 이하도 아니라는 생각에서는 인체의 개선이
곧 인간의 개선일 터이다. 이른바 '트랜스휴머니즘(transhumanism)'
의 출현이다.

그러나 인체가 생체-물체 하이브리드(hybrid)로 변조 내지 제작

되고, 두뇌가 컴퓨터정보시스템으로 교환되는 국면에서 인간의 존엄성은 더 이상 없다. 기술적 제작물이 상품화하는 것은 불가피하기 때문이다. 그런데 우리가 기대하는 것은 '개선된 인간', '인간의 개선'이지, '현존 인간의 변형'이나 '변종', '인간의 대체'나 '폐기'가 아니다. 물리-생물학적 변조에 의해 현생 인류가 파멸, 소멸하고, '진화'라는 이름으로 신생 우월 존재자가 출현하는 것은 인류가 바라거나, 남의 일처럼 지켜보고만 있을 수 있는 일이 아니다.

우리가 논의할 수 있는 것은 트랜스휴먼(transhuman)이나 포스트휴먼(posthuman)이 우리가 관리하면서 공존할 수 있는 범위 내의 일일 때뿐이다. 만약에 트랜스휴먼이나 포스트휴먼이 문자 그대로 '휴먼을 넘어' 더 이상 '휴먼'이 아니고, 휴먼을 지배하거나 대체하거나 파멸시킬 수 있는 국면이 도래한다면, 그때 우리에게는 더 이상 그것들에 관한 논의의 장이 주어지지 않을 것이다. 그러한 국면에서 인간은 또한 더 이상 독자적으로 인간의 문제를 논의할 처지가 못된다. 트랜스휴먼이나 포스트휴먼이 휴먼을 지배하거나 대체하거나 파멸시킬 수 있는 국면에서는 휴먼과 트랜스휴먼 또는 포스트휴먼과의 관계를 어떻게 설정할 것이냐의 논의 주도권이 더 이상 휴먼에게 있지 않고, 트랜스휴먼이나 포스트휴먼에게 있을 것이기 때문이다. 아니, 더 이상 휴먼은 존재하지 않아 이런 논의 자체가 없을 수도 있다.

초지능 인공지능의 현신인 포스트휴먼이 출현한 후에는 설령 인간이 존속한다 해도 인간이 스스로 할 일, 할 수 있는 일은 없을 것이다. 포스트휴먼은 인간이 시도하고 궁리하는 것보다 훨씬 신속하게 일을 처리할 것이기 때문이다. 인간이 포스트휴먼과 공존하면서 포스트휴먼을 인간의 방식으로 통제할 수 있는 것은 포스트휴먼의 일반 지능이 인간의 일반 지능 이하에 머물러 있는 한에서일 뿐이다. (그 한도를 넘어서자마자 아마도 '포스트휴먼'이라는 용어 자체도 소멸할 것이다. '포스트휴먼'이라는 말 자체가 이미 '휴먼'을 중심 내지는 기준으로 놓고 사용하는 '휴먼의 언어'이니 말이다.)

'포스트-휴먼'이 문자 그대로 자연인간인 현생 인류 이후의, 인간보다 탁월한(진화한) 어떤 존재자를 지칭한다면, 그러한 존재자에 관해 우리가 무엇인가를 논한다는 것은 터무니없는 짓이다. 우리가 의론할 수 있는 것은 휴먼 세계의 종말까지일 뿐, 그 이후에 관한 논설은 과학적인 근거도 빈약할 뿐만 아니라, 종교적으로도 무의미하다. 그런 것이야말로 공상이다. (이미 사멸한 휴먼이 부활을 한들 어디서 누구와 함께 '무엇'으로 살겠는가. 정체성 없는 삶은 인간의 삶이 아니다.)

그래서 우리는 '포스트휴먼'을 인간(휴먼)을 넘어선, 능력의 면에서 인간을 압도하는 어떤 존재자의 지칭이라기보다는, 생식을 통해 대를 이어가는 자연인간인 휴먼과는 다른 방식으로 생겨나지만, 어느 면에서는 인간과 유사하게 활동(작동)하며 인간 문화의 한 구성 요소를 이루는 특정한 존재자로 이해한다. 이러한 맥락에서 포스트휴먼 사회에서의 휴머니즘 문제란 인류와 유사 인종이 공존하는 사회에서 인간의 존엄성을 어떻게 더 고양시킬 것인가의 문제이다. 그러니까 이 문제는 "인간의 과학기술의 발전은 인간의 욕구와 호기심에 따른 아주 자연스러운 귀결이고, 그 결과 인간을 뛰어넘는—얼핏 '인공적'으로 보이지만 실은 그 역시 '자연적'인—어떤 존재자의 출현은 자연 진화의 과정이므로, 인간이 바라든 바라지 아니하든 일어날 것이고, 인간의 선호와 상관없이 인간이 받아들일 수밖에 없는 사실이다."라고 남의 이야기하듯이 말해서는 안 된다는 것을 함의한다. 인류 문명의 쇠퇴나 인류의 소멸을 야기할 수도 있는 것을, 더구나 그것이 인간 자신의 행위에 의한 것일 경우에는, 이래도 좋고 저래도 좋은, 욕구대로 저질러놓고 뒤따라오는 결과는 받아들일 수밖에 없는 일로 치부할 수 있는 것이 아니다. 인류 복지와 번영에 좋은 일은 장려할 일이지만, 인류 폐망의 원인이 될 만한 일은 예상되는 즉시 저지해야 하는 것이 '인간의 일'이다. ─그것은 나의 생사의 사안이 '나의 일'이고, 어떤 가족의 번성 또는 퇴락과 관련 있는 사안은 그 '가족의 일'이며, 우리 민족의 존망에 관한 일은 '우리의 일'인 이치와 같다. (우리 민족이 열등하면, 우수한 족속으로 대체되는 것이 자연의 이치이고, 그것이 민족의 진화라는 논변을, '우리 민족'이 "그렇겠구나!"하고 남의 이야기 듣듯이 한다는 것은 있을 수 없는 일이다.)

진화론자들의 이야기처럼 인간이 설령 침팬지로부터 '진화'했다 한들, 인간이 침팬지의 일종은 아니다. 인간은 침팬지와는 다른 종(種)이다. 그러니 침팬지로부터 그보다 더 진화된 인간이 번성했다 해서 그것이 침팬지의 번성이라고는 할 수 없다. 이제 인간이 멸종하고, 인간(휴먼)보다 여러 면에서 탁월한 포스트─휴먼의 세상이 열린다 해서, 이 종이 인간의 진보적 연장이라고 볼 수는 없다. 세계(자연)의 역사에서는 한때 번성했던 매머드가 사멸하고, 단계 단계를 거쳐 인간이 등장한 것을 생명체의 '발전'이라고 말할지 모르겠으나, 매머드는 멸종한 것이다. 이제 만약 인간을 압도하는 포스트휴먼이 등장하여 인간이 제압당하거나 사멸하게 되면, 세계의 역사는 '발전'한 것일지 몰라도, 인류의 역사는 종말을 맞는 것이다. ─ 인류는, 인간은, 나는 무엇을 바라는가? 인류가 사멸하더라도 인류보다 더 탁월한 어떤 존재자가 등장하여 세계사를 이끌어가기를 바라는가, 아니면 '이성적 동물'로 태어난 인간이 더디더라도 꾸준히 개선에 매진하면서 존속하기를 바라는가?

─ 한 인간으로서 나는 현생 인류가 대를 이어 한 걸음씩 진보하면서 영속할 것을 기대하고 소망한다. 그리고 인류가 이러한 기대와 소망의 실현을 위한 지혜를 모을 것을 발원한다. ─ 이 소망은 인간이 무엇이어야 하는지에 대한 응답을 벌써 담고 있다.

"모든 생명체는 언제나 자기 생명을 유지 발전시키기 위해 활동한다. 그것이 생명활동의 본성이자 본질이다."라고 주장하는 사람들은 인간의 과학기술의 발전 끝에 설령 현생 인류가 멸실된다 해도 그 '인간 이후(Post-human)'의 존재자는 현생 인류보다 더 진화한, 생명체의 자기 진보의 결과라고 말하려 든다. 그런데 실로 "모든 생명체는 언제나 자기 생명을 유지 발전시키기 위해 활동한다."라는 명제가 참이라면, "모든 생명체는 무엇이 자신에게 이로운지 해로운지를 본능적으로 또는 지성적으로 지각할 수 있다."라거나, "생명체에는 어떤 경우에도 '자해'니 '자살'이니 하는 행위 또는 활동이 없다."라거나, "인간의 악행들도 자기 생명 유지 발전의 한 방편이다."라거나, "어떤 사람의 자살도 두말할 것 없이 그의 생명 유지의 한 방식이다."라는 따위의 주장에 대해서도 그렇다고 수긍해야 할 것이다. 진정 그러하다면, 실로 '자기 살해'니 '악행'이니 하는 말 자체가 성립되지 않을 것이고, 그것은 더 일반적으로 말해 일체의 윤리 도덕이 무의미하다는 것을 뜻하겠다. ―이제, 새삼스럽게 확인해야 할 사실은, 생명체의 모든 활동이 그리고 인간의 모든 행위가 자기 생명의 유지 발전에 긍정적인 것은 아니라는 사실이다. 그래서 우리는 우리의 생명의 존속과 번영을 위해 우리 자신의 행위가 어긋나지 않게 늘 감찰 경계해야 하고, 부단히 교정해나가야 한다는 것이다. 이러한 시선은 인간 활동의 한 가지인 과학기술의 진행과 정치사회의 조성에 대해서도 예외 없이 던져져야 한다.

재래의 과학기술이 인간 '활동의 도구'의 개선과 증강을 통해 인간의 작업능력을 향상하는 데 기여해왔다면, 21세기에 들어서 급진전하고 있는 인공지능과학기술과 의생명과학기술은 '인간' 자체를 증강한다는 것을 목표로 삼고 있는지는 몰라도 결국 인체 변조를 초래한다. 재래의 과학기술이 자연을 대상화하고, 재료로 삼아서 인간의 유익함을 위해 개발했다면, 최근의 과학기술들은 인간을 대상화하고, 인간을 재료로 삼는다. 인간은 예전처럼 과학기술의 개발과 운용의 주체이기만 하지 않고 이제는 하나의 객체이며, 형태 짓는 자가 아니라 형태 지어지는 자의 처지에 놓여 있다. 과학기술 앞에 인간은 여타의 사물들과 다름없이 하나의 개발 '자원'이 된다. 그리고 그 결과 과학기술의 또 다른 산물에 의해 질 낮은 하나의 사물로 평가받고, 폐기될 위험에 노출되어 있다.

'기술발전 곧 복지향상'이라는 명분을 내세워 인류 문명을 해체할 우려를 낳고, 인간에 대한 관점마저 변경을 종용하는 포스트휴먼 사회의 도래에 직면해서 우리가 새삼스럽게 확인할 일은 무엇보다 '참다운' 인간의 모습이며, 마련해야 할 것은 과학기술의 진보를 인간 문명사회의 진보의 틀 안에서 관리하는 규범이다. ─ 그런데 우리는 이제까지의 인류 문명사 바깥 어디에서 그 길과 지혜를 찾을 수 있겠는가.

1장

인간은
무엇인가

인간(人間, ἄνθρωπος, homo, man, Mensch)이란 무엇인가? 인간을 '인간'이게끔 하는 것은 무엇인가? ─내가 나를 자각한 이래 끊임없이 "나는 누구인가?", "나는 무엇인가?"를 묻고 있듯이, 인간은 이미 오랫동안 자신을 돌아보며 "인간은 무엇인가?"를 묻고 있다.

인간은 통상 동물들 가운데 한 종(種)으로 여겨진다. 이는 인간이 동물들과 공유하는 속성과 함께 여느 동물에서는 볼 수 없는 특성, 즉 적어도 한 가지 종차(種差, differentia specifica)를 가지고 있음을 말한다. 그리고 '인간'이 현존하고 있으니 동물이라는 보편성에 어떤 특수성(종차)이 조합해 있는 하나의 존재자가 있음은 사실이라 하겠다.

그래서 누구는 '인간이란 부끄러워할 줄 아는 동물'이라느니, '인간이란 웃을 줄 아는 동물'이라느니, 또는 '인간이란 자기 한계를 알면서도 거기에 머물려 하지 않는 동물'이라느니, '인간이란 알고 싶은 욕망을 피할 수 없는 동물'이라느니 하고 정의하기도 하지만, 인간에 대한 많은 정의 가운데서도 가장 포괄적이고 가장 널리 통용되고 있는 것은 아마도 인간은 "이성을 가진 동물" 또는 "이성적 동물(λογικὸν ζῷον, animal rationale)"이라는 정의일 것이다.[1] 그리고 인간 역사의 대부분은 실상 인간을 이루고 있는 이 '이성성(rationalitas)'과 '동물성(animalitas)'의 길항작용으로 이루어져,[2] 가령 동물성이 발휘되는 것을 이성이 막으려 한다거나 이성의 활동에 동물성이 장애를 일으키는 과정으로 보아도 큰 무리가 없을 정도이다. 다행히 동물성이라는 보편성과 이성성이라는 특수성이 잘 화합한다면, 그때야 인간은 진정으로 '인간성(humanitas)'을 확보할 것이지만, 저 두 성질이 불화를 일으키면 자기 파멸, 자살에 이르기도 한다.

오랫동안 사람들은 그 자신이 동물로 태어나기는 했지만 이성(理性, logos, ratio)을 가짐으로써 신성(神性)에 참여하고 있는 것으로 보아, 인간의 위치를 신과 동물 사이에 두었는데, 근래에는 이성을 컴퓨터와 공유하는 기능으로 보아 인간을 동물과 기계 사이에 위치시키려 하는 이들이 적지 않게 나타나고 있다. 이는 이성을 법칙수립의 능력(지성)으로 보는 이들과 한갓된 계산능력(지능)으로 보는 이들 사이의 견해 차이에서 비롯하는 것이라 하겠고, 이러한 견해의 차이는 나름의 이치나 근거를 갖는 것이겠다.

그런 한편 최근에 부상하고 있는 컴퓨터과학기술과 의생명과학기술이 대상으로 삼고 있는 '인간'이 마치 '과학적으로 밝혀진' 그러니까 '진짜' 인간인 양 받아들여지면서 인간은 어떤 곳에서는 뭇 동물의 하나(생물학주의)로, 또 어떤 곳에서는 기계와 동종적인 것(물리학주의)으로 취급되는 일이 더욱 빈번해지고 있다. 인간의 전모가 실로 자연과학에 의해 밝혀진다면, 그것은 인간이 유기물이든 무기물이든 순전히 물질 구조물임을 말하는 것이다. 과연 인간은 물체적 존재자 중의 하나인가? 또는 인간이 한낱 물체적 존재자가 아니라면, 무엇을 근거로 사람들은 인간의 인간임을 말하는가?

/ 1 /

인간의 본질을 어떻게 규정할까

'호모 사피엔스(Homo sapiens)'라는 현생 인류의 호칭이 여전히 통용되는 것은 '지혜 곧 이성을 가진, 땅에서 사는 유한한 존재자'라는 인간관이 유지되고 있기 때문일 것이다. 인간에 대한 전통적 관념은, 인간은 하늘에 사는 불사(不死)의(immortalis) 신(deus)과 같지는 않지만, 이성을 갖추고 있다는 점에서 여느 동물과는 다른 '땅에 사는 동물(animal humanum)'이라는 것이다. 전통적으로 사람들은 인간이 동물이기는 하지만 그 이성성으로 인해 신성(divinitas)에 참여하고 있으며, 동물성을 갖는다는 점, 곧 생명체라는 점에서 한낱 물리적 기계와는 다르다고 보았다. 요컨대 인간은 그 이성성 (rationalitas)에서 동물과 구별되고, 그 동물성(animalitas)에서 기계와 구별된다는 것이다.

인간은 자연을 제작한 창조자는 아니지만, 자연을 개시(開示)한다

[드러내 보인다]는 점에서 부분적으로는 창조자[3]라는 견해가 폭넓게 지지를 받아왔다. 인간은 기계와는 달리 자연을 감각하되, 여느 동물과는 달리 자연 대상을 개념적으로 파악하는, 이성을 가진 동물이다. "인간은 이성을 가진 유일한 동물이다."[4] 인간은 "이성을 소유하고 있고, 그 때문에 짐승보다 우월하다."[5] ― 누가 이러한 견해에 대해 "자연계의 질서에서 하층에 있는 동물이라도 약간의 판단력 내지 이성(reason)을 가지고 있다."[6]라는 식으로 말한다면, 인간의 이성은 단지 정서적(emotional)으로가 아니라, 명제적(propositional)으로 발언하는,[7] 그러니까 개념적이면서도 법칙수립적인 마음의 능력이라고 좀 더 풀어서 규정할 수 있겠다. 이러한 능력으로 인해 인간은 자연 안에 살면서도 자연, 세계, 우주를 표상하고, 자연 밖에서 그리고 자연 위에서, 그러니까 자기 자신을 넘어서서 자연을 관조한다.

인간은 한낱 동물처럼 동작하고, 한낱 기계처럼 작동하는 것이 아니라, 이론을 만들고, 자신이 만든 이론으로 세계를 바라보는 존재자이다. ― "자연은 작용(作用)한다. 인간은 행(行爲)한다. 목적의식을 가지고 행하는 이성적 주체[주관]는 실행(作業)한다."[8] ― 인간은 한갓된 실천(praxis)이 아니라 이론(theoria)을 세우고, 그러면서 단지 바깥을 내다보기만 하는 것이 아니라 자기 자신을 들여다보는 반성적인 존재자이자 자기 자신과도 대화하는 사변적(思辨的, speculativus)인 존재자이다.

그렇게 해서 인간은 자신의 유한성을 알고, 자신이 죽는다는 사실을 자각하며, 그에 맞춰 죽음을 준비하고, 무한한 자인 신(神)을 찾아 경배한다. 인간이 신을 의식함은 자기 한계에 대한 인식과 함께 겸허의 마음 그리고 그 이면에 이상(理想)에 대한 열망을 가짐을 뜻한다. 그리고 이러한 자기 한계를 극복하고 이상을 실현하고자 하는 인간의 열망이 종(縱)으로는 역사를, 횡(橫)으로는 사회를 낳았으니, 개체로서의 인간의 한계가 유(類)로서의 인간, 곧 인류를 통해 지양될 방도를 얻는 것이라 하겠다. 인간은 역사를 가짐으로써 시간의 한계를 극복하고, 사회를 가짐으로써 무변한 공간을 삶으로 채운다.

1) 생명체 곧 동물로서의 인간

동물성 곧 생명성

무릇 인간을 '이성적인 동물'이라고 규정할 때 '동물'은 어느 면으로는 '짐승(獸, θηρίον, bestia)'을 뜻하지만, 더 근원적으로는 '생명체(ζῷον, animal, Lebewesen)'를 뜻하며, 그 '생명(生命, ζωή, vita, Leben)'의 원리는 보통 '영혼(靈魂, 목숨, ψυχή, anima)'이라고 일컬어진다. 인간은 생명체로서 영혼이 있는 존재자이다.

생명체에서 생명이란 무엇인가? '생명'의 개념은 인간의 오랜 사유의 도정에서 다양하게 채색되어 있다. 재래의 상식적 형이상학에서 생명의 원리로 일컬어지는 '영혼'이란 "운동능력(κινητικὸν)"[9] 내지 "스스로 운동하는 자(τὸ αὐτὸ κινοῦν)"[10]를 말하며, 그 운동은 자기발전 내지 자기보존을 위한 것으로 이해된다. 생명체는 영혼이 이러한 운동을 하는 동안은 '살아 있다' 하고, 더 이상 운동이 없으면

'죽었다'라고 이야기된다. 그러니까 넓은 의미에서는 생장력(anima vegetativa)을 가지고 있는 식물도 생명체에 포함된다.[11] 그러나 '살아 있음'의 생생한 징표가 '감각하고 지각할 수 있음(anima sensitiva)'으로 이해됨[12]과 동시에, '생명'이 "존재자의, 욕구능력의 법칙에 따라 행위하는 능력"[13]으로 규정되고, 욕구능력이 "자기의 표상들을 통해 이 표상들의 현실성의 원인이 되는 그런 것의 능력"[14]으로 정의된다면, 생명체란 자기 욕구 실현을 위해 능동적으로 운동하는 생물, 즉 동물만을 지칭하기도 한다. ─ 그래서 어원적으로는 '생명체/생물'을 뜻하는 라틴어 'animal'이나 독일어 'Lebewesen'은 흔히 '동물'을 지칭한다.

그런가 하면 보통 '생명체'의 '생명'의 원리로 일컬어지는 '영혼(靈魂, 목숨, ψυχή, anima)'은 때로는 '영(靈)/정신(精神, mens, spiritus, Geist)'·'마음(心, animus, mind)'과 같은 것으로도 이해되고, 때로는 이것들과 구별되어 사용되기도 한다.

'정신(精神)'은 낱말 '精[정]'과 '神[신]'의 합성어로서 이를 구성하는 두 낱의 의미를 간직한 채 새로운 의미를 표현하기도 하고, 그중 한 낱의 의미만을 드러내 쓰이기도 한다. '정(精)'은 고대 중국 문헌에서는 '곡식의 알맹이', '순수함', '정액(精液)', '정세(精細)함' 등을 뜻함과 함께 '만물 생성의 영기(靈氣)'를 뜻했다.[15] '신(神)'은 오늘날은 거의 '하느님'과 동일한 말로 사용되고 있지만, 옛적에는 '천신(天神)', '신령(神靈)', '혼령(魂靈)'이라는 뜻과 함께 '의식(意識)', '정신(精神)'이라는 뜻을 가진 말로 쓰였다.[16] '정신(精神)'이라는 말 또한 이미 일찍부터 때로는 형해(形骸) 또는 신체와 구별되는 '정기(精氣)'의 뜻으로,[17] 때로는 '의식(意識)'의 뜻으로[18] 사용되었다.

그러나 예부터 사람들이 '정신'이나 '심(心)'이 신체[身]와 본체상으로 구별된다고 보았는지는 분명하지 않다. 가령 '심(心)'만 하더라도 장기(臟器)의 하나인 심장을 지칭하기도 하고, 사유기관이나 의지 주체를 지칭하기도 했지만,[19] 이것은 기능상의 구별일 수도 있고, 흔히 '심신(心身)'으로 짝을 이뤄 사용되는 '신(身)' 또한 때로는 '수신(修身)'에서 보듯이 '심(心)'까지를 포함하며, 또 때로는 '일신(一身)'이나 '자신(自身)'에서 보듯이 개인 자체를 지칭하기도 하니 말이다.

『구약성서』에는 '정신'이 자주 숨결, 바람 등을 뜻하는 히브리어 '루아흐(ruah)'로 등장한다. 예컨대, 입김(「시편」33, 6), 숨[입김](「욥기」19, 17), 생명숨결[바람](「예레미야」10, 14) 또 선들바람(「창세기」3, 8)과 폭풍[세찬 해풍](「출애굽기」10, 19) 등은 같은 것을 지시한다고 보겠다. 이 모든 것이 생명을 만들어내는 힘들에 대한 고대적 표상들이다. 고대 오리엔탈의 야훼 신앙은 이 사념들을 창조 신앙과 결합하고, 그래서 신의 숨 내지 신의 입김으로서 "야훼의 숨결(ruah jahve)"이 모든 피조물의 생명의 생리적 효력이 된다. 인간과 동물의 세계는 동일한 생명력에 의해 존재하게 된 것이다.

숨을 거두어들이시면 죽어서 먼지로 돌아가지만, 당신께서 입김을 불어 넣으시면 다시 소생하고 땅의 모습은 새로워집니다.[20]

숨결은 생명의 숨(「창세기」6, 17)이며, 모든 피조물의 생명 정신이 야훼에 의해 소환되면, 모든 피조물은 죽음에 든다.(「창세기」6, 7 참조)

생명의 비밀은 숨 속에 들어 있다. 숨은 다름 아닌 '목숨'인 것이다. 야훼의 숨은 창조신의 절대적인, 사람이 마음대로 할 수 없는, 생명을 만드는 힘이다. 예언자 시대에 야훼의 생명 숨결은 야훼의 말씀과 결합되고, 그래서 「시편」은 "야훼의 말씀으로 하늘이 펼쳐지고, 그의 입김으로 별들[모든 무리, 군대]이 돋아났다."(「시편」 33, 6)라고 읊고 있다.

때때로 생명의 숨결은 '네페스(nefes)'라는 말로 표현되기도 한다.(「출애굽기」 23, 12) 그렇지만 '네페스(nefes)'는 '루아흐(ruah)'와 구별되는데, 그것은 '네페스'가 '루아흐'처럼 보편적으로 생명을 일으키는 힘이라기보다는 오히려 인간과 동물의 개별적이고 구체적인 생명을 지시하기 때문이다. 그래서 '네페스'의 죽음에 관한 말은 있으나, '루아흐'의 죽음에 관한 이야기는 나오지 않는다.[21]

'정신'에 상응하는 고대 그리스인들의 표현 '프네우마(πνεῦμα)' 또한 '호흡하다(πνέω)'에서 유래한 것이다. 그러니까 '프네우마'도 본래 '움직이는 공기', '호흡된 공기', '호흡', '숨' 정도를 의미한다 하겠다. 그렇다고 이 말이 '호흡작용'[숨을 쉼]을 뜻한 것은 아니고, 어디까지나 질료적 의미를 가졌던 것으로 보인다. 고대 그리스 문화 초기부터 이 말은 의학과 철학에서 사용되었다. 우주와 인간의 생리작용에서 공기와 '정신'은 중요한 기능을 하는 것으로 간주되었다. 살아 있는 숨은 피와 함께 혈관을 돌면서 생물학적 작용들의 근원을 이루는 것으로 여겨졌다. 정신의 중심부는 뇌에 위치하고 있으며, 거기서 인간의 전 신체 조직을 주재한다고 생각한 사람들도 있었고, 또 어떤 사람은 정신은 심장에 위치하며 거기서 피와 함께 전 신체

를 관통한다고 보았다.[22]

『신약성서』에도 정신을 지칭하는 말로 그리스어 '프네우마'가 자주 사용되고 있다. '공기, 바람, 숨의 힘이 충전된 운동'쯤을 뜻하는 이 말이 인간 정신을 지칭하는 말로 쓰이면서, 한편으로는 '생명의 힘'이라는 뜻의 '숨'(「마태오복음」 27, 50)이, 다른 한편으로는 지각·인식·감각이라는 뜻의 '생각'(「마르코복음」 2, 8)이라는 표현이 곳곳에 등장한다. 곳에 따라서는 '성령'을 일컬을 때도 있고, 악령을 지칭하기도 한다.

플라톤(Platon, BC 427~347)은 물, 불, 공기, 흙과 같은 물질은 스스로 운동할 수 없는 것으로 보고, 어떤 것의 운동의 원인(αἴτιον)을 영혼에서 찾았다. 플라톤은 낱말의 원래 뜻이 숨·숨 거두기·목숨인 '영혼(ψυχή)'을 "스스로 운동하는 것"으로서 "운동의 원리/단초(ἀρχή)"[23]라고 추상화하여 말한다.

스토아철학에서 '정신(πνεῦμα)'은 포괄적인 의미를 가졌다. 정신은 한편으로는 개별 영혼의 실체이자 내적 신성(神性)의 실체이다.[24] 다른 한편으로 정신은 만물을 관통하고 우주의 통일성과 우주 안에 함유되어 있는 개별 존재자들의 통일성을 보증한다. 우주는 커다란 유기체이고 살아 있는 것으로서, 그것의 부분들은 모두 서로 화합하고, 서로 영향을 주고받는다. 개개 영혼이 육체에게 그렇게 하듯이, 우주 유기체에게 내부로 혼을 넣어주는 것은 생명의 호흡인 신성(神性)이다. "그러니까, 세계가 신적인 정신(spiritus)과 연관을 이루고 있는 정신에 의해 통합되어 있지 않다면, 세계의 모든 부분들이 서로 화합하는 일이란 정말로 일어날 수 없을 터이다."[25] 만물은 신의 정신으로부터 생긴다. 그것은 우주의 질서 잡힌 실재를 자신으로부터 산출하는 창조적인 불이다.[26] 그렇기에 우주의 생성은 개개 생물의 생성과 똑같은 것으로 관찰된다. 우주는 나중에 펼쳐질 모든 성분들을 이미 자기 안에 가지고 있는 최초의 정자(精子)로부터 발생한다. 또 주기적인 세계 화재(火災)가 있어, 그로부터 우주가 발생했던 근원 종자(種子)로의 규칙적인 귀환이 있다. 똑같은 방식으로 인간의 생의 표출들도 육체의 모든 부분들에 들어 있는 영적 정신을 근거로 해서 설명된다. 그래서 감각적 인식이란 영적 정신에 지각된 대상의 모상(模像)의 인상(印象)으로 파악된다. 이 인상은 영혼의 중심부에서 육체의 주변으로, 또 주변으로부터 중심부로 흐르는 정신의 유동들에 의해 만들어진다. 이 정신의 유동들은 유기체의 응집을 돌본다. 이 정신의 유동들이 영혼의 중심부에 의한 일정한 육체 운동들의 성립을 설명해주고, 또한 다른 한편으로는 인상들이 외부로부터 중심부로 받아들여지는 것을 설명해준다.[27]

정신은 스토아학파에서 일관되게 질료적인 원리로 간주되었고, 그러면서도 그것의 섬세성과 운동성이 매우 강조되었다. 인간에게서 영적 정신은 사후에도 한동안 개별성을 유지하고 있다가 이내 보편적 세계영혼 안에 받아들여진다. 이런 식으로 우주의 전개에서와 마찬가지로 개별 영혼에서도 모든 것이 순환적 과정에 따라 진행된다. 그러니까 스토아 자연학자들은 인간을 포함하는 '물질주의적' 우주생물학을 내놓았다고 볼 수 있다.

"건강한 정신은 건강한 신체 안에 있다."[28]라는 스토아철학적 명제는 역으로 신체가 건강하지 못하면 정신 또한 건강하지 못하다는 것을 함의하며, 이는 정신과 신체는 불가분리적임을 함축한다. 그러니까 여기서는 설령 신체가 건전하지 못해도 정신은 건전할 수 있다거나, 비록 육신은 부패해도 정신은 생생하다는 주장은 배제된다.

1세기 초의 종교 · 철학의 절충주의(syncretism) 학파는 정신에게 중요한 위치를 부여했다. '정신'이라는 말은 신의 세계에 대한 관여를 상징적으로 서술하는 데에 사용되었다. 그러니까 정신은 신의 세계 생기(生起)에 대한 직접적인 관여이다. 이 관점에서 중요한 것은 정신이 더 이상 질료적인 것으로 파악되지 않는다는 점이다. 그렇다고 해서 정신의 비물질적인 성격이 좀 더 자세하게 규정된 것은 아니었다.[29]

신플라톤학파 철학에서 정신은 무엇보다도 비물질적인 것과 물질적인 것 사이의 중간자로서 간주된다. 정신이란 영혼을 둘러싸고 있으면서, 영혼이 육체와 접촉함에서 오염되는 것을 방지하는 어떤 것을 뜻한다.[30] 이것은 인식작용에서 분명하게 드러난다. 영혼은 물질적인 대상들과 직접적으로 접촉하지 않고, 사물들의 모상들을 영혼의 정신적 보자기에 싼다. 인간과 신성(神性) 사이에는 직접적인 접촉이 배제되어 있다. 예언과 황홀은 신적 정신을 매개로 일어나는 바, 신적 정신에 의해 영혼은 빛나고 정화되며, 그렇게 해서 인간은 더욱 높은 인식에 이를 수 있고, 그의 자연적인 가능성들을 뛰어넘는 활동을 펼칠 수 있다.[31]

당초에 그리스어 '프네우마'에 상응해서 쓰이던 라틴어 '스피리투스(spiritus)'는 1~2세기의 기독교 문헌에 자주 등장했는데, 그 의미는 스토아학파의 유물론적 정신론으로부터 큰 영향을 받고 있었으나, 점차 정신주의 색채를 드러냈다.

아우구스티누스(Augustinus, 354~430)는 정신(spiritus)을 무엇보다도 비물질적 실재, 곧 신이나 인간의 영혼을 지칭하는 말로 사용한다. 그때 정신적인 것은 적극적인 의미를 얻어, 단순하고 불가분해(不可分解)적인 것으로 생각되고 있다.[32]

보통의 개념들이 그러하듯이, '정신'과 그 상관 개념들도 철학적 숙고가 더해지면서 일상적 용법과는 차츰 멀어져 더욱 추상화된다. 이미 그런 생각의 일단이 없었던 것은 아니지만,[33] 근대에 와서 데카르트(Descartes, 1596~1650)에 의해 정신(mens)·물체[신체](corpus) 이원론이 주창된 이래, 긴 논쟁을 거치면서 '정신(mens)'이란 '자기 고유의 운동력을 가진 것'으로 설정되고, '물체'란 뉴턴(Newton, 1642~1726)의 '제1 운동의 법칙[관성의 법칙]'에서 분명하게 규정된 바처럼 '오로지 외부의 힘에 의해서만, 그러니까 기계적으로만 운동하는 것'이라는 개념을 얻었다. 이러한 물체[신체]와 결합하여 통일체를 이루고 있는 정신을 '영혼'이라 일컫기도 한다. 그러니까 이 경우 영혼은 물체[신체]성과 정신성을 동시에 갖고서 한편으로는 수동적(passiv)이고 수용적(rezeptiv)으로 작동하고 다른 한편으로는 능동적(aktiv)이고 자발적(spontan)으로 활동하는데, 이러한 영혼(anima)을 마음(animus)이라 일컫는다. 그러므로 이런 경우에는 사실상 '영혼'과 '마음'은 교환가능한 말이다. 그런데 때로 영혼은 "물질 안에서의 생명의 원리(Principium des Lebens)"[34]를 지칭하고, 이럴 경우 영혼(anima)은 사물의 "생명성(Animalität)"을 일컫기도 하므로, 그런 한에서 '영혼'과 '마음'은 구별하여 쓰인다. 그래서 '영혼 불멸', '영혼은 불사적이다.'라는 표현은 써도 '마음 불멸', '마음은 불사적이다.' 등의 표현은 쓰지 않는다. 그러니까 수동적[감수적]인 한편 능동적[자발적]인 활동체라는 점에서는 '영혼'과 '마음'은 한가지이나 '영혼'은 생명성이라는 내포를 더 갖는 개념이라 하겠다. ─이렇게 해서 인간은 순전한 물체(물질)와는 달리 '생명성 곧 영혼(마음, 정신)을 가진 존재자'라는 전통적 인간관이 형성되었다. 그런데 다수의 '현대' 과학자들은 바로 이러한 '영혼(마음, 정신)' 개념에 대해 이론(異論)을 편다.

인간의 반(反)생명적 행위

인간도 동물 곧 생명체이고, 무릇 생명체가 본성상 생명을 보존하려는 경향성을 가지고 있는 것이라면, 인간의 자해(自害) 행위, 그리고 그 극단인 자살(自殺, suicidium, Selbstmord) 행위는 어떻게 이해해야 할까? 자해 행위도, 심지어 자살까지도 생명체가 자기 생명을 보존하려는 한 방식인가?

사람들은 일반적으로 '자살'을 사람들이 해서는 안 되는 행위로 본다. 부모에 대한 효도가 덕의 근본(德之本也)이며, "온몸의 터럭과 살붙이는 부모로부터 받은 것이니, 감히 훼손하거나 상처를 입히지 않는 것이 효도의 첫걸음이다(身體髮膚受之父母 不敢毀傷孝之始也)."[35] 라는 유교적 신념 체계에서 자기 신체의 상해는 배덕(背德)이고, 자해(自害)나 자살(自殺)은 최악(最惡)이라 하겠다.

자살에 관한 서양 전통 사상도 스토아학파에서 보듯 예외가 없는 것은 아니지만 대체로 "사람은 (어떠한 경우에도) 자살해서는 안 된다."라는 것이며, 그렇게 생각하는 이유를 살펴보면 대개 네 가지이다. 첫째는 사람은 생명체(동물)이되, 자기 자신이 그 생명을 부여한 자가 아니니, 그 자신이 그것을 탈취할 권리가 없다는 것이다.(플라톤, 아우구스티누스, 로크) 둘째는 자살이라는 행동은 자기 존재를 보존하고 자기를 파괴하려는 것에 저항하는 모든 사물이 따르는 자연법칙(lex naturalis)에 어긋난다는 것이다.(토마스 아퀴나스) 셋째는 자살은 타인(부모, 형제, 자식, 친구, 동료시민)과 그가 속한 공동체에 대한 의무를 저버리고 오히려 해를 입히는 나쁜 짓이라는 것이다.(아리스토텔레스, 공리주의) 넷째는 자살은 그 감행자 자신의 인격을 추락시키는 일로서, 동물로서의 자신이나 인격으로서의 자신에 대한 의무를 저버리는 비행(非行)이라는 것이다.(칸트)[36]

고대의 플라톤에서 근대의 데카르트에 이르기까지 서양 사상가들은 오랫동안 인간을 영혼과 육체의 결합체(conjunctio animae et corporis)로 보았다.

만약 인간의 생/생애(βίος)가 영육의 결합 상태이고, 그 결합을 영혼(ψυχή)이 육체(σῶμα)에 갇힌 것이라고 본다면, '죽음(θάνατος)'이란 "영혼이 육체에서 벗어남(ἀπαλλᾰγή)"[37] 또는 "영혼과 육체의 분리(διάλυσις)"[38]로서 그것이야말로 '해탈'이니, 죽음의 순간은 다름 아닌 영혼이 해방되는 순간이 되겠다. 그러니까 "프시케(영혼)는 신체로부터 독립적인 삶을 영위할 수 있으며, 나아가 사후에 영혼은 오히려 순수한 삶을 영위할 수 있다는 추론이 가능하다."[39] 이런 맥락에서 플라톤은 "철학함이란 죽는 것을 수련함"[40]이라고 보기도 했다. 죽음, 그러니까 영혼과 육체의 분리에서 육체는 생명성을 잃되, 영혼은 육체로 인한 온갖 고난과 질곡에서 벗어나 이제야 자유로운 (진정한) 생을 누릴 수 있게 되는 것이다. 이제 이러한 파악이 맞다 하면, '죽음'이란 육체에만 있을 뿐, 생명의 원리인 영혼은 그 본성상 영생하는 것이겠다.

> 진정으로 철학(지혜 사랑: philosophia)으로 생애를 보낸 사람은 내가 보기에는 죽음에 임하여 확신을 갖고 있으며, 또한 자기가 죽은 뒤에는 저승에서 최대의 것들을 얻게 될 것이라는 희망에 차 있을 것이 당연하다.[41]

그러나 그 영육의 결합과 해체는 무엇에 의해 어떻게 일어나는가? 만약 한 인간(A)이 특정 영혼(a)과 특정 육체(b)의 결합체(=A)라 한다면, 그 결합은 A가 한 것인가, 아니면 a 또는 b가, 그것도 아니면 a와 b가 어느 순간 의기투합하여 한 것인가 또는 저절로(우연히) 일어난 일인가? 이도 저도 아니면 제3자(B)가 한 것인가? a와 b를 결합시키지도 아니한 자가 해체에 관여한다면 월권이라고들 말하지만,[42] 설령 어떤 제3자가 그 결합을 성사시켰다 해도, 그가 다시금 해체할 권한을 반드시 갖는다고 볼 수도 없는 일이다. (한 번 준 것은 이미 받은 자의 것이니, 준 자가 과거에 주었다는 그 사실만을 이유로 다시금 빼앗는다면 이 또한 월권이 아니겠는가!)

게다가 영육의 해체를 인간 자신이 결정할 권한이 있는지 어떤지 따위의 논쟁은 인간이 영혼과 육체의 결합체라는 전제 아래에서만 의미 있게 진척될 수 있다. 그런데 과연 인간은 영육의 결합체인가?―수천 년간의 탐구와 쟁론으로도 미결인 이 물음을 안고서 인간 생명에 대한 윤리적 논의를 이끌고 가서 결론을 내리는 일은 쉽지 않다. 그래서 자해나 자살의 윤리적 문제는 근대 이후 인간의 타인(예컨대, 친족, 이웃)에 대한 도리 내지 공동체에 대한 의무 또는 자기 자신에 대한 의무의 관점에서 더 많이 논의되어왔는데, 칸트의 견해로는 자살 행위란 일차적으로는 인간의 자기 자신에 대한 의무를 위반하는, 그리고 근본적으로는 인간 인격의 존엄성을 해치는, 그러니까 하나의 죄악이다.

동물로서 인간은 자신의 신체에 대한 존중의 의무를 갖는다. 신체적 존재자인 인간의 일차적 의무는 그의 동물성의 본질인 자기 생명의 보존이다. 그의 자기 신체와 생명에 대한 존중은 자기의 인간성, 그리고 그것을 떠나서는 있을 수 없는 자기 인격의 존엄성에 대한 경의 안에 포함되어 있다는 것이다. 동물인 인간은 그의 신체가 있지 않으면 더 이상 인간이 아니기 때문이다.

동물인 인간이 자기 자신에게 지우는 첫 번째 의무는, 자연대로의 자기를 보존하는 한편 자신의 자연적 능력을 개발하고 증진시키는 일이다. 인간의 동물성은 생명 감각이고, 다름 아닌 그것이 "생의 촉진을 추동하는 것"[43]이니 말이다. 그러므로 갖가지 가능한 목적들의 수단인 인간의 자연능력(정신력, 체력)을 배양하는 것은 인간의 자기 자신에 대한 일차적 책무이다. 인간은 이성적인 존재자인 자기 자신에 대해 그의 이성이 사용할 수 있는 자연 소질과 능력을 녹슬지 않도록 할 의무가 있다. 인간이 그의 능력을 배양하고, 실용적인 관점에서 그의 현존의 목적에 알맞은 인간이 되도록 하는 것은 도덕적 실천적 이성의 명령이자 인간의 자신에 대한 의무이다. 그렇게 해서 세상에 쓸모 있는 일원이 된다는 것은 그 존엄성을 내리깎아서는 안될 그 자신의 인격에서 인간성의 가치에 속하는 일이기 때문이다.[44] 인격의 존엄성은 인간 생명의 존엄성을 포함한다.

자신의 자연 능력과 소질을 배양해야 할 의무에 극단적으로 반대되는 것이 임의로 자기 자신을 죽이는 일로, 그것은 자기 의무의 "위반(罪惡, peccatum)"이고, 그것이 고의적일 때는 "패악(悖惡, vitium)"[45]이다. 전체적인 자기 살해든, 부분적인 자기 상해[不具化]든 그것이 자기를 죽이는 짓이면, 그것은 비행(非行)이다.

나아가서 윤리적 의무의 주체로서 인간은 무엇보다도 그 의무의 주체를 보존해야 할 책무가 있다. 인간이 의무 수행의 주체이면서 동시에 "일체의 책무성을 면할" 권한을 갖는다면, 그것은 하나의 자가당착이다. 자살은 "그 자신의 인격에서 윤리성의 주체를 파기하는 일"[46]로, 이는 윤리적 의무 수행을 원천적으로 봉쇄하는 것이니, 그야말로 윤리성 자체를 말살하는 짓이다.[47]

아리스토텔레스(Aristoteles, BC 384~322)나 토마스 아퀴나스(Thomas Aquinas, 1225~1274)에서도 거듭 논의되었듯이, 스스로 목숨을 끊는 경우, 그것이 부모의 사랑에 대해 자식으로서의, 배우자로서의, 자식들에 대한 부모로서의, 또는 사회에 대한 시민으로서의 의무를 저버린 것일 수도 있고,[48] 또 과연 어떤 인간에게 자신의 생명을 자기 임의로 처분할 권리가 있는지, 그것이 생의 "보편적 자연 법칙"이나 영속적인 자연 질서에 맞는지가 문제될 수도 있다.[49] 그러나 이런 점들을 차치한다고 하더라도 또한 인간이 현세적인 괴로운 상태에서 벗어나기 위해서 자살한다면, "그는 자신의 인격을, 생이 끝날 때까지 견딜 만한 상태로 보존하기 위한, 한낱 수단으로 이용하는 것"[50]으로서, 그것은 무엇보다도 자신을 목적으로 대해야 한다는 도덕법칙에 어긋나는 짓이다.

> 인간은 물건이 아니고, 그러니까 한낱 수단으로 사용될 수 있는 어떤 것이 아니며, 오히려 그의 모든 행위에 있어 항상 목적 그 자체로 보아야 한다. 그러므로 나는 나의 인격 안에서 인간에 대해 아무것도 처분할 수 없으니, 인간을 불구로 만들거나 훼손하거나 죽일 수 없다.[51]

'어떠한 삶이 가장 좋은 것인가?'에 대해 '행복한 삶'이라고 답하는 한, 사람들은 자칫 자신을 죽이는 길로 들어설 수도 있다. 행복한 삶을 최고선으로 볼 경우 불행한 삶, 고통스러운 삶은 최악이 될 것이니, 그것은 결국 삶이 죽느니만 못한 것으로 여겨져, 고통스러운 자가 죽음을 택하는 것은 '논리적'인 일이 될 것이다.

> 실로 쾌락에 최고선을 두는 자는 모든 것을 이성에 따라서가 아니라 감각에 따라서 판단할 수밖에 없고, 가장 달콤한 것을 최상의 것이라고 말할 수밖에 없다.[52]

그래서 "순전히 자신의 고통을 경감하기 위해 신중하게 자살을 선택하는 자기배려적인 자살의 경우 그것이 도덕적으로 정당화될 수 있다."[53]라고 말하는 이도 있다. 그렇기에 감성적 욕구 충족이 그 본질일 수밖에 없는 행복한 삶보다는 어떠한 경우에도 자신을 동시에 목적으로 대하는, 그러니까 그 자체로 가치 있는 인격으로 존중하는 '바른 삶'을 지향할 때라야 저러한 경향성은 통제될 수 있다.

물론 자살로의 경향이 자기 행복을 최고 가치로 여기는 사람에게만 나타나는 것은 아니다. 자기의 행복보다 세상사에 대한 초연함이나 대의를 위한 자기희생을 미덕으로 여기는 이들도 종종 자살을 품격 있는 행실로 받아들이니 말이다. 그러나 이러한 사유방식 역시 인간을 '도구'로 보는 것으로서, 인간의 인격성을 폄훼하고 있는 것이다.

어떤 이는 대의가 앞에 있거나 생 안에서 더 이상 자기의 소용될 바를 발견하지 못할 때는 생에서 마치 연기마냥 고요한 마음으로 스스로 세상을 떠나는 데서 "인격성의 탁월함"을 보기도 하고, 또 다른 어떤 이는 구차스러운 생보다는 스스로 죽음을 택함을 의롭다 생각하고,[54] 오히려 그를 통해 인간의 인격성이 보존된다고 보아 이를 자살과 구별하여 '자결(自決)'이라고 규정하기도 한다. 또한 "지사와 어진 이는 삶을 구하여 인을 해침은 없고, 몸을 죽여 인을 이루는 경우는 있다."[55]라고 칭송하는가 하면, 조국을 구하기 위해 죽음을 택하거나 인류 전체의 치유를 위해 자신을 희생시키는 의도된 치명(致命)을 고귀한 행위로 평가하기도 한다.[56] 물론 경우에 따라서 그러한 죽음이 많은 사람들에 대해 공적을 세우는 것도 사실이다.[57] 그러나 칸트의 생각에는, 이런 경우조차도 자기를 죽임은 근원적으로 자신에 대한 의무를 수행할 가능성을 영구히 없애버리는 것이고, 또 자신이 보기에 적합한 목적을 위한 한갓 수단으로만 자신을 처분한 것으로서, 이는 더 이상 회복할 수 없게끔 "인간성의 존엄을 실추시키는" 짓이다.[58] ─ 이런 의미에서 어느 경우에나 자기 살해는 죄악인 것이다.

생명을 자연의 '유기적 질서'로 규정하든 '자기 형성 능력'으로 설명하든, 생물학적으로 인간의 생명은 여타 동물의 생명과 동일한 자연법칙에 따라 발생하고 소멸하는 것으로 보인다. 그런데 자기 의사결정 능력을 가진 인간은 출산을 조정하기도 하고, 자기 생명을 훼손하거나 폐기하기도 한다. 일견 이러한 자기의 의사결정이 자연스러운 자연 진행에 대한 인간의 자의적인 개입이고, 그래서 자연 파괴나 자연 질서 교란으로 보이기도 하지만, 인간의 의사결정도 자연 안에 사는 인간의 자연적 욕망에 따른 것으로 볼 때는, 그 역시 자연스러운 자연 진행의 한 방식으로 볼 수도 있다. 비근한 예로, 인간에 대한 의학적 치료 행위에서 어디까지가 자연 질서에 부합하고, 어디서부터가 자연 진행에 대한 간섭 내지 교란인지 판가름한다는 것은 거의 불가능한 일이다. 그렇기에 또한 인간의 어떤 종류의 자기 상해, 자기 살해가 과연 자연의 법칙에 부합하는 것인지 어긋나는 것인지 하는 논의는 그 결말을 거의 기대할 수 없다. 자기 상해나 자기 살해는 일순간에 일어나기도 하지만 상당히 긴 시간 동안의 과정을 통하여 점진적으로 이루어질 수도 있는 일로서, 매 경우를 생물학적으로 또는 의학적으로 또는 심리학적으로 판정한다는 것이 결코 쉽지 않은 일이기 때문에, 더욱이 그러하다.

그리고 자기 상해나 자기 살해가 당사자에게, 또는 근친에게, 또는 사회에 과연 유익한 것인지 해악을 끼치는지에 대한 공리주의적 타산도 그 결과의 파장이 미치는 (공간적 시간적) 범위를 이루 다 헤아릴 수 없는 것인 만큼 그 최종적 결과를 측량하기란 사실상 불가능하다.

그러니 여타의 윤리적 문제와 관련해서도 그러하듯이, 자살에 관해서도, 인간의 그러한 행위가 과연 인간의 의무에 맞는가를 그 행위의 동기에서 묻고 답할 때에만, 그나마 효과적인 논의를 끌어갈 수 있겠다.

이제 자살이 윤리적으로 악한 행위라면, 우리는 응당 이를 방지해야 한다. 그런데 어떻게? ―응급하게는 세인들의 자살로의 경향성을 제어할 수 있는 물리적·심리적·사회적 생활환경 조성을 병행해야 하겠다. 그러나 모든 윤리적인 문제가 그렇듯이 또한 이 문제의 근원적 해결을 위해서는 인간이 모두 인격을 얻는 윤리적 사회 건설이 먼 듯하나 실은 가장 가까운 길이다.

개개 인간은 자연 안에서 한 생명체로서 많은 무생물들과 여타의 생물들과 그리고 이웃의 사람들과, 또한 자기 자신과 함께 살고 있거니와, 자기의 생명을 지키고 증진시키는 데 있어서나 자신의 생명을 해치는 데 있어서나 그 기여도의 순서는 보통 자기 자신 → 이웃 사람들 → 생물들 → 무생물들인 것으로 보인다. 그런 만큼 인간 각자가 생명의 보존과 발양을 위해서 자연적 환경조성에 우선해서 할 일은 이웃과 더불어 사는 생활환경을 윤리적 공동체로 건설하는 일이지만, 그보다도 먼저 해야 할 것은 스스로 자신을 목적으로 대함으로써 늘 자신의 존엄성에 대해 경의를 표하는 일이다.

"인간은 존엄하다."라고 말할 때, 그 '존엄성'은 '그 자체로 가치 있는 것', 다시 말해 '목적'적 존재자만이 가질 수 있는 것이다. 그 자체로 가치 있는 것은 비교적인 값, 즉 가격을 갖지 않는 것이니 서로 비교되어 교환되는 물품이나 상품과는 위격이 다른 것으로, 그렇기에 그것은 원리상 '대체될 수 없는 것', 유일한 것이다. 인간이 존엄하다는 것은 단지 유(類)로서의 인간을 두고 하는 말이 아니라, 사람이면 누구나가 존엄하다는 것, 즉 어떤 개인도 무엇에 의해 대체될 수 없다는 것을 말한다. 그래서 물품이 아닌 인품을 가진 인격만이 존엄한 것이고, 이 존엄성은 그의 자율성에 기초한다. 인간은 '자유'를 제일 요소로 갖는 주체적인 존재자이고, 온갖 경향성을 단절할 수 있는 이 자유의 힘에 의해 그에게는 "인간은 모름지기 자살해서는 안 된다."라는 당위명제가 명령으로 주어져 있다. ─인간의 자해나 자살은 생명 보존의 한 방식이라 할 수 없고, 그것은 반생명적인 것으로서 동물인 자신에 대한 해악이며, 인격인 자신에 대한 죄악이다. 그것은 인간이 흔하게 저지르는 죄악 중의 하나이다.

자살과 같은 생명체의, 특히 인간의 반생명적인 행위를 생명체 고유의 일반적 속성으로 볼 수는 없다. 그것은 생명체에서 드물게 일어나는 일탈 중의 하나라 하겠다. ─그러나 어쨌든 이성적 동물인 인간 중 일부는 자해도 하고, 심지어는 자기 생명성을 거슬러 자살도 한다. 이것은 순전히 동물적이지도, 그렇다고 순전히 이성적이지도 않은 인간에게서 나타나는 두 성질의 불화로 인한 특이한 사례일 수도 있다. 대체 인간에서 '이성'은 무엇이란 말인가?

2) 이성적 동물로서의 인간

무릇 동물 가운데는 말(λόγος)하고 셈(ratio)할 줄 아는 것과 그리 할 줄 모르는 것이 있으니, 전자를 인간이라고, 후자를 '여타 동물들 (τὰ ἄλλα ζῷα)' 또는 '비이성적 동물들(ἄλογα ζῷα)'이라고 부르기 도 한다. 그러니까 인간이 이성적 동물이라는 것은 감각하고 지각 할 줄 알며, 자기 욕구 실현을 위해 능동적으로 활동한다는 유적(동물 적) 성질에 더하여, 말을 할 줄 알고, 셈을 할 줄 안다(anima rationalis) 는 종적(인간적) 특성을 가지고 있음을 지시한다. 인간의 여타 동물과 의 이러한 차이[種差]를 두고서, 사람들은 동물을 다시금 '짐승 동물 (animal brutum)'과 '이성 동물(animal rationale)'로 구분하기도 한다.

인간이 말을 한다는 것은 그것을 통해 보고 느낀 것을 논리적으 로 개념화한다, 사고한다는 뜻과 함께 선과 악을 식별하고 이것들을 서로 견주어서 그에 대해 의견을 세우고, 자기 의견을 가지고서 남 과 이야기를 나눌 수 있다, 곧 의사소통할 수 있다는 것을 뜻한다. 그 래서 '말다운 말' 또는 '말 같지 않은 말'은 논리적 척도에서뿐만 아 니라 윤리적 척도에 의해서도 구분된다. 그런데 이 말하기에는 으레 말하는 '나'가 있으니, '너'에 대해서 '나'를 세우고, 선악을 분별하여 그것에 대해 나의 생각을 말하는 이 '나'로 인해 이성적인 인간은 이제 '인격'이 된다.

> 인간이 자기의 표상 안에 '나'를 가질 수 있다는 사실은 그를 지
> 상의 여타의 모든 생물들 위로 무한히 높이 세운다. 그로 인해 인
> 간은 하나의 인격이며, 그에게 닥치는 모든 변화에도 불구하고
> 의식의 통일성에 의해 하나의 동일한 인격이다. 다시 말해 인간
> 은 사람들이 임의대로 처분할 수 있는, 이성 없는 동물들과 같은
> 그러한, 물건들과는 지위와 존엄성에서 전적으로 구별되는 존재
> 자이다.[59]

인간이 '나'로 나타나는 인격이라 함은 인간은 한낱 물건이 아니
고 '아무나'가 아니라는 것, 그러니까 한 인간은 다른 인간으로 대체
될 수 없는 독자적이고 고유하다는 것을 의미한다. 그러나 인간이
'나'를 말하는 이 인격성으로 인해, 인간은 스스로 '나'를 바라보는,
그러니까 내가 나를 돌아보는, 말하자면 내가 '나'를 대상화하는 일
또한 일어나며, 이로써 '나'는 '나'와 분열하여, 나를 타자화하고, 소
외(Entfremdung)시키기도 한다. 그러한 '나'와 '나'의 관계에서 인간
은 자신의 선의 이념에 따라 자기에게 스스로 의무를 부여하고 그것
을 준수하되, 또한 스스로 부여한 의무를 위반하기도 한다. 그래서
나는 때로 나로부터 칭찬받기도 하고, 때로는 책망받기도 한다.

동물로서 인간은 동물적인 경향성에 따라 움직이는 한편, 그것이
선의 이념에 어긋나는 듯싶으면 인간으로서 인간이 그에 제동을 걸
기도 한다. 동물이 '물성(物性)'과 '육성(肉性)'을 본질로 갖는 한, 그

본성에 '물질에 대한 육욕'이 있다. 그런데 "한 존재자가 자기의 표상들에 따라서 행위하는 능력"[60]으로서의 생명이 행위를 위한 그 규정근거를 자신 안에 가질 때, 그러한 "임의대로 행동하는 능력"[61]을 '욕구 능력'이라고 한다. 이때 그 행동의 준거가 되는 임의적 표상들에 따라 행위의 목적을 세우는 생명체는 '주체' 곧 '자기'라고 하며, 그러한 임의가 자기의 이성 안에 있는 한에서, 그러한 욕구능력은 '의지(意志, Wille)'라고 일컬어진다. 이러한 개념틀을 적용해서 말하면, 인간은 동물적 경향성을 갖되 또한 동시에 이성적 의사(意思, Willkür)를 갖는 주체적이고 선택의지가 있는 존재자이다.

인간의 역사를 인간적 활동의 연쇄로 볼 때, 그것은 다름 아닌 주체적이고 의지적인 '인간'의 역사이다. 동물들도 생명의 공간에서 잇따라 새끼를 낳고 번식해가면서 생명의 궤적을 남기지만 그것을 '역사'라고 할 수 없는 것은, 동물들의 활동은 의지적이고 주체적이라 볼 수 없기 때문이다. 역사는 의도 또는 목적 실현의 성과로 이루어지는 것이며, 스스로 목적을 세우고 그를 실현해나가는 의지를 바탕에 두는 것이다. 그러므로 역사는 자기 의사대로 목적을 세우는 이성, 곧 자발적 이성과 나아가서 그에 의해 수립된 목적을 실현해내는 힘 즉 자유로운 의지의 주체적 활동결과이다.

개체성과 유한의식

'이성적 동물'로서의 인간의 기저를 이루고 있는 동물성(animalitas)의 제1특성은 생명(anima)을 가짐이며, 생명을 가진 것 곧 '생명체(animal)'란 개체로서는 무한히 살아 있는 것이 아니라 발생했다가 소멸하는, 다시 말해 일정 기간만 생존하는, 그러면서도 자기산출 내지 자기복제 능력을 지녀 종(種)의 영속을 기(期)하는 존재자이다. 그러니까 생명체는 생존능력을 가지고 있으되 유한한 것으로서 일신을 존속시키기 위한 영양능력과 그 생명성을 이어가기 위한 번식능력을 기본 자질로 갖는 것이라 하겠다. 이 점에서는 식물 또한 생명체의 일원이라 할 것이다. 그런데 동물은 이러한 기본적 능력이 일종의 욕구능력인 식욕과 성욕으로 나타나고, 이것과 갖가지 욕망이 얽히며, 이에 더하여 그를 실현하기 위해 명칭 그대로 스스로 움직이는 능력 곧 자동력(自動力)을 갖는다. 동물은 '스스로 움직임' 곧 자기운동성을 갖는 것이다. 그러나 동물은 일정한 운동 끝에는 운동력을 소진하여 피로감을 느끼고 운동을 지속할 수 없게 되며, 그래서 생기 회복을 위해 휴식과 놀이를 필요로 한다. 요컨대 동물성은 자기 욕구(의지)에 따른 운동성으로 인해 한편으로는 한갓 영양능력과 생장능력만을 갖는 식물성과, 다른 한편으로는 '스스로' 움직이지는 않는 것으로 간주되는 '기계' 또는 무생명성과 차별성을 갖는다.

　이성적 동물로서의 인간의 또 다른 본질속성인 이성성(rationalitas)은 마음 또는 정신이라고 일컬어지는 것의 능력으로 여겨진다. 인간은 여타의 사물에서는 볼 수 없는 자아의식과 자아활동 그리고 인격성을 보이는데, 이런 징표들은 '이성'이나 '마음' 또는 '정신'들에 귀속시킬 수 있기 때문이다. 그래서 '동물성'의 근원을 육신(corpus)에 두고, '이성성'의 근원을 정신에 두는 이원론적 견해가 생겨났다. 여기서 자연스럽게 생명성이란 육신에 귀속되는 것으로서, 무릇 살고 죽는 것은 육신이며, 인간이 삶을 추구하고 죽음을 두려워하는 것도 육신 탓이라는 생각이 나온다. 그 바탕에는 '정신'이라는 것은 태어나고 사라지고 하는 것이라기보다는 육신에 깃들었다가 떠나는 것이라는 대비적인 생각이 있다. 바로 이 지점에서 정신은 육신의 생명의 원리로 내세워진다. 다시 말해 정신이 육신에 깃들면 육신은 생명을 얻고, 정신이 육신을 떠나면 육신은 생명을 잃고 죽는다는 것이다. 그리고 육신에 깃들어 있는 정신을 영혼이라고도 일컫고, '정신(mens, spiritus)'이나 '영혼(anima)'이 모두 '숨쉼' 내지 '목숨(ψυχή)'과 한가지로 이해된 것은 그 반증이라 하겠다. 인간의 육신(몸)과 더불어 활동하는 영혼의 기능 내지 상태를 '마음(mind)'이라고 별칭하는 것은 '정신적인 것(mental ← mens)'과의 연관성의 흔적이기도 하다. 마음은 동물성과 이성성의 교직(交織)으로서 의식, 잠재의식, 무의식으로 펼쳐지며, 정서(情緖)를 포함하는 것이기에 '마음'은 여러 언어에서 '심정' 또는 '심성'과 교환어로 사용되기도 한다.

이러한 인간의 마음은 타자에 대해서뿐만 아니라 자기 자신에 대해서도 깊은 정감을 가지고, 자기를 통찰하며, 자신의 유한함을 직시하고, 진실로 영원히 사는 길을 숙려한다. 인간은 여느 동물과는 달리, "자신이 어디서 왔으며 어디로 갈 것인지, 또는 삶이 무엇이고 죽음이 무엇인지와 같은 문제들을 성찰"[62]하는 자의식을 가지고 있다. 젊은이는 앞날을 두려워하면서도 설레고, 노년에 접어들면 지나온 길을 아쉬워하면서도 잘 견뎌낸 자신을 위로한다.

어떤 청춘들은 그들 앞에 놓인 향방을 모르는 〈길〉(god[박준형, 윤계상, 데니 안, 손호영, 김태우], 앨범 ⟨chapter 4⟩[2001] 수록곡)을 노래해 많은 이의 공감을 얻는다.

내가 가는 이 길이 어디로 가는지 어디로 날

데려가는지 그곳은 어딘지 알 수 없지만

알 수 없지만 알 수 없지만 오늘도 난 걸어가고 있네~~

사람들은 길이 다 정해져 있는지 아니면 자기가

자신의 길을 만들어 가는지 알 수 없지만

알 수 없지만 알 수 없지만 이렇게 또 걸어가고 있네

나는 왜 이 길에 서 있나, 이게 정말 나의 길인가

이 길의 끝에서 내 꿈은 이뤄질까

무엇이 내게 정말 기쁨을 주는지 돈인지 명옌지

아니면 내가 사랑하는 사람들인지 알고 싶지만

알고 싶지만 알고 싶지만 아직도 답을 내릴 수 없네~~

자신 있게 나의 길이라고 말하고 싶고 그렇게

믿고 돌아보지 않고 후회도 하지 않고 걷고 싶지만

걷고 싶지만 걷고 싶지만 아직도 나는 자신이 없네~

나는 왜 이 길에 서 있나,

이게 정말 나의 길인가

이 길의 끝에서 내 꿈은 이뤄질까

나는 무엇을 꿈꾸는가 그건 누굴 위한 꿈일까

그 꿈을 이루면 난 웃을 수 있을까~

후~ 지금 내가 어디로 어디로 가는 걸까

나는 무엇을 위해 살아야 살아야만 하는가~

— 노래: god, 작사 · 작곡: 박진영

그런가 하면 노년에 접어든 어떤 이(이미자, 1941~)는 우여곡절을 겪으며 살아온 〈내 삶의 이유 있음은〉을 노래해 듣는 이들의 동감을 얻고 만감을 교차하게 한다.

나 이제 노을길 밟으며 음~

나 홀로 걷다가 뒤돌아보니

인생길 구비마다 그리움만 고였어라

외롭고 고달픈 인생길이었지만

쓰라린 아픔 속에서도 산새는 울고

추운 겨울 눈밭 속에서도

동백꽃은 피었어라

나 슬픔 속에서도 살아갈 이유 있음은 음~

나 아픔 속에서도 살아갈 이유 있음은 흠~

내 안에 가득 사랑이

내 안에 가득 노래가 있음이라

어두운 밤 하늘에 별이 뜨듯이

나 사는 외로움 속에서도 들꽃은 피고

새들이 노래하는 푸른 숲도 의미 있으니

나 슬픔 속에서도 행복한 날이 있었고 음~

나 아픔 속에서도 당신이 거기 계시니 흠~

내 안에 가득 사랑이

내 안에 가득 노래가 있음이라

— 〈이미자 50년, 세상과 함께 부른 나의 노래 101곡〉[2009]의 수록곡.

작사: 김소엽, 작곡: 장욱조 · 장지연

인간 외에 무엇이 앞길을 조심스러워하고, 지나온 길을 아련해 하며, 무언가를 아쉬워하고 그리워하겠는가? 자신의 유한함을 의식하는 자들에서만 볼 수 있는 현상일 터이다.

유(類)성과 역사의식

생각과 기분의 작용자로서 마음은 개체적인 것이다. '세계정신'이니 '세계영혼(anima mundi)'이니, '민족혼'이니 '겨레 얼'이니 하여 '정신'이나 '혼/얼'은 집합/전체적인 지칭으로도 사용된다. 그리고 '우리 마음'이니 '일심동체(一心同體)'니 하는 말 또한 있기는 하다. 그러나 기실 마음은 '내 마음'과 '네 마음'이 같지 않다. 마음의 개체성으로 인해 몸 또한 개체적이다. '내 몸'과 '네 몸'은 서로 같지 않다. 인간의 개체임은 '나'로 표현되는 것이다. 인간의 마음은 그의 자아이다(mens cuiusque is est quisque). 인간은 '나' 곧 자아를 의식한다. '내 몸'은 '네 몸'과 구별되고, '내 마음'은 '네 마음'과 구별된다. 동물로 태어난 인간은 이렇게 '나'에 대해 의식함으로써 비로소 '이성적 동물', 곧 진정한 의미에서 '인간'이 된다.

그런데 '나는 나이다'라는 자아의식은 자기의식과 함께 그에 상응하는 타자의식을 포함한다. 자기의식은 주체의식이나 자존심, 이기심에서 뚜렷한 양태를 보이거니와 그 이면에는 자기의 유한성에 대한 의식, 궁극에는 자신의 죽음에 대한 의식이 놓여 있다. 이러한 의식은 소극적으로는 자기에 몰입하게 만들어 인간을 배타적이게도 하지만, 적극적으로는 개체로 태어난 인간에게 종적(縱的) 연관의식을 불러일으켜 조상과 후손, 유산과 승계를 생각하게 하고, 이로 인해 인간은 역사의식을 갖게 된다.

> 모든 살아 있는 것은 죽고, 오직 종[種]만이 (우리가 판단할 수 있는한) 영원히 지속한다. 이것을 우리는 인간에 대해서도 받아들이지 않을 수 없다. — 그러나 이 종에 있어서 특유한 것은, 이 종은 그 정신의 소질들에서 그 생식의 계열 중에 언제나 완전화하고 진보하며, 그 현존과 관련해 (창조자의) 목적에 이르도록 정해져 있는 것처럼 보인다는 점이다.[63]

> 죽음 후의 인간의 한 삶이 있다. 무릇 자연은 유기조직된 것으로서 인간종의 고정불변성의 한 법칙을 가지고 있어서, 이 종은 생식을 통해 개체들이 바뀜에도 불구하고 여전히 지속되어, 그 개체들은 서로에게 자기들의 역사를 전달[공유]하면서 부분적으로는 (종의 면에서) 완전성으로 좀 더 전진해가고, 그리하면서도 또한 각자 자기의 죽음 후에도 종의 의식은 여전히 남으니 말이다.[64]

인간은 한낱 자기복제를 끊임없이 해가는 물리적 기계로서 이를 자손에게 전승해가면서 진화하는 생물학적인 존재자가 아니라, 사회문화적 유산 또한 승계하여 세련화해가는 역사적 존재자이다. 그러한 의미에서 인간은 선행하는 자의 종점을 자신의 시작점으로 갖는 유적(類的) 동물이라는 특성을 얻는다. 여느 동물들의 생은 어미의 생과 다름없는 것을 반복해서 살기에 시간상의 잇따름이 있을 뿐 역사를 가지지 못하지만, 인간은 선대의 문화적 유산을 시작점으로 삼아 계승적인 삶을 산다. 고려인은 고구려인을 잇고, 조선인은 고려인을 이으며, 대한인은 조선인을 이어 살되, 선대 유산의 바탕 위에서 산다. 인간은 선대의 공과를 추적하여 현재의 나의 위치를 가늠하고, 후손의 앞날을 예견하면서 나의 자세를 바로잡는다. 그렇게 역사를 가르치고 배우고 해석한다.

'나는 나이다'라는 자아의식이 포함하는 '나는 네가 아니다'라는 타자의식에서 다른 한편으로는 동정심, 이타심, 존경심, 경쟁심, 시기, 질투, 멸시 등과 같은 심성도 비롯하며, 이로부터 횡적(橫的) 연관의식 곧 사회의식이 생겨난다. 이에서 인간은 사회적 존재라는 특성을 또한 얻는다. 그래서 이성적 동물은 곧 '정치적 동물(ζῷον πολιτικόν)'인 것이다.

사회성과 규범의식

유적 존재자로서 인간은 곧 '사회적 동물(animal sociale)'이다.

당초에 아리스토텔레스가 인간을 "자연본성상 정치적 동물"[65]이라고 본 것은 적어도 두 가지 이유에서이다. 첫째는, 인간은 성별(性

別) 없이 살 수 없듯이 무리를 떠나서도 살 수 없다는 점이다. 그러나 둘째로, 인간이 여느 동물들보다 훨씬 고도의 군집 생활을 할 수 있는 것은 인간이 언어를 가지고 있기 때문이라는 것이 아리스토텔레스의 생각이다. 여느 동물도 낼 수 있는 소리를 통해서는 고통이나 기쁨과 같은 어느 정도의 느낌은 표현할 수 있다. 그러나 언어는 인간으로 하여금 이로운 것과 해로운 것, 더 나아가 정당한 것과 부당한 것에 대한 의견 교환을 가능하게 해준다. 인간만이 선·악에 대한 지각을 가지며, 언어를 통하여 그 개념을 공유할 수 있음으로써 국가라는 공동체를 가질 수 있게 되었다는 것이다.

그러니까 정치적 공동체는 하나의 선 또는 옳음의 개념을 중심으로 그리고 합의된 그 선과 옳음을 실천하기 위하여 존립하는 것이다. 아리스토텔레스의 이런 의미의 '정치공동체'가 키케로(Cicero, BC 106~43)에 와서 '화의체(conciliatio)', '공동체(communitas)', '시민사회(societas civilis)'로 이해되었고,[66] 그것은 곧 '사람들의 사회 내지 결합체(societas hominum coniunctioque)',[67] '인간 사회(societas humana)',[68] 다시 말해 '사람들 사이의 자연적인 사회(naturalis societas inter homines)'를 지칭하기에 이르렀으니,[69] 이것이 후에 기독교 세계에서 '신의 나라(civitas dei)'와 구별되는 '지상의 나라(civitas terrena)'로서의 인간 사회로 이해되었다.

인간은 자연상태로 살지 않고 시민사회를 이룩하여 산다. 인간의 사회생활은 여느 동물의 한갓된 군집생활이 아니다. '나'의 의식과 동시에 '나들'의 의식을 갖는 인간들은 각자 독자적인 주체들로서 시비곡직을 판별할 수 있는 가치 기준, 곧 법을 정하고 그 위에 국가를 세워 산다. 합리성과 공통감(sensus communis)과 양심(conscientia)과 같은 공존의 기반 없이는 상호 규제적인 규범 제정이 불가능한 것이니, 인간 생활의 기초에는 보편적 이성과 보편적 정감, 보편적 지향이 놓여 있다 해야 할 것이다.

'나(ego)'라는 주체 의식이 분명하면서도 이웃을 '또 다른 나(alter ego)'로 받아들이고, 이웃들과 함께 국가를 세워 법치를 하는 종은 만물 가운데 인간밖에 없다. 이러한 법치의 능력은 인간의 자기제어 능력에 기초한다. 동물로서 인간은 자의적·충동적 욕구, 경향성을 가지되 그에 대한 통제능력 곧 이성을 가지고 있기에, 이성적 동물인 것이다. 그러니까 '본성을 다스림'이라는 '이성(理性)'은 동물성을 자연본성으로 갖는 존재자에서만 그 본래적 의미를 갖는 것이다. 다시 말해 자의적이고 충동적인 욕구가 없는 존재자에게 자기제어능력이니 자기통제 규범성이니 하는 규정은 타당성이 없다.

인간의 인간성은 그 자신 동물이면서도 동물(자연) 상태를 벗어날, 자연법칙 외에 인간의 법칙, 규범을 스스로 세우고 준수하는 일, 자기규율 곧 자율에서 출발한다. 이 규범의 핵심은 자연적 욕구나 경향성을 통제하는 것, 다시 말해 하고 싶어하는 것을 금지하고, 하기 싫어하는 것을 강요하는 강제성에 있다. 그러니까 인간의 행위 규범은 자연성과의 관계에서만 의미를 얻는다.

이 인간 규범의 특성은 자율성, 곧 자기가 법칙을 수립하고 스스로 그에 복종함에 있다. 그리고 이러한 자율은 보통 일반 사회의 관습화 과정을 거쳐 윤리로서 느슨한 규범성을 갖거나, 국가의 입법기관에서 제정하는 법률을 통해 엄격한 규범성을 갖는다.

3) 정감적인 이성적 동물로서의 인간

감정과 이성

인간을 보통 '이성적 동물'이라고 정의하지만, 또한 '감정적 동물'이라고 해도 결코 불충분하게 규정하는 것이 아니다. 인간은 이성적 존재자이자 생명 있는 존재자이고, 그의 생명감/생명감정 (Lebensgefühl),[70] 자기감정 (Selbstgefühl), 자존감 (Selbstwertgefühl)은 그의 활력의 바탕이다. 인간의 생활세계는 그러한 그의 다양한 감정들로 채워져 있다.

우리가 아는 한 인간처럼 다양하고 복합적인 감정을 표출하는 동물은 없다. 이른바 칠정(七情)이라는 희(喜)·노(怒)·애(哀)·낙(樂)·애(愛)·오(惡)·욕(欲)도 기본적인 감정일 뿐이고, 욕(欲)만 하더라도 명예욕, 재물욕, 색욕, 승부욕 등등으로 나누어지며, 이에 더해 숱한 감정들, 예컨대 쾌감, 불쾌감, 유쾌함, 쾌락, 고통, 수치심, 죄책감, 염치, 도덕감, 행복감, 이기심, 자부심, 긍지, 우월감, 안도감, 불안감, 패배감, 적대감, 모욕감, 압박감, 두려움, 공포심, 절망감, 희망, 동경, 감사, 다감함, 민감함, 이타심, 동정심, 경쟁심, 질투심, 시기심, 선망, 고소함, 지루함, 우울함, 공허감 등등을 이루 다 열거할 수 없을 정도이다. 아마도 인간은 동물들 가운데서도 표정이나 몸짓이 가장 다양할 것인데, 그 또한 대부분 감정의 표현이다.

정념과 이성의 내적 투쟁이 평화를 원하는 사람들을 두 개의 분파로 갈라놓았다. 한편의 사람들은 정념을 버리고 신과 같이 되기를 원했고, 다른 편의 사람들은 이성을 버리고 짐승처럼 되기를 원했다. […] 그러나 양편 모두 그렇게 될 수가 없었다. 그래서 이성은 항상 비천과 정념의 부당성을 고발하면서 이 정념에 몸을 맡기는 사람들의 안정을 어지럽히고, 정념은 항상 이 정념을 버리고 싶어하는 사람들 속에서 생생하게 살아 움직인다.[71]

　예부터 인간을 '이성적 동물'이라고 규정한 것은 어느 면에서 인간에게 여느 동물에서보다 더 극렬한 동물성이 잠재 또는 표출되는 것이 보이기 때문이다. 인간보다 열정, 격정, 탐욕, 포악함, 잔인함, 파괴심, 적대감, 근심, 걱정이 더 많은 동물이 달리 있을까? 이렇게 거의 교화 불능으로 보이는 인간상(像)을 보면서 사람들은 무정념, 평정심, 관용, 인내, 용기, 절제, 지혜 등의 미덕을 생각하고, 저런 미덕을 갖추기 위해서는 정념들을 잘 다스려야 한다는 이념을 갖게 되었을 것이다. 그리고 이로부터 인간의 자연본성, 곧 동물적 본성을 조리 있게 함, 곧 '이성(理性)'이라는 개념을 얻었을 것이다.

　인간의 본성(자연본성)이 선하고, 양심을 갖추고 있다는 것은 인간이 '이성적' 동물인 한에서 그렇다는 것이고, 누가 인간을 '이성적 동물'이기에 앞서 '동물'로 본다면, 그리고 이른바 자연주의자들이 그렇게 하듯이 그 동물성을 본성 또는 자연본성(nature)이라고 본다면, 인간의 '이성'은 당초부터 자연(nature)과 대립관계에서 생겨난 것이라 해야 할 것이다. 그런 점에서 자연주의는 정감주의 또는 동물주의의 다른 이름이고, 이성주의는 '인간은 단지 동물이 아니다.'라는 인간종차별주의의 또 다른 이름이겠다.

그렇지만 여기서 이름이 달라지는 것은 주안점에서의 차이 때문일 것이고, 자연주의자라 해서 인간을 순전히 동물로 보지는 않을 것이고, 인간종차별주의자라 해서 인간에게 동물적 소질이 전혀 없다고 보지는 않을 것이다.

이성적 감정

인간은 본질적으로 '이성적'이기에 앞서 자연본성적으로 '감정적'이다. 그럼에도 어떤 자리에서 "그 사람은 감정적이다."라거나, "넌 지금 너무 감정적이야!", "그것은 감정적인 처사야."라고 말하면, 그때 그 말을 사람들은 보통 '비합리적이다', '공정하지 못하다' 정도의 비난으로 받아들인다. 감정이란 친근한 교제에 있어서 필수적인 것이고, 감정의 풍부함은 어느 면에서는 인간의 좋은 징표로 여겨짐에도 불구하고 말이다.

어느 감정이든 다 발생하는 이유가 있고, 일단 감정이 표출되면 그로부터 어떤 결과 또한 있기 마련이다. 그러니까 감정도 나름의 인과관계가 있고, 그런 점에서 '논리적'이며, 그런 의미에서는 '이성적'이라고 할 수도 있다. 감정이 억제됨으로써 오히려 그 사람이 파괴되기도 하고, 감정을 표출함으로써 그 사람이 오히려 짧은 시간 안에 평정심을 되찾기도 하므로, 감정은 '합리적'인 마음의 기제를 그 안에 가지고 있다고 할 수도 있다. 그러니까 감정이 단지 비합리적이라거나 불합리한 것만은 아닌 것이다. 흥미로운 것은 이런 평가가 어떤 감정이 이성이 세운 조리에 맞게 합리적으로 설명되는 한에서 그렇다는 것이다. 그리고 희·노·애·낙·애·오·욕의 절제는 언제나 성숙한 사람, 의젓한 사람의 미덕으로 간주된다.

그런데 감정 중에서도 어떤 것, 예컨대 즐거움, 불안, 분노, 경악, 공포 같은 것은 사람 외의 동물들에게도 있는 듯이 보이고, 수치심, 죄책감, 명예욕, 희망과 같은 감정은 사람에게만 있는 것 같다. 이런 차이를 근거로 어떤 이는 감정을 "문화적"인 것과 "생물학적"인 것으로 나눠보기도 한다.[72] 일견 이런 식의 구분을 참고하여 이성적 동물인 인간에서 나타나는 감정을 동물적인 감정과 이성적인 감정으로 나누어볼 수도 있겠다.

만약 '이성적 감정'이라는 개념에 상응하는 감정이 있다면, 그것은 '감정'이 '이성'에 어긋나기만 하는 것이 아니라, 적어도 일면 이성에 근거를 두고 있기도 하다는 것을 함의한다. 맹자(孟子, ca. BC 372~289)의 측은해하는 마음이나 부끄러워하는 마음처럼 말이다. 이럴 경우 감정은 이성의 통제 대상이라기보다는 화합해야 할 짝으로서 그 화합의 수준에서 어떤 인간의 됨됨이 수준이 드러난다 하겠다.

보통은 감정이 조절되어야 할 것으로 여겨진다. 이성이나 지성은 제아무리 높게 또는 많이 발휘되어도 과도하다는 말을 하지 않지만―남다르게 고도의 지성을 발휘하면 오히려 '천재'니 심지어는 '성인'이니 하여 추앙받지만―, 인간 품성의 긍정적인 요소인 수치심이나 죄책감마저도 지나치면 좋지 않다는 평가를 받는다. 어쨌거나 감정은 어떤 것이든 적절히 조절되어야 할 것으로 치부된다. 감정에 대해 '지나치다'라는 평가어 사용은 이미 감정의 조절을 전제하고 있는 것이라 하겠다.

그런데 다른 한편으로 흥미로운 것은 인간의 품격에 긍정적인 요소가 되는 '이성적 감정'들보다 때로는 '동물적 감정'들에 사람들이 더 호감을 보인다는 점이다. 특히 '범죄'로 치부되는 행위를 단죄할 때, 그 행위가 동물적 감정의 발로로 일어난 경우에 사람들은 사뭇 동정적이 된다. 이것은 아마도 동물적 감정은 인간에게 원초적인 것으로, 그것을 인간이 이성으로, 또는 인격을 다해 통제하기가 쉽지 않고, 그러니 그것은 자연적 현상에 가까운데 그것을 어떻게 비난할 수 있겠는가 하는 반성이 들어 있다고 보아야 할 것이다. 사람들은 인간의 잘못된 행위가 순전히 동물적 경향성에 의해 일어났을 때보다 이성적인 관여 아래서 일어났을 때 더 강한 처벌의 필요를 느낀다. 이것은 동물적 감정에는 책임을 묻기가 쉽지 않은 반면, 이성적 활동에 대해서는 응당 그 책임을 물어야 한다는 취지이겠다.

부끄러운 행동을 해놓고서 수치심을 느끼지 못하는 사람에 대해서는 보통 강한 문책을 하는데, 이것은 감정이 메말라서라기보다는 옳고 그름에 대한 분별력이 없어서라고 보기 때문일 것이다. 그러니까 이런 경우에는 수치심을 느끼지 못한다는 그 사실 곧 '감정'보다는 분별력이 없다는 사실 곧 '이성'을 질책하는 것이라 하겠다. (그런데 부당한 모욕을 당하고서도 수치를 느끼지 못한다거나 분노를 느끼지 못한다면, 그것은 합당한 또는 부당한 대우에 대한 분별력이 없어서인가, 아니면 넓은 아량과 도량을 가지고 있어서인가? ─ 감정과 이성의 교합은 단순하지가 않다.)

'감정 없는 인간'은 '이성 없는 인간'이나 마찬가지로 도대체가 '인간'이 아닐 것이다. 파스칼(Blaise Pascal, 1623~1662)은 "이성을 도외시하는 것과 이성만을 인정하는 것"을 적절하게도 "두 가지 극단들"[73]이라 했다. '이성'을 한낱 '지성'과 구별하여 '이성적 감정'의 한 성격 요소로 보게 되면 감정과 이성은 대립적일 경우도 있지만 상보적일 경우도 있다. 생활세계에서 인간이 감정 없이 하는 일은 없다 해도 과언이 아니다. 인간 행위의 발단은 욕구이기가 십상이며, 욕구는 감정과 밀착되어 있다. 이성이 이상(理想)을 이끈다면 감정은 현실을 주도한다. 예컨대 이상적으로는 국가시민들을 하나 되게 하는 것이 국가 운영 원리에 대한 합의일 것이나, 현실적으로는 우애, 우정, 상호적인 호감이 국가시민들을 하나로 만든다. 애국심에 대한 한 시간의 합리적인 강의에서보다 국가 대항 양궁 시합의 30분 관람에서 사람들은 더 큰 나라 사랑에 빠져들기도 한다.

이러한 갖가지 이성적 감정에서 인간의 인간임의 참모습이 드러나는데, 그 가운데서도 도덕감, 미감 그리고 행복감은 특기할 만하다.

도덕감(道德感)

도덕감은 타인의 처지를 측은해하는 마음과 자신의 행실을 부끄러워하는 마음에서 시작하고 자란다.

사람은 누구나 차마 하지 못하는 마음[不忍之心]을 가지고 있다. (…) 지금 사람이 어린아이가 막 우물에 빠지려는 것을 별안간 보면, 놀라고 측은한 마음이 있어 가서 붙든다. 이렇게 하는 것은 어린아이의 부모와 교제를 하기 위함도 아니요, 마을 사람들과 벗들에게 칭찬을 받기 위함도 아니요, 또 그냥 내버려 두었다고 원성하는 것을 듣기 싫어서도 아니다. 이런 것을 미뤄볼 때, 사람 치고 측은해하는 마음[惻隱之心]이 없으면 사람이 아니요, 부끄러워하는 마음[羞惡之心]이 없으면 사람이 아니요, 양보하는 마음[辭讓之心]이 없으면 사람이 아니요, 옳고 그름을 가리는 마음[是非之心]이 없으면 사람이 아니다. 측은해하는 마음은 인(仁)의 단서요, 부끄러워하는 마음은 의(義)의 단서요, 양보하는 마음은 예(禮)의 단서요, 옳고 그름을 가리는 마음은 지(智)의 단서다. 사람이 이 네 가지 단서[四端]를 가지고 있는 것은 마치 몸에 사지(四肢)가 있는 것과 같다. […] 무릇 사람이 자기에게 있는 네 단서를 모두 확충할 줄만 알면, 불이 타서 번져나가고, 샘물이 솟아서 흘러가는 것과 같다.[74]

사람들이 이상적으로 그리는 윤리적 사회도 하나의 감정/감각인 도덕감(moral sense)을 통해서나 현실화할 수 있다. 도덕감은 아마도 "인간의 모든 속성 중 가장 고귀한 것"[75]일 터이다. "인간이 자기 동료/이웃의 목숨을 구하기 위해 조금도 망설이지 않고 위험을 무릅쓰는 것은 그에게 도덕감이 있기 때문이다. 또 인간은 여러 가지 상황을 고려한 뒤에, 투철한 권리 의식이나 의무감만으로도 위대한 목적을 위해 자기 삶을 희생하기도 한다."[76] 이러한 도덕감은 동물적(본능적) 사랑의 감정이 그 기저에 있는 것으로 보인다. 그렇지만 이러한 감정을 여느 동물에서는 발견할 수 없으니, 그것은 분명 이성이나 당위 의식을 가진 인간만의 특성이다.

도덕감은 실상 도덕 감정인데, 도덕 감정(moralisches Gefühl)은

"인간 안에서 스스로 법칙을 수립하는 의지가 그 의지에 따라 행위하는 능력에 행사하는 […] 작용의 감정"으로 "일종의 특수한 감관/감각[기능](sensus moralis)"[77]으로 생각할 수는 있다. 그렇다고 우리가 "(윤리적으로-) 선함과 악함에 대한 특수한 감관/감각을 가지고 있는 것은 아니다. 오히려 우리가 가지고 있는 것은 실천적 순수 이성(과 그 법칙)에 의한 자유의사의 움직임에 대한 자유의사의 감수성으로, 이것이 우리가 도덕 감정이라 부르는 것이다."[78]

이 도덕 감정은 도덕적 완전성의 징표로 간주된다. 사람들이 더러는 이 도덕 감정을 "이성을 앞지르며, 이성적 판단이 전혀 없어도 될 수 있는 것인 양, 자주 광신적으로 오용하기도 하지만, 그럼에도 이것은 동시에 의무인 모든 특수한 목적을 대상으로 삼는 윤리적 완전성"[79]의 표지이다.

칸트에 따르면, 의무 개념 일반을 위한 마음의 감수성에 대한 "미감적 선[先]개념"[80]들이 있는데, 도덕 감정은 "양심, 이웃사랑 그리고 자기 자신에 대한 존경(자기존중)"[81]과 더불어 그런 것들 중 하나이다. "쾌·불쾌 감정 일반이 그러하듯이 도덕 감정은 아무런 인식도 제공하지 않는 순전히 주관적인 어떤 것"[82]으로서 "순전히 우리 행위의 의무법칙과의 합치 또는 상충에 대한 의식에서 유래하는 쾌 또는 불쾌의 감수성"[83]이다. 인간은 누구나 이러한 도덕 감정을 "근원적으로 자신 안에 가지고" 있다. 도덕 감정은 '이성적 동물'인 인간의 고유한 속성인 것이다.

다만 인간이 할 일은 이러한 "도덕 감정이 모든 정념적인 자극에서 벗어나 그 자신의 순수성 속에서 순전한 이성 표상을 통해 최고도로"[84] 발휘되도록 교화하는 일이다. 인간의 모든 소질과 능력이 그러하듯이 도덕 감정이 저절로 두터워지는 것은 아니므로, 부단히 개발하고 강화함으로써 동물로 태어난 인간은 점차 인간이 되어간다. 인간에 내재하는 미감(美感) 또한 그러하다.

미감(美感)

인간은 감수(感受)적, 관능적 쾌락에도 빠지지만, 지성적 쾌감에도 젖고, 감성적이면서도 지성적인 쾌감도 느낀다. 그러한 것으로 "인간 특유의"[85] 미감(sense of beauty)이 있다. 인간은 자연의 아름다움에 취해 그것을 완상(玩賞)하고, 예술품을 만들어내 그 아름다움도 즐긴다.

인간은 '같은 값이면 다홍치마'를 택할 뿐만 아니라, 어떤 경우에는 훨씬 더 비싸더라도 다홍치마를 취한다. 잠시 후에 먹을 떡을 형형색색으로 빚고, 의식주에 아무런 쓸모도 없는 장미꽃을 애써 가꾼다. 먼 나라까지 가서 외딴곳의 미술관을 찾아가고, 산더미처럼 쌓여 있는 할 일을 미뤄놓고 음악회에 간다. 인간의 미감은 감각에서 발단하지만 정신적 흡족에서 일어난다. 인간의 실존에서 이러한 미적 활동은 부수적인 것이 아니라 본원적이라 해야 할 것이다. ─ 인간은 효율적으로 일하고자 하지만, 때로는 미감을 위해 효율성을 뒤로 미룬다. '미감적 효율성'이야말로 가장 바람직한 것으로 여겨진다.

칸트에 따르면 심미적 판단은 순전히 "관조적"[86]인 것이다. 이 관조는 어떠한 개념도 지향하고 있지 않다. 그래서 심미적 판단은 대상의 현존에는 관심이 없으며, 오직 대상의 성질을 쾌·불쾌의 감정과만 결부시킨다. 쾌적한 것은 "즐거움을 주는 것"으로서 이성 없는 동물들도 느낀다. 그런가 하면 좋은[선한] 것은 존중되고 시인되는 것, 다시 말해 "누군가에 의해 객관적 가치를 부여받는 것"으로서 이성적 존재자들만이 지향하는 것이다. 이에 반해 '아름다운 것'은 "한낱 적의한 것"으로서 "동물적이면서도 이성적인 존재자들" 곧 "인간에게만" 느껴지는 것이다. 그러니까 즐거움이나 쾌락은 동물 일반이 갖고, 선함은 이성적 존재자 일반이 갖는 것인 데 반해, 미의 개념 또는 미감은 이성적 동물인 인간만이 갖는, 인간 고유의 것이다. 무엇이 미감을 갖고 있다 함은 그가 인간임을 말한다.

> 쾌적한 것은 누구에겐가 즐거움[쾌락]을 주는 것을 말하고, 아름다운 것은 누군가에게 한낱 적의한 것을 말하며, 좋은[선한] 것은 존중되고 시인되는 것, 다시 말해 누군가에 의해 객관적 가치를 부여받는 것을 말한다. 쾌적함은 이성 없는 동물들에게도 타당하다. 아름다움은 오직 인간들에게만, 다시 말해 동물적이면서도 이성적인 존재자들에게만, 한낱 이성적 존재자들(예컨대, 정신들)로서가 아니라 동시에 동물적 존재자들로서의 인간들에게만 타당하다. 그러나 좋은 것[선]은 모든 이성적 존재자 일반에게 타당하다.[87]

노년에 접어든 구체시인(具體詩人) 고원(高源, 1951~)은 넝쿨장미를 회화시(繪畵詩)로 구상화한다. 그의 시 감정은 독특하다. 그러나 우리는 그의 시를 완상하면서 그의 시 감정을 공유할 수 있다. 미감은 이른바 "주관적 보편성"[88]을 갖는다.

미미미미미 　　　　　미미미미미

미미미미 　　　　　　미미미미

미미미 　　　　　　　미미미

미薔 　　薔미

미미薇薔　薔薇미미

미미美미미

王

(고원, 「넝쿨장미」, 수록: 『식물성 구체시』, 2021)

사람 아닌 무엇이 시각에 이런 미감을 담아 언어로 조형(造形)할 수 있겠는가. 그런데 미감이 늘 덕성과 함께하는 것은 아니다. 재능이 그러하듯이 말이다. 덕 있는 자가 탁월한 미감을 겸비하기도 하고, 거의 미감이 없는 경우도 있는가 하면, 탁월한 미감을 가진 이가 덕성까지 갖춘 경우도 있고, 그렇지 못한 경우도 흔히 있다. 그리고 누구에게서나 덕성이나 미감이 항상 최대로 발휘 발양되는 것이 아니므로, 그 발휘 양상은 때에 따라 들쑥날쑥할 수도 있다. 그러나 적어도 미감에 젖어 있는 동안 사람은 선량하다.

친일행적과 권력자에 대해 무개념적인 행태를 보였다 해서인지 그의 시(詩)조차도 세인들의 관심에서 멀어져가는 서정주(徐廷柱, 1915~2000)이지만, 23세 청년 서정주는 당대 누구보다도 절절한 시심(詩心)에 미감을 담았다.

애비는 종이었다. 밤이기퍼도 오지 않았다.

파뿌리같이 늙은 할머니와 대추꽃이 한주 서 있을 뿐이었다.

어매는 달을두고 풋살구가 꼭 하나만 먹고 싶다 하였으나……

흙으로 바람벽한 호롱불 밑에

손톱이 깜한 에미의아들.

甲午年이라든가 바다에 나가서는 도라오지 않는다하는 外할아

버지의 숯많은 머리털과

그 크다란눈이 나는 닮었다한다.

스물세햇동안 나를 키운 건 八割이 바람이다.

세상은 가도가도 부끄럽기만하드라

어떤이는 내눈에서 罪人을 읽고가고

어떤이는 내입에서 天痴를 읽고가나

나는 아무것도 뉘우치진 않을란다.

찰란히 티워오는 어느아침에도

이마우에 언친 詩의 이슬에는

몇방울의 피가 언제나 서꺼있어

볓이거나 그늘이거나 혓바닥 느러트린

병든 숫개만양 헐덕어리며 나는 왔다.

(서정주, 「自畵像」, 23세 作)

후세들이 동의할 수 없는 일부 행적을 탓해 이미 세상 떠난 서정

주의 시를 읊지도 않고, 그의 시에서 아무런 감흥도 얻지 못한다 해서 그가 아쉬울 것이 있을지 어떨지는 모르겠으나, 그 때문에 만약 지금 사람들이 처연한 그의 시정(詩情)을 함께 체험하지 못한다면 참으로 안타까운 일이다. "스믈세햇동안 나를 키운 건 八割이 바람이다." ─ 누가 자의식에 이런 미감을 담을 수 있을까? (이를 본떠 나는 나의 선생님께 조금 전 편지를 썼다: "지금의 저를 키운 건 8할이 선생님의 가르침이었습니다.") 서정주의 '자화상'의 시정을 다른 시나 다른 시인의 시정으로 대치할 수는 없다. 윤동주(尹東柱, 1917~1945)의 '자화상'이 그러하듯이 말이다. 시정(詩情)은 공유할 수 있지만, 시마다 독특한 것이다.

산모퉁이를 돌아 논가 외딴 우물을 홀로 찾아가선 가만히 들여다봅니다.

우물 속에는 달이 밝고 구름이 흐르고 하늘이 펼치고 파아란 바람이 불고 가을이 있습니다.

그리고 한 사나이가 있습니다.
어쩐지 그 사나이가 미워져 돌아갑니다.

돌아가다 생각하니 그 사나이가 가엾어집니다. 도로 가 들여다보니 사나이는 그대로 있습니다.

다시 그 사나이가 미워져 돌아갑니다.

돌아가다 생각하니 그 사나이가 그리워집니다.

우물 속에는 달이 밝고 구름이 흐르고 하늘이 펼치고 파아란 바
람이 불고 가을이 있고 추억처럼 사나이가 있습니다.

(윤동주, 「자화상」, 대략 22세 作)

(고창의 서정주 옛집이나 용정의 윤동주 옛집 주변을 서성이다 보면, 저러한
시심의 일단을 엿볼 수 있을 것 같기도 하다. 오래전의 방문길이 이 글을 쓰는
중에 불현듯 떠오르니, 감회가 새롭다.)

재능이 그러하듯이, 미감이 늘 선함까지 함유한다면 최고이겠지
만, 미감이 꼭 윤리적 척도로 재단될 수 있는 것은 아니며, 굳이 그리
해야 할 것도 없다. 인간의 마음은, 개인으로든 집단으로든, 여러 갈
래이며, 가치도 여러 가지이다. 한 수의 시를 쓸 때의 시심이 그 사람
의 항상의 마음씨인 것도 아니고, 어느 때 보인 유덕한 또는 부덕한
모습이 그 사람의 항상의 모습인 것도 아니다. 물론 한 가지 일에서
천재가 만 가지 일의 천재도 아니다. 어떤 면에서 천재라고 만인이
우러르는 이가 어떤 면에서는 천치인 경우도 드물지 않다.

— '이성적 동물'이라지만 불완전하기 그지없는 인간인데 흠결 없
는 이가 있겠는가. 사람의 죄악이 꼭 악심에서 나온다기보다는 나약
함이나 잠깐의 판단 착오에서 비롯하는 경우도 허다할 터이다. 잠깐

의 판단 착오든 나약함이든 그 역시 허물이라면 인간으로서 무슨 변명을 더할 수 있을까만 … 그래도 사람마다, 또는 어느 시점에서 서로 다른 특장(特長)을 가진 것이 있으면, 그것을 서로 높이 살 일이다. 한 가지 공(功)으로 백 가지 과(過)를 덮으며 사는 것이 범인(凡人)들의 인생이 아니던가. 또한 이미 세상 떠난 이의 과오를 되짚어 단죄하는 뜻은 그로써 그를 백안시하여, 그의 특장마저 없었던 것으로 하려는 데 있는 것이 아니라, 오히려 지금의 우리들, 앞으로의 나에게 있을 수 있는 유사한 과오를 경계하기 위함이 아니던가. 반대로 옛사람의 공을 두고두고 치하하는 뜻은 그를 본받기 위함이 아니던가. ―

　자율성을 근본 품성으로 갖는 만큼 인간은 누구나 도덕적이 될 수 있다. 그렇다고 인간이 누구나 언제나(하루 한시도 빼놓지 않고, 일거수일투족이) 도덕적인 것은 아니며, 어느 때 비윤리적 행실을 하는 이라 해서 도무지 선량함이 없는 것도 아닐 터이고, 언뜻언뜻 깊은 미적 체험을 하지 못하는 것도 아닐 터이다.

　물론 인간의 최고의 가치는 도덕성에 있다. 그런데 도덕대로 행할 수 있는 힘, 곧 덕성은 부단한 자기교화를 거치면서 점차 획득되는 것이다. 무릇 덕은 방해물, 즉 자기 안의 자연적 경향성과의 투쟁을 통해 강화되어가는 것인바, 사람들이 언제나 이러한 투쟁에서 승리를 거두는 것은 아니니, 모든 투쟁의 승자를 칭송하는 것이야 당연하겠지만, 한때의 패자라고 해서 그를 근본적으로 부덕한 이라고 내칠 일은 아니다. 한 싸움에 패한 자라도 거듭된 훈련을 해서 더 큰 힘을 길러 다음 싸움에서는 승리를 거둘 수도 있는 것이고, 한 싸움의 승자라도 이내 훈련을 소홀히 하면 다음 싸움에서는 패할 수도 있는 것이다. ― 관용은 타자의 허물에 대한 아량일 뿐만 아니라, 자신에서도 언제든 발견될 수 있는 과오에 대해 미리 하는 참회이다.

미적 감정이 늘 도덕감으로써 충일되어 있지는 않다 하더라도, 미적 감정은 이미 그 안에 사회성을 포함하고 있어, 타인과의 원만한 소통을 부추기니, 적어도 그것이 윤리의 맹아는 가지고 있다 하겠다. (꽃 좋아하는 사람치고 악인은 없다 했던가.)

> 온전히 홀로 있을 때 누구도 자신이나 자기 집을 단장하거나 청소하지 않는다.[89]
> 무인도에 버려진 사람은 그 자신 홀로는 자기의 움막이나 자기 자신을 꾸미거나 꽃들을 찾아내거나 하지 않으며, 더구나 단장하기 위해 꽃들을 재배하는 일은 없을 것이다. 오직 사회에서만 그에게 한낱 인간이 아니라 자기 나름으로 세련된 인간이고자 하는 생각이 떠오른다. (이것이 문명화의 시작이다.)[90]

미적 감정의 전달[공유] 가능성을 바탕으로 하는 '공통감(sensus communis)'은 인간 문명 발생의 한 단초라고 할 수 있다. 이웃과 미감을 공유하면서 함께하는 삶보다도 더 인간적 삶이 있겠는가. 도덕법칙 수립의 기반인 '양심(Gewissen)', 곧 공동의 의식, 함께 앎(conscientia, Mitwissen)도 이러한 공통감을 전제하는 것일 터이다. 노동을 통해 동물적 생의 기반을 구축하는 인간이 이러한 공통감의 바탕 위에서 미적인, 덕의 사회를 이룩하면 실로 인간적 생을 영위할 수 있을 터이다.

행복감(幸福感)

누구는 행복이 "일반적으로 다른 어떤 것 때문에 선택되는 것이 아니라",[91] 그 자체로 선택되는 것이라는 점에서 "단적으로 완전한 것"[92]이라고 말하고, 그래서 "가장 완전한 것이고, 자족적인 것이고, 모든 실행의 궁극목적"[93]으로, 이른바 '최고선(summum bonum)'이라고까지 일컫는다. 사람들은 흔히 안부 인사도 "늘 행복하기를 기원합니다."라는 말로 마무리한다. 이러한 '행복'이라는 말 안에 사람들은 무슨 뜻을 담는가? 행복이라는 것이 객관적 사실인가, 또는 주관적 감(정)인가, 아니면 그 중간의 어떤 상태인가?

어떤 사람은 인간의 기본적인 욕구인 식욕과 색욕의 충족에 행복이 있다고 보고,[94] 또 어떤 사람들은 그 이상의 사회적인 욕구의 충족과 소망의 달성, 예컨대 부와 권력을 가지고 명예롭게 건강한 상태로 친한 이들과 더불어 오래 하는 삶이 행복이라 말한다. 사람들이 꼽는 행복의 저러한 요소들은 대개 상대적인 것인 만큼 사람마다 자족(自足)의 정도가 다소 다르기는 하지만, 어쨌든 사람들은 현재와 예상되는 미래에 자기의 상태가 만족스러우면 행복을 느낀다. 보통은 하나의 욕구가 충족되면 만족감도 잠시, 잇따라 새로운 욕구가 생겨나기 때문에 사람들은 점점 더 큰 성취를 이루면서 오래도록 행복을 느끼고자 한다. ─ 이렇고 보면 행복은 일단 일종의 감정으로 충족감과 성취감에 기초하고 있다 하겠다.

그런데 무엇인가 충족감에서 행복이 생긴다는 것은 행복이 실은 결여의 의식에 기초되어 있음을 말한다. 충족감이란 결여 의식 — 설령 무의식적이라 하더라도 — 을 전제로 하는 것이니 말이다. 무엇인가 결여, 부족함, 허[虛]함, 빈 것의 의식은 보충, 보완, 완성으로의 욕구를 유발하고, 그 욕구의 충족 여부에 따라서 사람들은 행, 불행을 느낀다. 그래서 인간은 모든 것을 자기 자신에서 만들어내고자 하고, 그 성취에서 행복을 얻는 것이다. 그러나 인간은 사적 욕구 충족의 만족감과는 무관하게 자연적 또는 사회적 쾌적감이나 아름다운 것을 볼 때의 흡족함에서도 행복을 느끼니, 사적인 만족감 이상의 행복도 있다. 어느 경우이든 흐뭇함으로 인한 행복감 또는 미흡에 의한 불행한 감정을 갖는 것은 인간의 특징이고, 그것은 인간이 감정 작용을 하는 마음을 가진 까닭이다.

거의 모든 사람이 행복을 추구하지만, 그렇다 해서 행복한 삶이 언제 누구에게나 최상, 최선의 삶이라 할 수는 없다. 행복은 너무나 자주 우연과 함께하고, 또 드물지 않게 덕 내지 도덕과 상충하기도 하기 때문이다. 그래서 사람들은 행복의 우연성을 반성하면서, 행복과 덕이 함께하는 세상을 그려보기도 한다. — 이러한 마음 씀은 이성적이면서 동시에 감정적 동물인 인간에서만 나타나는 것일 터이다.

행복의 우연성

무릇 매사가 그렇듯이 행복하게 되는 데 본인의 노력이 없지는 않겠지만, '행복'이라는 말은 다분히 우연하게 주어짐을 함의하고 있다. 행복의 한자어 '幸'은 요절(夭折)하지 않음[幸], 행운(幸運), 요행(僥倖·微幸), 은총(恩寵), 은혜(恩惠) 등을 뜻하고, '福'은 복조(福祚), 천혜(天惠)를 뜻한다. 보통 행복으로 번역되는 그리스어 'εὐδαιμονία'은 다이몬(신)에 적의함, 그러니까 신의 꾐 받음을, 유사한 또 다른 그리스어 εὐτυχία나 라틴어 fortuna 또는 fors, 이에서 유래한 영어의 fortune이나 또 다른 영어 luck, 그리고 이에 상응하는 독일어 Glück는 모두 본래 행운 내지 운수 같은 것을 뜻한다. 또 행복으로 번역되는 또 다른 영어 낱말 happiness는 happen, happening과 어원을 같이하고 있으니, 본래 우연히 일어난 일을 지칭한다.

그러니까 행복을 문자대로 이해하면 '좋은 운[幸]이 함께하는 복(福)'이며, '신(δαιμον)의 가호가 잘(εὐ) 맞아떨어진 상태'이다. 이 때문에 행복은 때로 "행운(εὐτυχία)"과 동일시되는 것이다.[95] 행복과 다소 구별되는 지복(至福)/정복(淨福)에 상응하는 μακαρισμός, beatitudo, beatum, beatitas, blessing, Seligkeit나 fecilitas, felix, felicity 역시 모두 천혜(天惠)를 바탕 의미로 갖는다. 독일어 낱말인 Glückseligkeit는 그러니까 운 좋은 천혜를 뜻한다 하겠다.

공로가 있는 이가 받는 보수는 자기가 마땅히 받을 것을 받는 것이지 결코 선물로 받는 것이 아닙니다. 그러나 아무런 공로가 없는 이라도 하느님을 믿으면 믿음을 통해서 하느님과의 올바른 관계를 얻게 됩니다. 하느님께서는 비록 죄인일지라도 올바른 사람으로 인정하실 수 있는 분이십니다. 그래서 다윗도 선행과는 관계없이 하느님께로부터 올바른 이로 인정받은 사람의 행복

(μακαρισμός)을 이렇게 읊었습니다. "하느님께서 잘못을 용서해 주시고 죄를 덮어 두신 이들은 행복하다. 주께서 죄 없다고 인정해 주시는 사람도 행복하다."[96]

공로는 자기 노고에 의한 것이라 할 수 있겠으나, 그러한 노고를 기울일 수 있는 여건 자체만 해도 스스로 만들 수 없는, 주어져 있는 요소에 따라 조성되는 것이 많다. 건강이나 체격, 재능과 근면도 후천적인 단련과 수련 외에도 상당 부분 선천적으로 정해지며, 국적이나 신분, 부모 형제, 이웃사촌도 자신의 노고와는 거의 상관없이 정해지는데, 이것들이 사람들이 행복의 구성 요소로 꼽는 수(壽), 부(富), 귀(貴), 강녕(康寧), 자손중다(子孫衆多)[97] 등에 미치는 영향을 결코 무시하지 못한다. "조건들의 평등"[98]이 평등의 기본이라 하지만, 자연존재자인 인간의 자연적 요소들은 말할 것도 없고, 사회적 존재자인 인간의 사회적 요소들도 적지 않게 태생적으로, 다시 말해 운에 따라 정해지기 마련이니, 사람 사는 세상에 '조건들의 평등'은 순전히 이념일 뿐이다. (운이란 본래적으로 불평등한 것이다. 그러한 것이 평등하다면 굳이 '운'이라 부를 까닭이 없으니 말이다.)

이렇듯 행복이 다분히 행운에 따른 것이고, 그러한 행운에 재물운(財物運)도 포함된다면, 실상 '내 것'의 상당 부분이 자신의 노고의 결과라기보다는 운에 의한 덤이다. 그러므로 이른바 기부행위는 일단 '내 것'으로 주어진 것을 나보다 불운한 이들―이들 모두가 나보다 더 게으르고 아둔하고 무능한 것은 결코 아니다―을 위해 내놓는 행위라 하겠다. 그런데 그러한 나눔 또한 분명한 적선(積善)이니, 재산운이 선행운(善行運)으로 이어진다. — 운이 운을 낳고, 불운이 불운을 낳는 것은 인생사에 허다한 일이다. 세상사를 일별하건대 사태가 이러하니, 누가 공(功)이 많다 하여 너무 우쭐댈 일도 아니고, 과(果)가 적다 하여 그렇게 주눅 들 일도 아니다.

행복이 천우신조(天佑神助)에 달려 있다 해도, '하늘은 스스로 돕는 자를 돕는다'(Samuel Smiles, 1812~1904)라는 말이 맞다면, 물론 덕성을 갖춘 자에게 그러한 행운이 더해지는 것이라고 생각할 수도 있겠다. 그래서 노자(老子)는 도(道)—덕(德) 사상을 설파하고, 아리스토텔레스는 행복을 "생활 수단의 충족, 안전이 보장된 가장 쾌적한 삶" 또는 "그것을 지키고 사용할 능력을 갖춘 상태의 풍부한 재산"[99]이라고 규정하면서도, 진정한 의미에서 행복이란 "덕성에 따른 영혼의 어떤 활동"[100] 내지 "덕성의 완전한 실행"[101]으로서 "덕을 동반한 참다운 삶(εὐπραξία μετ' ἀρετῆς)"[102]이라고 본다.

쾌락으로서의 행복

에피쿠로스(Epicuros, BC 342~270)가 보기에 "쾌락(hedone)은 행복한 삶의 시작이요 끝인바, 그것은 우리가 알다시피 우리의 첫째의, 본유적인 '좋은 것(to agathon)'으로, 모든 선택과 회피의 출발점이다."[103] 왜냐하면, 그것은 "자연의" 궁극목적이기도 해서, 모든 "생명체는 태어나면서부터" "자연[천성]적으로" 고통에서는 도망치고, 쾌락은 좇기 때문이다.[104] 적지 않은 사람들이 행복을 이렇게 감정이라고 생각하며, 행복 곧 쾌락, 불행 곧 고통으로 여긴다.

무릇 최대한의 행복은 우리에게 가능한 최고의 쾌락이며, 불행은 최고의 고통이다.[105]

현대 사조의 주류인 공리주의(Utilitarianism) 역시 '공리의 원리 (principle of utility)'란 다름 아닌 "최대 행복의 원리 또는 지복(至福)의 원리(the greatest happiness or greatest felicity principle)"[106]라고 규정함으로써 행복이 쾌락 또는 이익과 같은 것이라고 말한다.

공리의 원리란 이해 당사자들의 행복을 증대시키거나 감소시키는 것처럼 보이는가, 또는 같은 내용을 바꿔 말하자면, 행복을 촉진하거나 행복에 반하는 것처럼 보이는가에 따라서 각각의 행동을 시인하거나 부인하는 원리를 의미한다.[107]

공리 또는 최대 행복의 원리를 도덕의 기초로 받아들이는 신조는 행위들이 행복을 증진시키는 정도에 비례하여 옳으며, 행복의 반대를 산출하는 정도에 비례하여 그르다고 주장한다. 행복이란 쾌락을, 그리고 고통의 부재를 의미하는 것이며, 불행이란 고통을, 그리고 쾌락의 결여를 의미한다.[108]

공리란 이해 당사자들에게 유익(benefit) · 유리(advantage) · 쾌락 · 선(good) 또는 행복을 — 이것들은 지금의 경우 모두 동일한 것이거니와 — 산출하거나, — 이들 역시 동일한 것인바 — 해악(mischief) · 고통 · 사악(evil) 또는 불행이 일어나는 것을 방지하는 경향을 갖는 어떤 대상 안의 속성을 의미한다. 여기에서 말하는 행복이란 당사자가 공동체 전체인 경우에는 공동체의 행복을, 특정 개인인 경우에는 그 개인의 행복을 말한다.[109]

그러나 공리주의자들이 인간의 행복을 여느 동물의 쾌락과 같은 것이라고 보는 것은 아니다.

짐승의 쾌락을 듬뿍 허용한다는 약속이 있다고 해서 어떤 하등 동물로 변하는 것에 동의할 사람은 거의 없을 것이다. 비록 바보들이나 천치들, 또는 악한들이 지성을 가진 사람들보다 자신들의 팔자에 더 만족하고 있다손 치더라도 지성을 가진 사람이 바보가 되는 것에 동의하지는 않을 것이며, 교육을 받은 사람이 무식쟁이가 되고, 감정과 양심을 가진 사람이 이기적이고 저급한 사람이 되려고 하지는 않을 것이다.[110] 만족한 돼지보다는 불만족한 인간인 것이 더 나으며, 만족한 바보보다는 불만족한 소크라테스인 것이 더 낫다.[111]

공리주의들자들이 말하는 '행복 곧 쾌락'이 한낱 '동물적'인 것은 아니고, 한낱 '사적'인 것만도 아니다. 왜냐하면, 사람들이 지향하는 것은 단지 "행위자 자신의 최대 행복이 아니라, 모든 사람들의 행복의 최대량이기 때문이다."[112] 이것은 사람이 왕왕 자기의 행복을 희생해서라도 타인의 행복 증진에 나선다는 사실이 입증하는 바이기도 하다. 이러한 성품을 우리는 '고상(nobleness)'하다고 칭송한다.

공리주의자들도 '자기-헌신의 도덕성'을 주장한다. 공리주의자는 당사자 본인의 행복과 타인들의 행복이 충돌하는 상황에서는 엄정 중립의 관점에서 선택할 것을 요구한다. 이때 공리주의 윤리는 "사람들이 여러분에게 해주기를 바라는 것과 똑같이 그들에게 해주어라."(「루가복음」 6, 31)라는 예수의 황금률을 척도로 삼는 것이다. "네 이웃을 네 자신처럼 사랑하라."(「마태오복음」 22, 39)라는 가르침이야말로 "공리주의 도덕의 완벽한 이상을 담고 있다."[113] 그래서 공리주의는 다음의 두 원리를 천명한다. "첫째, 모든 개인의 행복 또는 […] 이익이 전체의 이익과 가능하면 최대한 조화를 이루도록 법과 사회 제도를 만들어야 한다. 둘째, 교육과 여론[을 통해 …] 모든 개인이 자신의 행복과 전체의 이익 사이에, 특히 자신의 행복과 보편적 행복에 영향을 주는 긍정적이고 부정적인 행동 양식 사이에 긴밀한 끈이 연결되어 있다는 사실을 분명히 깨닫게 해주어야 한다."[114]라고 말이다.

그래서 공리주의자는 "윤리(ethics)란 대체적으로 이해당사자의 편에 최대량의 행복을 산출하도록 사람들의 행동을 지도하는 기술"[115]이라고 정의한다. 그런데 그 행동을 지도해야 할 사람이란 1) 자기 자신이거나 2) 타인일 수 있겠다. 그러니까 윤리가 '어떤 사람 자신의 행동을 지도하는 기술'인 한에서 "자치의 기술(art of self-government) 또는 사적 윤리(private ethics)"[116]라면, 타인들의 행동을 그렇게 지도하는 기술인 한에서는 "통치 기술(art of government)"[117]이고, 그것을 위한 항속적인 수단은 "입법(legislation)"이다. 어쨌거나 자치기술인 사적 윤리로서든 통치술로서든 "윤리는 행복을 그것의 목적으로 삼는다."[118] "사적 윤리는 어떻게 각기 사람이 각자의 행복에 가장 도움이 되는 행동을 추구하도록 하게 할 것인지 가르치며", 통치 기술은 입법의 수단을 통해 "어떻게 한 사회를 구성하는 다수의 사람들이 전체 사회의 행복에 전체적으로 가장 도움이 되는 행동을 추구하도록 할 수 있는지를 가르친다."[119]

선량한 사람이 행복을 누리는 좋은 사회

행복이란 "그의 실존의 전체에서 모든 일이 소망과 의지대로 진행되는, 이 세상에서의 이성적 존재자의 상태"이므로, 행복은 다름 아닌 "자연"이 그 자연 안에 살고 있는 이성적 존재자의 "전 목적에 합치하는 데"에 있다는 의견도 있다.[120] 그때 자연 안의 이성적 존재자는 "자기의 전 현존에 부단히 수반하는 쾌적한 삶에 대한 의식"[121]을 가지며, "실존의 전체에서" "모든 경향성들의 충족"[122] 또는 "필요들과 경향성들의 전적인 충족"[123] 또는 "자기 상태에 대한 전적인 평안함과 만족"[124] 내지는 "자기의 상태에 대한 온전한 만족"[125]을 느낀다는 것이다.

자기 상태에 대한 만족감으로서의 이러한 행복은 "감성적 원리 아래서 경향성들의 관심"[126]을 끊임없이 돌보는 데서 성립한다. 그러므로 이성적 동물로서 인간의 행복은 "물리적 요인들, 다시 말해 복지를 필요로 한다."[127]

인간의 행복이 감성적 만족을 필수 요소로 갖는 한, "자연 안의 일체의 것에서 독립적인 행복"과 같은 "오성세계의 행복"[128]은 인간의 일이 아니다. 때로 사람들은 "패악으로의 유혹을 이겨내고 자기의,

흔히는 힘겨운, 의무를 행했다고 의식할 때, 자신이 영혼의 안정과 만족의 상태에 있음"[129]을 발견하고, 이를 "도덕적 행복"이라고 일컫기도 하지만, '도덕적 행복'이란 "자기모순적"[130]인 것이다. 행복이란 어디까지나 감성적인, "정념적인 쾌감"이고, 그것이 정념적인 한에서 그러한 쾌감이 예견될 때만 사람들이 의무를 행하도록 움직이는 것이 "자연질서"인데, '도덕적'이란 그러한 쾌감을 고려함 없이 하는 의무 수행에 대해서만 말할 수 있는 "윤리적 질서" 안에 있는 것이기 때문이다.[131] 누가 "자기 인격과 자기 자신의 윤리적인 처신에 대한 […] 만족"[132]을 '도덕적 행복'이라고 말한다면 그것은 '행복'이라기보다는 '인격의 완전성'이라 해야 할 것이다. "도덕적 행복이란 물리적 상태에 대한 만족을 영속적으로 소유하는 보증[…]이, 즉 물리적 행복이 아니라, 선 안에서 언제나 진보하는 […] 마음씨의 현실성과 고정불변성의 보증을 뜻한다."[133] 그런데 도덕적 행복을 보증해줄 마음씨의 고정불변성을 우리는 확신할 수가 없다. 우리는 마음씨를 행실의 결과에서 추정할 수 있을 뿐이므로, 이에 대한 이성적 판정은 불가능하니 말이다. "내적으로 정복(淨福)함"[134]을 '도덕적 행복'이라고 지칭한다면, 그것은 오로지 자신만으로 만족한 자, 곧 신에게나 있을 수 있는 것이겠다.

행복이 대체로 외적인 것의 취득에 의해 이르는 만족 상태라면, 정복(淨福)은 "독자적 자기 충족 의식"[135]을 전제한다. "자기만족이 우리의 전 실존에 이르면, 그것을 정복이라 일컫는다."[136] 정복은 "경향성들과 욕구들로부터 온전한 독립성"으로, 그것은 "그 의지 규정이 경향성들 및 욕구의 영향에서 해방되어 자기를 유지할 수 있는" 것이므로 "최고 존재자에게나 부여할 수 있는 자족[自足]과 유사한 것"[137]이다.

정복은 윤리의 신성성에 상응하는 행복일 것이나, 이성적 존재자라 하더라도 이승 생활에서 윤리적 신성성에 이를 수는 없을 것이므로, 그것이 언제나 어느 처지에서나 "이성적 존재자들의 처신[태도]의 원형이어야 하고, 그것을 향한 진보는 이미 이승 생활에서 가능하고 필연적"이지만, 이 세계에서 행복이라는 이름으로 정복을 얻을 수는 없고, 그것은 "따라서 오로지 희망의 대상이 될 뿐"[138]이다. 그래서 "신은 홀로 성스러운 자이고, 홀로 정복[淨福]한 자이며, 홀로 지혜로운 자"[139]라고 말하는 것이다. 행복이란 전 실존에 대한 만족으로, 그를 위해서는 "인간에서는 물리적 요인들, 다시 말해 복지를 필요로 한다." 그런데 "물리적 요인들에 독립적인 행복이 정복"이니, "그것은 오로지 자기만족에 의한 것이다. 신은 그러므로 유일하게-정복적이다."[140]

신적 정복(淨福, Seligkeit)은 세상의 우연적인 원인들, 행운(Glück) 같은 것에도 영향을 받는 '행복(Glückseligkeit)'이 아니라 '신성성'에 다름 아닌 '완벽한 복(Wohl)'으로서 이 세상의 피조물로서는 이를 수 없는 '하나의 이념'이다. 부단히 덕행에 힘쓰는 이는 그가 언젠가는 그의 덕행에 부합하는 이러한 완벽한 복을 누릴 수 있게 된다는 것, 다시 말해 낱말 뜻 그대로의 '최고선'이 성취된다는 것이 "비록 확실성은 아닐지라도, 위안적인 희망"이 된다. 그러나 이러한 '위안적 희망'으로서 최고선은 어디까지나 하나의 '이상'으로서 예지적 개념이겠다.

이성적이면서 유한한 모든 존재자는 필연적으로 행복을 구하거니와, 그것은 그 유한성으로 인한 결여의 충족을 욕구하지 않을 수 없기 때문이다. 그러니까 행복의 원리는 유한한 존재자에게는 "그의 유한한 자연본성 자체로 인해 그에게 짐 지워진" 것이다. 유한한 존재자가 필요로 하는 무엇인가가 "그의 욕구 능력의 질료"이며, 이것은 "주관적으로 기초에 놓여 있는 쾌 또는 불쾌의 감정과 관계 맺고 있는 어떤 것"으로서, 다시 말해 "유한한 존재자가 자신의 상태에 만족하기 위해서 필요로 하는 것"[141]이다.

인간은 한낱 동물로서 "자연의 나라" 안에서만 사는 것도 아니고, 그렇다고 순전한 이성존재자로서 오로지 "도덕의 나라" 안에서 사는 것도 아니며, '이성적 동물'로서 이를테면 '자연 안의 도덕의 나라'에서 살고 있다. 만약 있다면 바로 이 나라에서 우리는 '가능한 세계의 최고선(das höchste Gut einer möglichen Welt)'과 마주칠 수 있다. 이 '가능한 세계'란 단지 '적어도 논리적으로 모순 없는 세계'를 말하는 것이 아니라, 감성적 이성존재자에 의해 '실현 가능한 세계'를, 바꿔 말해 한낱 '예지적 내지 지성적 세계'가 아니라, '감성화될 수 있는 세계'를 뜻한다.

'가능한 세계의 최고선'은 인간이 자신의 경향성을 제압하고 선을 실현할 수 있는 최상의 조건으로서의 "최상선(das oberste Gut)"[142]도 아니고, 행복과 윤리성의 정확한 합치를 가능하게 하는 예지자, 곧 신이라는 "최고의 근원적 선(ein höchstes ursprüngliches Gut)"[143]도 아니며, 기껏해야 유한한 인간이 지상에서 실현을 기대할 수 있는 "최선의 세계(die beste Welt)"이다. 그래서 사람들은 예지계인 하늘나라와 같은 '최선의 세계'가 땅에서도 이루어질 것을 발원한다. ─ "하늘에 계신 우리 아버지. 아버지의 이름이 거룩하게 되소서. 아버지의 나라가 오게 하소서. 아버지의 뜻이 하늘에서와 같이 땅에서도 이루어지게 하소서."(『신약성서』,「마태오복음」6,9~13의 '주의 기도문')

그러나 이러한 '최선의 세계'가 신을 상정하고 발원하는 것만으로써 도래할 것이라 기대할 수는 없고, 그러한 희망에는 사람들이 스스로 할 수 있는 일, 그래서 신의 가호를 바랄 자격을 갖추는 일, 곧 윤리적 마음씨 안에서 덕행을 쌓아감이 수반하여야 할 터이다. 그래서 칸트 같은 이는 사람들이 함께 북돋아가며 덕행을 실천하는 곳, "윤리적 공동체" 내지 "윤리적 국가"[144]에서 최선의 세계를 본다. ─ 행복감은 인간을 윤리의 나라로 이끈다.

4) 문화적 동물로서의 인간

정감적인 이성적 동물로서의 인간은 자연을 생활환경으로 꾸미는 여러 활동을 하는데, 그 결과가 문화로 나타난다. 이러한 관점에서의 인간은 '문화적 동물' 곧 '문화인(Homo colans)'이다.

문명화
자연의 개작에서 시작되는 인간의 문화는 문명을 요체로 갖는다. 문화인은 문명사회에서 산다.

자연의 개작

'문화(文化)'는 일상의 낱말 사용에서 많은 경우 '자연(自然)'이나 '야만(野蠻)'과는 다른 어떤 것, 이를테면 '문명(文明)', '교양(教養)', '세련(洗鍊)'을 포함하는 인간의 모든 생활방식과 생활 내용을 지시하는가 하면, 또 어떤 경우에는 인간의 특정한 생활양식이나 특정한 인간의 생활양식만을 지칭하기도 한다. 그래서 예컨대, 어떤 경우에는 인간 생활의 전 영역을 '문화'의 이름으로 부르는가 하면, 어떤 경우에는 정치, 경제, 사회, 문화 등으로 인간의 생활 영역을 나누어 그 가운데 일부만을 지칭하기도 하고, 또 어떤 경우에는 인간 자체를 '문화인'과 '야만인'으로 구별하여 말하기도 한다. 이 가운데서 아마도 첫 번째 경우, 곧 '문화란 인간 고유의 총체적 생활 양태'라는 것이 가장 넓게 통용되는 '문화' 개념일 터이고, 인간을 '문화적 동물'로 규정한다면, 이러한 의미에서의 문화를 지칭하는 것이겠다.

그래서 문화란 무엇인가를 살피는 것은 실상 '인간이란 무엇인가'를 고찰하는 것과 같다. — 대체 문화란 무엇인가?

'문화'의 한자어 '文化'는 '문화'의 원형 의미를 엿보게 한다. '문(文)'이란 오늘날은 주로 '문장', '글'의 뜻으로 쓰이지만 다른 한편으로는 '무늬[紋]'를 뜻한다. '문화'의 문자대로의 뜻 가운데 하나는 그러니까 '무늬 놓아짐' 또는 '무늬 놓음'이라 하겠다. 그리고 아마도 이것을 '문화'의 시작으로 보는 것이 무난할 것이다.

우리는 식물이나 동물 세계의 어떠한 존재 양태에 대해서는 문화라는 말을 쓰지 않는다. 문화는 인간 고유의 삶의 양태인 것이다. 이 인간에게 고유한 삶의 양태는 인간이 자연에다 무엇인가를 보탬으

로써 또는 자연에서 무엇인가를 덜어냄으로써 비롯된 것이다. 인간
도 여느 생명체처럼 자연 안에서 보금자리를 얻어 살지만, 자연 그
대로를 수용하기보다는 자기 나름의 방식대로 변형시켜 산다. 자연
을 변형한다는 것은, 비유적으로 이야기해서든 사실적으로 이야기
해서든, 자연물에 일종의 무늬[文樣]를 놓고 색을 칠하는[彩色] 것이
다. 사람들이 자연 그대로의 것 곧 자기에게 원래 주어진 것을 채색
단장하기 시작함으로써 한낱 초목이나 짐승과 구별되는 인간의 삶
의 양식, 즉 문화가 발생하였다.

자연의 열매를 따 먹고, 맨손으로 사냥하고, 자연 동굴에서 잠자
리를 찾던 조상 동물 시대를 상정할 수 있다면, 그것은 문화 이전의
시기라 불러야 할 것이고, 자연석이나 자연 그대로의 동물의 뼈를
도구로 사용하던 시기도 기껏 문화의 태동기 정도라고나 해야 할 것
이다. 돌과 뼈를 쪼고 깎아 연모를 만들고 흙을 빚어 그릇을 만들고,
그 그릇에 무늬를 새기고 색칠을 하고, 장식이 붙은 집을 지어 살면
서 인간은 짐승과 다를 바 없던 삶의 방식에서 벗어나기 시작했다.
그리고 그때부터 이른바 '문화' 생활이 시작되었다. 그래서 우리는
문화의 최초의 의미를 자연 내지 야만과의 차별성에서 찾을 수 있다.

인간의 상상력이 '무늬 놓음'의 작업을 인간의 쾌감에 부합하는
방향으로 진전시킴으로써 기예(技藝)가 나왔으니, 문화는 기예를 그
기초 요소의 하나로 갖는다.

또 한편 '문화'에 해당하는 대개의 서양말은 라틴어 '쿨투라
(cultura)'에서 유래한다. '쿨투라'는 동사 '콜레레(colere)'로부터의
전성명사로서, '콜레레'는 보살피다, 돌보다, 가꾸다, 개작(改作)하

다, 경작(耕作)하다, 재배(栽培)하다 따위의 기본적 의미를 가지는 말이니, 한국어 '문화'의 본디 뜻과도 잘 어울린다고 볼 수 있다. '문화'는 거친 자연, 야성(野性), 조야함을 벗어나 인간이 자신의 이성(理性)과 상상력이 제시하는 완전성을 기준으로 자연을 가꾸고 개작한, 인간의 자기활동의 생산물이다. 아닌 게 아니라 인간의 문화는 인간이 자연을 경작하여 얻은 자기활동의 산물들로 짜여 있다. 그렇기에 자연 경작의 수단 곧 연모의 개발 정도는 문화 향상의 척도가 되기도 한다. 그래서 우리는 최초로 도구를 만들어 사용했다는 '호모 하빌리스(Homo habilis)'를 인간의 시조로 간주하기도 하고, 자연을 가꿀 수 있는 '연장을 갖춘 자'를 뜻하는 '호모 파베르(Homo faber)'나 연장을 만들 수 있는 '지혜를 가진 자'를 뜻하는 '호모 사피엔스(Homo sapiens)'라는 말을 인간의 대명사로도 쓴다. 그리고 여기서 더 소급하여, 네 다리 (또는 두 다리와 두 날개) 모두를 자기 몸을 이동하는 데 쓰는 여느 짐승과는 달리, 두 다리에다가 '동물(動物)'— 곧, 자기 힘으로 장소를 이동할 능력이 있는 존재자—의 기본 기능을 맡기게 됨으로써 비교적 자유롭게 된 두 손을 갖게 돼 연장을 만들어 사용할 수 있는 조건을 갖춘 '서서 걷는 자', 이름하여 '호모 에렉투스(Homo erectus)'를 최초의 인간으로 치기도 한다.

이와 같은 문화 형성의 기틀을 고려할 때, 사람들이 문화사를 석기 시대 → 청동기 시대 → 철기 시대 등등으로 연장과 기술의 변천을 중심으로 나누어보는 것도 거의 자연스러운 일이라 할 것이다.

그러나 연장의 사용이라는 것이 본질적으로는, 주어진 자연 여건을 자기 생활에 편리한 환경으로 바꾸어 나가는 것을 지향하고 있는 것이라는 점을 인정한다면, 정도와 수준의 차이가 있기는 하지만—물론 정도의 차이도 심할 경우에는 사태의 본질적 차이가 되는 것이기는 하나—모든 생명체는 각자 나름의 활동 방식을 가지고 있고, 자연 속에서 각자 나름의 생활환경을 가꾸어나간다고도 볼 수 있다. 예컨대, 까치도 안전한 장소를 골라 스스로 둥지를 만들고, 들토끼도 스스로 굴을 파서 보금자리를 마련한다. 그래서 만약 문화의 본질이 단순히 '자연을 개작함'에 있다면, 문화는 단지 인간의 삶의 양식이 아니라, 모든 생물의 삶의 방식이라고 생각할 수도 있겠다. 그러므로 문화란 물론 기본적으로는 자연을 자기 생활의 환경으로 개작한다는 뜻을 가지지만, 우리가 문화를 인간 삶의 고유한 양식으로 이해할 때, 인간의 문화적 삶은 자연의 경작, 경영, 관리에 그치는 것이 아니다.

인간은 끊임없이 효과적인 자연 경작의 방법을 개발하고, 그 결과가 과학기술의 발전으로 이어지고 있지만, 그것은 단지 인간의 생명 유지를 위한 기초적인 의식주 문제 해결만을 지향하는 것이 아니다. 그것은 생존을 위한 노동으로부터 인간을 해방함으로써, 인간으로 하여금 여느 생명체에서는 볼 수 없는 여분의 삶을 향유할 수 있도록 해주었다.—놀이하고 사색하면서, 자기 삶의 방식과 의미를 성찰하는 자, 그가 인간이다.

인식과 해석

인간은 자연 안에 살면서 다양한 상징들을 스스로 개발하여 가질 뿐만 아니라, 자연 현상들도 상징적으로 받아들이는데, 이것들이 인류 문화의 한 축을 형성한다. 스스로 만들고 재량으로 해독하는 기호나 상징들이 인간 생활의 얼개를 이루며, 이를 토대로 인간에게는 실재 세계가 관념의 세계가 되고, 관념 세계가 실재의 세계가 된다.

　때아닌 장마와 가뭄은 무엇인가 인간의 부덕을 경고하는 것이고, 벼락은 악행에 대한 징벌이며, 연이은 풍년은 농민들의 덕성에 대한 하늘의 포상이고, 자손이 번성하는 것은 조상의 음덕이다. 그러기에 사람은 누가 보든 말든 행동을 신중히 해야 할 것이고, 마음 씀을 정성스럽게 해야 할 것이며, 생존해 있는 부모에게나 이미 세상을 떠난 조상에게나 효성을 극진히 할 일이다. ─자연의 여러 현상들을 이 같은 의미 연관 아래서 읽어내는 생명체가 인간 말고 또 있을까? 게다가 인간은 자신들의 골상(骨相)이나 관상(觀相) 심지어는 손금에서조차 '하늘의 뜻'을 읽으려 한다. 인간은 사물을 보면서 단지 사물의 모양뿐만이 아니라, 그 모양이 의미하는 바를 새기고 또 새긴다. 그리고 그 모양에 스스로 의미를 부여한다. 그래서 인간은 실상 '자연'의 세계에서가 아니라, 의미의 세계에서 산다.

　인간의 거의 본성적인 상징 행위는, 인간의 문화를 오늘날의 것으로 형태 짓는 데 있어서 문자 못지않게 큰 역할을 한 또 하나의 요소인 숫자와 그것을 사용하는 계산 방식에서도 볼 수 있다. 사물들의 실재를 숫자로 기호화하고, 숫자를 척도로 세계를 구획하고, 그 구획된 것에 의미를 부여하면서, 사람들은 그를 기념하고 축하하고 열광하고 낙담하면서 산다. 당초에 길이의 척도를 1m로 정한 것이 지구의 적도 길이를 몇 분의 일로 등분한 것에서 유래한다 해도 그것은 근본적으로는 사람의 한 팔 길이를 반영했다 볼 수 있다. 그러나 하필 100m, 200m, 1,000m, 10,000m 단위의 경주를 하고, 잘한 자에게는 상금(심지어 연금)까지 지급하는 것은 왜인가? 왜 1,950m 경주는 없고, 왜 2,021m 경주는 없을까? 십진법적으로 계산하는 것이 간단해서가 아닐까? 아마도 사람의 손가락이 한쪽에 넷씩 모두 8개였다면, 우리는 8진법 계산법을 가장 자연스러운 것으로 생각했을 것이다. 그랬으면 아마도 80m, 160m, 800m 경주 같은 것이 생겼을 것이다. 지구의 공전 주기를 1년으로 정하고 1년마다 무슨 날을 기념하는 것까지는 나름대로 실재의 반영이 있다고 하더라도, 10주년, 50주년, 100주년에 특별한 의미를 부여하여 무슨 기념탑을 세우고, 100년 단위로 세기를 나누어 자기성찰과 미래에 대한 전망 그리고 새로운 각오를 다지고, 또 새천년맞이 음악회를 열고, 세계 평화 기원 의식을 행하는 것은 왜일까? 그 숫자가 갖는 상징성 말고 또 다른 이유가 있을까? 오늘날 인류가 자랑하는 문화유산들은 대개 이렇게 해서 생겨난 것들이다. 그리고 그런 유산들로써 역사를 구성하고, 그 전통 위에서 현재의 삶의 의미를 되새긴다. 이런 것들이야말로 여느 동물 세계에서는 볼 수 없는, 비사실적인 관념적 조직으로서, 이 같은 관념적 체계 안에서 삶을 영위해가는 것은 인간뿐일 것이다.

이뿐인가. 탁월한 도구 사용 능력을 연마하여 비교적 여유 있게 기본적인 의식주 문제를 해결한 인간은 남은 시간을 단지 잠자는 데만 쓰지 않고, 잠을 설쳐가면서까지 갖가지 의식(儀式)을 행하고 상징적 사물들을 고안해내 그것으로써 자기의 삶을 더욱더 아기자기하게 수놓는다. 명절을 만들어 축제를 벌이고, 생일잔치를 하고, 결혼식을 올리고, 장례식을 치른다. 이런 의식을 통해 인간은 삶과 죽음에 또는 그 사이의 인생의 전기(轉機) 마다에 인간만의 의미를 부여한다.

이것에 더하여, 여러 가지 예술적 표현 수단들은 '있는 그대로의 세계' 대신에 '없지만 마치 있는 것 같은 세계'를 그려내고, 그것은 인간의 세계를 자연세계 너머로 확대해간다. 그래서 인간의 감성(感性)은 단지 주어지는 것을 느끼고 받아들이는 감수(感受)적 기관이 아니라, 인간을 새로운 상상의 세계로 인도하는 더듬이 기능을 한다.

인간은 쌀을 가지고 단순히 밥만을 지어먹는 것이 아니라, 떡도 만들어 먹으며, 게다가 그 떡에다 물감도 들이고 문양도 새겨 넣으며, 모양을 내서 그릇에 담아 먹는다. 인간의 생활에는 '맛'만이 아니라 '멋' 또한 중요하다. 옷감을 가지고는 한가지로 둘둘 말아 몸에 걸치기만 하지 않고, 색색으로 색깔을 들이고 둥글고 네모난 단추를 달고, 길이를 늘였다 줄였다 하면서 번갈아 입는다.

상징 체계는 인간 생활의 단순한 장식임을 넘어 본질적 요소가 된다. 들짐승과 날짐승도 눈앞의 먹을거리는 식별하고 몸 누이고 깃들 곳을 알지만, '재산'이라는 개념을 갖고 있지는 않으며, '금(金)'이라는 글자가 새겨진 종이쪽지(화폐)를 진짜 금처럼 취급하지는 않는다. 인간 삶의 많은 부분은 정말이지 실물이 아니라 관념으로 짜여져 있다.

재산 개념이 생긴 후에도 실물 가치가 거의 없는 종이쪽지 화폐를 사람들이 착상하기 전까지는 인간의 삶의 형태는 금이니 은이니 하는 자연물에 크게 종속되어 있었고, 인간이 철저하게 신체적 존재임이 드러난 후에도 신체적 욕망은 자연적으로 어느 정도는 조절되고 포기될 수 있었다. 재물이 쇳덩어리나 쌀 또는 옷감을 지시할 때만 해도, 지상에 쌓아두는 재물은 녹슬고 썩고 좀 슬기 마련이었기에, 대부분의 사람들은 재물 취득의 무한한 욕망을 허망한 것으로 받아들였다. 그러나 화폐를 은행에 맡겨둘 줄 알게 된 인간에게는 지상에 제아무리 많은 재물을 쌓아두어도 녹슬거나 좀먹지 않는다는 것도 분명한 사실이 되었다. 이제 굳이 절제해야 할 필요가 없어진 근대인의 욕망이 인간의 삶의 방식을 어떻게 바꾸어왔는가는 굳이 예증할 것도 없이 주지하는 바이다. 그러나 제아무리 많은 재산을 가지고 있어도, 한 사람이 쓸 수 있는 방의 크기와 음식의 양과 옷감의 종류는 한정되어 있는 것이고, 여분은 그래서 그에게 실제적인 쓸모는 없다. 그러나 오늘날 많은 경우에 사람들의 행동 방식을 결정하는 것은 실제적인 쓸모보다는 상징적인 의미이다. 한 밥상에서 똑같은 음식을 나누어 먹으면서도, 일반적으로 많은 재물을 쌓아놓은 자는 의기양양하고, 적은 재산밖에 없는 자는 움츠러들기 마련이다. 재물은 의식주에 쓰는 데만 유용한 것이 아니라, 인간의 정신적 여유를 확보하고 삶의 태도를 결정하는 데도 유용한 것이다. 재산이 가지고 있는 실물성뿐만이 아니라, 이렇듯 그 관념성의 의미 또한 크기 때문에, 사람들의 재산에 대한 갈구는 끝이 없고, 이 욕구가 사람들의 생활양식을 각 방면에서 틀 짓고 있다. 현대의 문화 형태를 결정한 요소들 가운데서도 화폐가 가지는 이러한 상징성 내지는 관념성이 가장 클 것이다. 인간 외에 어느 생명체가 금고 안에 화폐를 쌓아놓고 배불러하는가! 이런 의식(意識) 양태가 인간의 생활양식을 얼마나 크게 지배하는가! 인간은 관념과 상징의 체계 안에서 산다. 인간은 단지 주어진 세계를 인식하면서 사는 것이 아니라 해석하고, 의미를 부여하면서 사는 것이다.

'자연(自然)'은 문자의 뜻으로는 '스스로 그러한 것', '저절로 생겨난 것' 또는 '주어져 있는 것'이라 하겠다. 그러나 '자연'을 그러니까 '실재'라고 말한다면, 그것은 그야말로 '관념'이다. 그것은 우리가 '스스로 그러한 것'이라고 생각하는 것, 인간이 관여한 바가 없는 것 또는 신이 관여한 바가 없는 것이라고 인간이 생각하는 것이기 때문이다. 인간이 만들어낸 것, 인위(人爲)적인 것이란, 인간이 만들어낸 것이라고 생각하는 것이므로, 이 또한 하나의 '관념'이다. 그러니까 '자연'도 하나의 관념이요, '인위'도 하나의 관념이되, 우리는 이 양자를 관념 중에서 구별하는 것이다.

인간의 관념 '밖에' 있는 것이란 아무것도 없다. 누군가가 "인간의 관념 밖에 실재의 세계가 있다."라고 생각하고 주장한다면, 그 역시 그가 "인간의 관념 밖에 실재의 세계가 있다."라고 '생각'하고 '주장'하는 것, 곧 하나의 관념이다.

어떤 사람들은 '관념'은 주관적인 것이고 '실재'는 객관적인 것이라며 양자를 구별하고자 한다. 그러나 이때에 만약 '주관적'이라는 말이 '그런 생각을 하는 사람에게만 타당한'을 의미하고, '객관적'이라는 말이 '모든 사람에게 보편적으로 타당한'을 의미한다면, 저런 구별은 적합하지가 않다. 관념 가운데는 그런 관념을 갖는 사람에게만 타당한 것도 있고, '1−1=0'이나 '지구는 태양의 주위를 돌고 있다'처럼 누구에게나 타당한 것으로 생각되는 관념도 있기 때문이다. 그러니까 이른바 '실재'란 굳이 그렇게 표현하고자 한다면 '객관적 관념'이라 하겠다.

본래 '주관적(主觀的)'이란 '주인이 보는 바의'를, '객관적(客觀的)'이란 '손님이 보는 바의'를 뜻하는 말이지만, 근래에 사람들은 누구나 자기를 '나'로 표상하고, 누구도 '너'나 '객(客)'이지 않으려는 마당에, '객이 보는바' 즉 '객관'의 시선은 아랑곳없다. '손님의 눈'에 우선성을 두는 것은 결코 현대인의 취향이 아니다. 그래서 오늘날 '객관(客觀)'은 실상 '상호주관(相互主觀, intersubjectivity)'의 지칭이다.

진리 인식에서 '관념' 말고 '사실'을 직시하라고 말하지만, 사실(事實, factum, fact, Faktum)이라는 것도 실은 인간에 의해 '사실'이라고 인식되고 해석된 것이니, 인간에 의해 규정된 것이며, 아름다운 것이라는 것도 그 자체로 있는 것이라기보다는 인간의 쾌·불쾌의 감정 방식에 따라 '느껴진 것'이다. 무엇보다도 윤리 도덕이라는 것은 이미 '당위(當爲, Sollen)'라는 일컬음이 함의하고 있듯이, 존재(Sein)하는 것이 아니라, 인간의 의지의 자율, 곧 인간의 "의지가 그 자신에게 (의욕의 대상들의 모든 성질로부터 독립적으로) [행위] 법칙"[145]을 부여하는, 그러니까 입법적인 활동에 의해 생겨난 인간다움의 행위 규범이다. ─사람은 갖가지 표상에 갖가지 의미를 부여하며 산다.

도덕화

인간의 이성은 '아직 있지는 않지만 마땅히 있어야 할 것'을 이상

(理想, Ideal)으로 세우고, 인간은 이를 자신의 행위를 통해 실현하려고 애쓴다. "사람은 마땅히 부모에게 효도하여야 한다."라거나, "시민은 사사로운 일보다는 공공의 일을 앞세워 행동해야 한다."라거나, "사람은 모름지기 거짓말을 해서는 안 된다."라거나, "시민은 서로 남의 권리를 침해하여서는 안 된다."라는 등속의 관념을 실천으로 옮기려 하는 것 또한 '문화인'들에게 나타나는 뚜렷한 현상이다. 여기서 '문화'라는 삶의 양태에 '도덕성' 내지 '윤리성'이라는 결정적인 특성이 모습을 드러낸다. 그래서 이를테면 '비도덕적인 문화', 그러한 것은 형용모순으로서 '~문화'가 아니라 '야만'인 것이다. 도덕화(道德化)야말로 '글로 다스리고, 가르쳐 만든다'라는 본래 의미에서의 문화의 핵심이다. 본디 '文化'는 '文治敎化'의 줄임말이기도 하니 말이다.

실상 어떤 삶의 형태가 문화적이냐 야만적이냐를 가름하는 궁극적인 준거는, 그것이 얼마만큼 야성(野性)을 분식(粉飾) 세련화했는지, 즉 자연 개작이 얼마만큼 적절하게 이루어졌는지, 또는 문자화(文字化) 내지는 교양 형성이 얼마만큼 돋보이는지가 아니라, 그 삶의 방식에 도덕화가 얼마만큼 충분히 성취되었는지, 다시 말해 사람들의 사회에서 사람들이 얼마나 '사람다움'에 이르렀는지, 그 사회에서 인간의 존엄성이 얼마만큼 광범위하게 납득되고 있는지라고 해야 할 것이다.

그래서 우리는 이집트 룩소르의 장대한 신전과 굉장한 무덤들, 로마의 거대한 원형 경기장을 인류 문화의 찬란한 자취가 아니라, 오히려 축조 중에 수없이 죽어간 노예들은 아예 사람으로 간주하지 않은 당시 지배자들의 야만적 무도함의 증언으로 볼 수도 있다. 문화의 참모습은 문명(文明)이어야 하는 것이다.

시민 생활

문명이란 사람이 무지몽매한 야만과 자연의 예속에서 벗어나 자연을 다스리는 지혜를 터득하고 인간답게 사는 이치를 깨우쳐 밝은 빛 속에 살고 있는 상태를 일컫는다. 인간답게 산다는 것은 사람들이 일상생활에 필요한 여러 가지 도구를 개발하여 서로 골고루 나눠 씀으로써 삶의 의의를 새겨볼 여유를 누리면서 살 뿐만 아니라, 여느 짐승들에게서는 볼 수 없는 도덕 원칙을 세우고 거기에 자신들의 행위를 맞춰나가는 인격적 삶을 산다는 뜻이다.

어떤 사람들은 문화와 문명을 구분하여 문화란 정신적 개화 상태요, 문명은 물질적 진보 상태라 하기도 하지만, 우리는 정신적 문명 상태나 물질적 문화 상태 또한 얼마든지 말할 수 있으므로 저런 구별이 사태에 꼭 맞는다고 보기는 어렵다. '문명'에 해당하는 서양 말은 대개 라틴어로 '시민(市民, civis)'이라는 뜻을 가진 말에서 유래한다는 사실을 예로 들어 생각해볼 수도 있다. 프랑스어로 '시민화(civiliser)' 곧 문명(civilisation)은 사람을 시민으로 만듦, 곧 사람들로 하여금 일정한 법과 질서를 지킴으로써 사회를 형성하고 그 사회의 일원이 되게끔 만듦을 뜻한다. 아무리 뛰어난 성능을 가진 기계들을 생활 도구로 가지고 있고, 제아무리 탁월한 유희 문화를 즐기고 있다 하더라도, 시민적 삶 즉 인격으로서 인간의 존엄함과 자유와 평등, 그리고 우애[이웃사랑]의 사회 운영 원칙이 준수되지 않는 사회

생활이 문명적 삶이라고 할 수는 없다. 그러니까 우리가 '문명'이라는 개념을 이 같은 의미로 사용한다면, 문명은 단지 '문명의 이기(利器)'를 논하는 자리에서만 사용되는 개념이라기보다는, 오히려 포괄적인 관점에서 수준 높은 문화 상태인 성숙한 시민 생활의 모습이라 할 수 있다. 참다운 문화는 인간다운 인간의 시민으로서의, 곧 법치 사회의 주체로서의 생활에서 볼 수 있는 것이다.

언어 형성

가능적 존재자인 '언어적 동물'

인간은 완성된 자라기보다는 완성해가는 이성적 동물이다. 그렇기에 인간에게는 무엇보다도 교육이 중요하다. "인간은 오직 교육에 의해서만 인간이 될 수 있다. 인간은 교육이 인간에서 만들어내는 것 외에 다른 아무것도 아니다."[146] 가진 소질을 배양시키고, 부족한 소질을 함양시키는 교육을 통해 인간은 성장해간다. 선배 인간 곧 선생(先生)이 후배 인간 곧 후학(後學)을 가르치는 과정을 거쳐 인간은 인간이 되어가는 것이다. 신이 '순수 현실(actus purus)'이고 동물이 운명 지어진 자이며, 기계가 프로그램적인 것이라면, 인간은 '가능적' 존재자이다.

그 '가능성'으로 인해 인간은 교육(教育, educatio)과 교화(教化, cultura)를 통해 발전할 수도 있고, 삐긋 어긋나 파행(跛行, claudicatio)으로 흘러 타락하고 추락할 수도 있다. 그 때문에 인간은 늘 자기 독려, 상호 검토를 필요로 한다. 그로 인해 인간은 사고가 깊어지고, 말이 발달한다.

> 인간은 분명히 생각하기 위해 만들어진 존재자이다. 이것이 그
> 의 전 존엄성이며, 그의 전 장점이다. 그래서 그의 전체 의무는
> 필요한 만큼 생각하는 데에 있다. 그런데 생각하는 순서는 자기
> 자신으로부터 시작하여 자기를 만든 자[작가]와 자기의 목적으로
> 나아가는 것이다.[147]

사고는 인간의 내면에서 일어나는 활동으로서, 개념과 기호의 체
계이다. 계산적 사고는 기호만으로도 진행이 될 수 있으나, 논변적
사고는 개념 없이는 진척이 없다. 개념이란 복수의 것을 외연으로
갖는 것이니 보편적인 것이다. 보편적인 것은 개별적이고 직접적인
것이 아니라, 매개적이고 간접적인 것이다.

인간을 '이성적 동물'이라고 규정하면서, '이성'의 본질이 개념적
사고에 있다고 보는 것은, 인간은 사물을 즉물적으로 대하지 않고,
개념적으로 다시 말해 표상적으로 대한다고 이해하기 때문이다. 그
런데 개념은 말에 담겨져 있다. 개념은 낱말로 표출되는 것이다. "말
의 사용은 일반적 개념들의 형성 능력을 함축한다."[148] 그런데 말은
자연발생적인 것으로 족속마다 다르기가 십상이고, 역사적으로 지
리적으로 변천해간다. 각자 모국어로, 서로 다른 언어가 담고 있는
개념으로 사고하되, 보편성을 지향하는 것이 인간의 특성이다. 각자
모국어를 가진다는 점에서 인간은 기계와 구별되고, 보편적 개념을
갖는다는 점에서 여느 동물과 구별된다. 이런 연관에서 인간은 '언

어적 동물' 곧 '언어인(Homo loquens)'이라고 칭할 수도 있다.

말의 다양성과 사고의 보편성

인간은 스스로 생각하고, 생각한 것을 언어화함으로써 타인과 소통한다. 자연인은 여러 족속으로 존재하고, 족속마다 고유한 자연언어를 가지되, 언어의 상이성에도 불구하고 언어에 담기는 논리와 윤리는 전 인류에 보편성이 있어서, 족속 간의 소통 또한 가능하다.

인간은 서로 다른 말(λέξις)을 통해 같은 사고(λόγος)를 하는 것이다. 언어는 단지 낱말들의 연속이 아니라, 관념들을 표현하는 기호체계이다. "머리는 언어를 바탕으로 형성되고, 사상은 고유어의 빛깔을 지닌다. 이성만은 공통적이나, 정신은 각 언어에 의해 자기의 특별한 형태를 갖는다."[149] 사고의 보편성은 '인류' 성립의 기반이되, 말의 다양성은 어족(語族)의 독자성과 특수성의 표출로서 '보편성'이 몰아붙이기 십상인 독재성과 획일성을 방지한다. ─ 특정 어족의 말이 인류의 표준어가 된다거나 인류가 하나의 특정 언어만 사용한다면, 그것은 무엇보다도 인간을 기계화로 몰아감으로써 인류의 인간으로서의 생존을 위태롭게 하는 것이다. ─ 인류의 지속적 발전을 위해서는 인종의 다양성과 함께 언어의 다양성이 확보되어야 한다. 자칫 그 다양성에서 올 분열과 갈등은 사고의 보편성에 의한 상호소통이 방지해줄 것이다.

무릇 『구약성서』, 「창세기」의 바벨탑 이야기는 시사하는 바가 크다.

처음에는 언어가 하나뿐이어서, 모두가 같은 말을 썼다.

[…] 사람들은 의논하였다. "자, 도시를 세우고, 그 가운데 꼭대기가 하늘에 닿게 탑을 쌓아 우리의 이름을 날리고, 온 땅 위에 흩어지지 않게 하자."

야훼께서 땅에 내려오시어 사람들이 이렇게 세운 도시와 탑을 보시고, 생각하셨다. "보아라, 사람들이 같은 말을 쓰는 한 종족으로서, 이렇게 이런 일을 시작하였으니, 이제 그들은, 하고자 하는 것은 무엇이든지, 하지 못할 일이 없을 것이다. 당장 땅에 내려가서 사람들이 쓰는 말을 뒤섞어놓아 서로 알아듣지 못하게 하자."

야훼께서는 사람들을 거기에서 온 땅으로 흩으셨다. […]

야훼께서 온 세상의 말을 거기에서 뒤섞어놓아 사람들을 온 땅에 흩으셨다고 해서, 그곳을 바벨이라고 일컫는다.[150]

언어는 사람의 자기 생각과 느낌의 표현 도구이자 사람들 사이의 소통의 매체이지만, 단 하나의 언어는 획일과 전횡의 수단이 되기 십상이다. 한 족속이 고유언어를 갖고, 그것을 세련화해가는 것은 당연하겠으나, 타 족속을 정복하고 그 사용을 강제하여 타 언어를 말살하려 하는 것은 결국 언어의 다양성, 각 언어가 간직하고 있는 문화를 폐기하려는 반문명적인 짓이다. 또한 사색하는 이마다 자기가 통찰한 사태에 적확하고 독특한 언표방식을 빌려 자기 사유를 심화시켜나가고, 뒤잇는 이들이 그것을 해독해가면서 그들의 사념을 개발해나가는 것이 일반적인 사고 발달의 과정이다.

어떤 때 점령군은 피지배인들의 고유언어를 말살하고 자기들의 언어 사용을 강제하며, 독단적인 정부는 표준어를 제정하여 일방적으로 보편적 사용을 강요하고, 일단의 견식 좁은 학자들은 떼를 지어 '다수결'로 특정 학술어 사용을 결정하여, 학계의 여타 학자들에게 '학술어 통일'이라는 명목으로 그 사용을 강제하기도 하는데, 그러한 짓은 "꼭대기가 하늘에 닿게 탑을 쌓아 그들의 이름"을 천세만세 휘날리고, 그렇게 해서 그들이 하고자 하는 것을 무엇이든지 하려는 것이겠으나, 그로써 사람들의 다양한 느낌은 사라지고, 사고는 경직되고 획일화하여, 문명은 침체할 것이다. 마땅히 다채로운 말로 각자의 느낌과 생각을 표현하면서 갑론을박으로 말의 생기를 돋우되, 그것이 상대를 말살하려는 적대감에 의한 것이 아니라, 자신의 의견을 기탄없이 폄으로써 남의 의견을 들을 수 있는 기회를 얻고자 하는 것이면, 점차로 공통감이 증대하여 오히려 소통도 더욱 원활해질 것이다. ─ 이것은 인류 문명사가 이미 입증하는 바이다.

서로의 말이 다름, 언어의 다양성은 문화 형성의 도정에서는 불가결의 것이다. 그러나 제아무리 상이한 언어라 하더라도, 그것이 인간의 언어인 한, 인류 공통의 사색과 감정을 (적어도 부분적으로는) 담고 있는 덕분에 충분한 소통 매체 구실을 한다. 서로 다른 지방 언어 사용자들 사이에, 서로 다른 언어를 사용하는 외국인들 사이에도 충분한 이해와 우정과 평화가 함께하는 사례들을 우리는 충분히 많이 보고 있다. 그리고 더 많은 사람들이 사용하는 언어라 해서 그것으로 통일하여, 세상에 영어 시나 중국어 시만 있는 것보다는 상대적으로 적은 사람들만이 사용한다 해도 한국어로 쓴 시도 있고, 독일어 시도 있고 프랑스어 시도 있는 편이 인류 문화를 더욱 풍성하게 하리라는 것에 이의가 없을 것이며, 각 지방의 방언이 포함된 한국어 시들이 때로는 더 큰 공감을 불러일으킬 수 있음도 충분히 수긍할 일이다.

문자의 형성

인간의 이성은 말로 표현되고, 그로부터 인간적 삶 곧 문화가 발생한 것이며, 말의 견실한 토대는 문자의 고안과 사용이다. 그래서 어떤 이는 기호의 의미 체계인 문자의 발명에서 진정한 의미의 문화가 시작되었다고도 말한다.

인간의 언어는 문자에 의해 안정성을 얻고, 문화는 전승됨으로써 유적(類的) 발전과 함께 확대 재생산되고, 비로소 문화권이 형성되며, 더 나아가 인류의 공동 자산이 된다. 인간의 고유한 생활양식으로서 문화는 이러한 '문자의 형성'으로 인해, 다른 생명체들의 자연에의 적응 방식과는 현저하게 구별되는 것이다.

앞서도 말한 바와 같이 인간은 여타의 생물 종(種)에서는 발견할 수 없는 고도의 상징 체계 내지 의미 체계를 가지고 있거니와, 그 대표적인 것이 언어 체계이고, 그 가운데서도 문자의 체계이다. 인간은 사물을 한낱 '있는 그대로' 직관하고 사용만 하는 것이 아니라, 사물을 개념화하고, 개념으로써 실재 세계를 형상화한다. 인간은 개념을 상징 부호인 문자로 표현하여 의미를 고정화하는 한편 갖가지로 변양하고, 이를 축적하여 전승하고 전파한다. 그래서 인간은 한낱 사물과 직접적으로 —감각적으로 —대면한다기보다는 매개적으로 — 개념적으로, 사고(思考)를 통해 — 교섭한다. 이런 이해에서 인간의 생활환경은 많은 경우 '사물의 세계'라기보다는 '사물의 의미의 세계'이다. 의미를 매개로 사물은 인간에게서 공간과 시간상의 물체임을 벗어나 관념화하고, 단지 개별적이고 특수한 것임을 넘어서 보편적인 것이 된다.

문자, 글이란 인간의 보편적 사고를 형상화하는 대표적인 매체이고, 그래서 '글로 된[文化한]' 인간 정신은 단지 즉물(卽物)적이 아니라 사변(思辨)적인 능력을 갖는다. 사변적이고 사물을 관조(觀照)하는 인간은 단지 실천(praxis)하기만 하는 것이 아니라 이론(theoria)을 세우고, 이론을 세워 실천하고, 그 실천의 결과를 반성하고 고쳐 이론을 세우고, 그리고 다시금 실천한다. 실천이란 무릇 사물의 현재 상태를 그대로 수용하는 것이 아니라 변경하고, 개조하고 더 나아가서는 현재하지 않는 사물을 현재하도록 창출함을 뜻하는바, 인간은 이 실천을 이론에 따라, 이념에 따라 수행한다. 그리고 이 같은 탁월한 수행의 주체가 다름 아닌 문자화한, 문화적인 인간이며, 이런 인간을 우리는 글을 배우고 익힌, 글공부를 한, 교양(敎養) 있는 사람이라 부른다.

그래서 진정한 의미에서 인류 문화사는 문자의 고안과 사용으로부터 시작되었다고 말할 수 있다. 문자 사용 이전의 인류 조상들이 남긴 유물과 유적도 많이 있지만, 이것들을 우리가 '선사(先史) 시대'의 것이라고 일컫는 것은 그런 까닭이다. 이제 인간은 자연을 개작하고, 이미 개작한 것을 다시금 조합·개조하고 유희하면서 삶을 영위하되 문자의 형성을 통해서 그렇게 한다. 그로부터 문화는 역사성 곧 발전(發展) 내지는 진보(進步)의 성격을 갖게 되었다.

'발전'이나 '진보'를 행위자가 행위에서 노린 것을 더 쉽게 얻을 수 있는 상태의 변화로 이해할 때, 인간의 역사는 문자의 사용 이래 현저한 발전을 거듭해왔다. 인간의 역사는 한갓 지나간 날의 인간들이 남긴 발자취나 활동의 기록에 머무르지 않고, 그 활동의 내역이 후대의 인간에게 전승되어 후대 인간의 삶 속에서 여전히 작동한다는 점에서, 인간을 한낱 군집 생활을 하는 동물이 아니라 유(類)적 동물로 특징짓는 결정적인 역할을 한다.

우리가 인간을 '유적 동물'이라고 규정하는 것은 한낱 개미나 벌 또는 얼룩말들처럼 인간도 인류(人類)라는 일종의 유(類)로서 끼리끼리 모여 살고 있기 때문이 아니라, 인간은 앞 세대의 삶의 결실을 다음 세대가 이어받아 그들 삶의 시작으로 삼고 있기 때문이다. 여타의 짐승들은 그들이 집단적으로 모여 사는 경우에조차도 각기 동일한 삶을 중복적으로 또는 반복적으로 살 뿐이다. 인간의 삶에도 물론 그러한 면이 없는 것은 아니지만, 인간은 그 삶의 양식을 세대 간에 전수하는 한편, 계승·발전시킨다. 이 삶의 양식의 전승과 개발에서 연결 고리의 결정적 역할을 하는 것이 문자 언어이다. 그리고 이에 의한 기성 문화의 전승과 추가적 개발이 인간 문화 발전의 두 축임은 부인할 수 없는 사실이다.

문화 형성에 있어서 문자의 역할은 이뿐만이 아니다. 보편적 의미 매체이자 섬세한 생각과 느낌의 표현 매체인 문자는 인류를 한편으로는 통합하면서 다른 한편으로는 특수화하는 기능을 하고 있다.

인류 사회가 다양한 문자를 가지고 있다는 사실이, 그리고 문자로 쓰여진 서책(書冊)의 보급 방식의 차이가 인류 문화를 어떻게 형성 · 변화시키고 있는지를 살펴보라. 같은 문자를 사용하는 사람들끼리는 크게 보아 동질적인 문화를 가꾸어 갖는다. 그것은 다른 측면에서 보면, 서로 다른 문자를 사용하는 사람들 사이에는 이질적인 문화가 형성되기 십상이라는 것으로, 서로 다른 문자를 사용하는 다양한 집단들로 인류 사회가 구성되어 있기 때문에, 그만큼 인류의 문화는 다양하고 풍부하다.

다른 한편, 문자 사용의 범위가 확대됨에 따라 인간 사회의 형태는 크게 변한다. 예컨대, 문자 문화의 획기적인 보급 방식인 인쇄술의 발명은 특수층의 전유물이던 지식과 진리를 일반 대중들의 공유물이 되도록 상황을 격변시켰고, 근대의 이른바 자유민주주의 사회는 민중의 문자 언어의 공유와 전달 없이는 형성될 수 없는 것이었다. 더 나아가, 20세기 후반 이래 나날이 진보하고 있는 전자 전달 체계와 문자의 상호 번역 장치를 통한 신속하고 광범위한 정보 교환이 앞으로의 인류 문화 세계를 어떻게 전개시킬 것인가는 그 결과를 충분하게 예견하지 못할 정도이다.

개개인의 관점에서 볼 때도 우리는 문자의 대략적 의미 전달성으로 인하여 상호 간에 필요한 만큼의 의사소통을 할 수 있고, 문자의 의미 집약성 내지는 함축성으로 말미암아 오히려 자기만의 생각과 느낌을 표현해낼 수 있다. 그로 인해 우리는 공동체 생활 가운데서도 각기 독자성과 차이성을 유지할 수 있는 것이다. 이것 역시 문자가 인류 문화의 풍요로움에 크게 기여하고 있는 점이다.

그러나 이제까지의 문화생활에서 문자 형성이 차지하는 비중이 본질적일 만큼 컸다는 것은, 앞으로 인류 세계에서 문자 생활이 어떻게 변화하느냐에 따라 장래의 인류 문화의 형태가 거의 결정될 것임을 능히 추정하게 한다. 가령, 벌써 그런 징후가 나타나고 있듯이, 인류 세계가 하나 또는 몇 개의 이른바 '세계 언어', '세계 문자'로 통합된다든지, 기존의 자연 언어들이 인공 언어 내지 전자 언어 따위로 대치된다면, 인류의 문화생활 양상은 상상하기 어려울 만큼의 큰 변화를 겪을 것이다.

주체 의식

그렇다면, 어떻게 이러한 양태의 문화가 유독 인간의 고유한 생활 방식으로 형성되었을까?

여러 가지 연유들이 있겠지만, 근본적으로는 인간의 주체 의식에서 비롯한 것이라 볼 수 있을 것이다.

자기성찰

인간은 자연 안에서 나서 자연 안에서 살면서도 자기 자신을 단지 자연의 일부로 또는 자연의 자식으로 보기보다는, 자기 자신을 자연의 중심으로 그리고 자연을 인간 삶의 환경(環境), 다시 말해 인간을 중심점으로 하는 주변(周邊)으로 간주한다. 그래서 우선 인간은 자연(自然)의 '있는 그대로'가 자기 삶을 영위하는 데 부적합하다고 생각되면, 그의 능력이 미치는 한 그것을 뜯어고치고 꾸미고 개작한다. 인간에게 자연은 더 이상 그 자체로 있는 것이 아니라, 단지 인간의 조작 '대상(對象)'이고, 인간은 그 대상의 중심, 곧 주체(主體)이고 주인이다. 이 주객의 관계는 곧잘 주종(主從)의 관계로 바뀌기 마련이어서, 인간은 자연물을 종처럼 제 뜻대로 부리려 한다. 그래서 인간 문화는 때로 자연의 개선이라기보다 자연의 훼손 내지 파괴로 평가되기도 한다.

이러한 인간의 주체 의식은 비단 자연과의 관계에서만 나타나지 않는다. 한 사람은 다른 사람을 또한 대상으로 여기고, 심지어는 자기 자신을 대상화하기도 한다. 대상으로서의 타인을 자기와 동등한 주체로 변환시킬 때는 공동체 의식이 형성되고 시민사회가 성립되지만, 그 타인이 한낱 대상으로 머무를 때, 타인은 사물들과 동격이 되고, 인간의 인간과의 관계에도 인간의 자연과의 관계에서와 마찬가지로 주종 관계가 성립되어, 인간 사회는 주인과 노예로 구성된다. 그러나 더 나아가 개개인은 자기 자신을 대상으로 밀어내 '자기'를 마치 남인 것처럼, 다른 남들과 비교하고 우월감에 도취하기도 하고 열등감에 사로잡히기도 한다. 남이 아니라 자기 자신이 자기 자신을 채찍질하고, 남보다 더 돋보이게 하기 위해서 자기를 분칠하고 화장하기도 하며, 위장하고 숨기기도 한다. 그래서 주체로서 무게를 잡던 인간은 자칫 다시금 객(客)으로 밀려나, 인간 세계에서는 드물지 않게 인간 자신이 자신을 낯선 자로 만드는 현상, 이른바 소외(疎外) 곧 타자화(他者化) 현상이 나타나기도 한다.

남보다 예쁘게 보이기 위해서 거울에 비친 자기 곧 또 하나의 다른 자기, 그러니까 이미 자기가 아닌 '남'을 보면서 갖가지 궁리를 짜내어 화장하는 존재가 인간 말고 또 있는가? 거울 앞에서 자신의 모습 때문에 한숨 쉬고, 자신에 반하여 웃음 짓는 존재자가 인간 말고 또 있을까? 이러한 의식이 자신을 꾸미고[僞] 남과 경쟁하는 마음의 원천인바, 자신을 갈고닦고 남과 경쟁하는 이 마음이야말로 오늘날의 인간 문화 형성의 원동력이었다고 해도 과언이 아닐 것이다. 그러나 그것은 또한 인간 문화 사회에서 드물지 않게 발견되는 여러 패악(悖惡)들, 위선과 시기와 질투와 파렴치 그리고 악마적 행태들의 원인이기도 하다. 남이 잘못됨으로써 저절로 우월함을 누리게 되는 쾌감으로 인해, 인간은 남의 낭패를 바라고 고소해하고 기뻐한다. 이런 현상을 인간 사회 외에 또 어디에서 볼 수 있을까? 짐승들은 어느 경우나 짐승에 머무를 뿐, 결코 악마 같은 짓을 하지는 않는다. 반면에 인간은 자기 콩팥을 떼어내 남을 살리는 '거룩한 천사'가 되기도 하지만, 위계를 써서 남의 콩팥을 떼어내 자기 용도로 쓰는 '야비한 악마'의 행태를 보이기도 한다.

그럼에도 인간은 자신을 대상화하여 스스로를 평가함으로써, 자신의 한계를 깨닫고, 현실에 대비되는 이상을 끊임없이 그려보고, 그를 실현하기 위해 매진한다. 이로 인해 종교와 윤리 도덕 그리고 예술이 발원하고, 과학기술의 착상에 이른 것이라 볼 수 있다. 그러니까 인류 문화의 토대는 인간의 자기 자신에 대한 반성 능력이라 할 것이다.

/ 2 /

인간의 존엄성은
무엇에 근거하는가

1) 인간의 규범과 당위(當爲)

인간의 인간임은 특히 그의 자율성(自律性)에서 드러난다. 인간
을 인간이도록 하는 특성 가운데서도 '자율성'은 특별한 것이다. 인
간은 자율과 자기지배의 삶을 산다. 인간은 스스로 법칙을 수립하
고 그에 종속하는 생명체인 것이다. 그것은 인간이 자신의 경향성
대로만 살아서는 '인간일 수 없다'는 자의식이 있기 때문이라 할 것
이다. 바로 이 점에서 인간은 여타의 자연존재자들과는 달리 자신
의 '본성을 다스리는 성품' 곧 '이성(理性)'을 갖는다[151]고 일컬어지
는 것이고, 이러한 이성의 기반 위에 도덕법칙이 성립하며, 그러한
도덕법칙이 지배하는 세계의 도덕 주체로서 인간은 존엄성(尊嚴性,
dignitas)을 주장한다. 그런데 이른바 자연주의(naturalism) 내지 물리

주의(physicalism)를 표방하는 이들은 바로 이 같은 인간의 특성이란 잘못 내세워진 것이고, 따라서 인간만이 존엄하다는 주장은 자기중심적인 몇몇 사람의 "종차별주의(speciesism)"[152]라고 비판하며, 이러한 주장에는 "진화 생물학적으로 아무런 적절한 토대가 없다."[153]라고 근사한 설명을 덧붙이기도 한다. 과연 그러한가?

물리주의가 풍미하고 그 위에 과학기술이 최고의 재화(goods), 그러니까 최고로 좋은 것으로 추구되는 세태에서 우리는 '이성적 동물'로 정의되던 인간의 본질적 의미를 새삼스럽게 되새겨보지 않을 수 없다.

일찍이 고대인 아리스토텔레스는 논변했다.

> 사람은 세 가지 곧 자연본성(φύσις), 습성(ἔθος), 이성(λόγος)에 의해 선하고 유덕하게 된다. 우선 사람은 인간으로, 곧 여느 동물이 아니라, 인간으로 태어나야 하고, 그러고서 육체와 영혼의 특정한 성질을 갖추어야 한다. 몇몇 것에 있어서는 자연본성은 아무런 쓸모가 없다. 습성이 자연본성을 변화시키기 때문이다. 무릇 습성에 의해 악하게도 되고 선하게도 전환될 수 있는, 본성적으로 상반되는 몇몇 성질들이 있다. 몇몇 동물들은 부분적으로 습성에 따라 살지만, 여타 대부분의 동물들은 자연본성에 따라 산다. 그러나 인간은 이성 또한 가지고 있으며, 인간만이 이성을 가지고 있다. 그래서 이 세 가지가 서로 화합하지 않으면 안 된다. 인간은 다르게 되는 것이 더 좋다는 것을 설득하기만 한다면, 습성에 반하고 자연본성에 반하는 많은 일을 이성에 의해 한다.[154]

이를 이어 스토아학파의 제논(Zenon, ca. BC 333~262)도 자연적인 것과 윤리적인 것, 논리적인 것을 구별하여 강론하였다.[155] 윤리가 어쩌면 문명의 초기에는 습성(ethos)에서 인식되었을 것이나, 이내 사람들은 윤리가 습관이나 관행을 넘어서는 '당위'를 포함하고 있다는 것을 깨달았다. 당위는 자연본성이나 습성에 반하는 어떤 것으로, '본성을 다스리는 힘' 곧 '이성'에서 유래한다고 본 것이다.

우리가 말할 수 있고 생각할 수 있는 모든 것을 '자연'에 귀속시킬 경우, 물론 '이성'의 힘도 자연의 힘 가운데 하나라고 할 수 있을 것이다. 그러나 이렇게 용어를 사용할 때는 '자연[본성]'과 '자연'을 구별해서, 전자는 좁은 의미의 자연(N1), 후자는 넓은 의미의 자연(N2)이라 해야 할 것이다. 그러니까 넓은 의미의 자연은 그 안에 좁은 의미의 자연과 그에 대립해 있는 이성(R)을 내포하는 것으로 보아야 한다.(N2=N1+R)[156] 다시 말해, 자연존재자(N2)인 인간은 자연[본성](N1)과 그를 통제하는 이성(R)을 함께 가지고 있다. 그리고 이때 통제하는 이성이란 계산하고 추론하는 이성을 넘어서는 입법적인 역량까지를 일컫는다. 그런데도 사람들은 '자연'과 '이성'의 다층적 의미를 도외시함으로써 사고와 논의에 혼란을 일으킨다. 특히 근대 이후의 '자연주의자'들, 감각경험주의자들이 그러하다.

흄(David Hume, 1711~1776)에 따르면, "도덕은 행동과 감정(affections)에 영향을 미치는 것이므로, 그것이 이성에서 도출될 수 없다는 결론이 나온다. [⋯] 이성은 혼자서는 결코 그러한 영향을 미칠 수가 없는 것이기 때문이다. 도덕은 정념을 자극하여 행동을 낳거나 막는다. 이성은 그 자체로서는 이러한 특수한 문제에 무기력하다. 따라서 도덕성의 규칙들은 우리 이성의 결론이 아니다."[157] 그 래서 흄은 사람들이 도덕 체계가 "사실(is)" 명제에서는 결코 연역 될 수 없는 "당위(ought)" 명제들로 이루어져 있음을 놓치고 있는데, 이제 "이 작은 주의가 도덕성의 모든 통속적인 체계들을 전복시킬 것"[158]이라고 주장한다. 사실에 근거하지 않은 당위명제들의 체계는 무의미하다는 뜻이겠다.

그런데 여기서 흄의 말 속에 포함되어 있는, 행동이나 감정에 영 향을 미칠 수 없는 '이성'이란 이론적인, 사변적 이성을 일컬을 따름 이다. 그러나 흄도 인지하고 있듯이 인간은 당위 법칙을 세워 그에 따라 실천에 나서기도 하니, 무엇인가 그리할 수 있는 능력이 있는 것이고, 그러한 당위 법칙 수립 능력을 '실천'이성이라 일컬어도 무 방할 것이며, 사람들은 그때 그 법칙이 동기가 되어 작동하는 의지 를 순수한 의지 내지는 자유의지라 일컫는다. 그러니까 당위명제의 체계인 도덕은 이론이성에 의해 사실로부터 연역된 것이 아니라, 실 천이성에 의해 사실 위에 정립(thesis)된 것이다.[159] 그리고 선악 내지 정당/부당의 가치를 담고 있는 당위명제들이 진위명제로 수렴되지 않는다 해서 무의미한 것은 아니다.

자연과학의 흥기와 함께 더 많은 사람들이 도덕을 일반 문화 현상 과 하나로 묶어 순전한 경험의 산물로 치부하려 한다. 적지 않은 사 람들이 "문화와 도덕, 이 두 가지는 궁극적으로 '인간 자연본성'에서 비롯한 것으로, 이 자연본성이라는 것은 물리적, 생물학적, 사회적 환경 — 진화적이고 역사적인 시간 안에서 인간이 경험하고, 또 개인 이 일생을 통해서 경험한 — 과의 상호작용 안에서 자연적 · 문화적 선택에 의해 형성된 것이다. […] 따라서 도덕적 규범은 상호작용하는 사람들에 의해 구성되고, 유지되고, 전달되고, 수정되는 것이며, 따라서 인간 자연본성[…]과, 그 발달과정에서의 물리적, 심리적, 문화적 환경 안에서의 경험에 달려 있는 것이다."[160]라고 주장한다. 그리고 또 적지 않은 사람들이 이에 동조하여

> 도덕은 정서와 마음, 행동의 습관으로 이루어진다. 도덕은 다음과 같은 의미에서 '규범적'이다. 곧 도덕은 일상적 실천들에서 추출된 '좋은' 또는 '탁월한' 실천들로 이루어진다. 윤리학은 어떻게 우리의 사안들을 가장 좋게 정돈할 것인지, 어떻게 우리의 더욱더 고결한 잠재력을 발전시킬 것인지에 관한 역사적 경험에 근거한 지혜로 구성된다. […] 도덕적 습관, 지혜, 기술들은 대부분 개인적 성장과 성취와 함께 원만한 대인관계를 가능하게 해주는 '노하우'로 이루어진다. 윤리적 추론은 개인 내적으로나 대인관계에서 우리가 거주하는 생태적 활동 범위 안에서의 실제적 삶을 조정하는 데 우리를 돕도록 고안된 실천적 추론의 일종이다.[161]

라고 논변을 편다. 물론 우리는 긴 진화 과정을 통해 지금의 사고 원리나 도덕 원리들에 도달했다고 볼 수 있다.[162] 그러나 사고의 질서인 논리는 한낱 사고의 지혜나 기술이 아니고, 삶의 질서(ordo vivendi)인 윤리 또한 한낱 삶의 지혜나 기술이나 타협책이 아니다. 도덕적 행위를 현명하게 수행해내는 일은 '기술'을 필요로 하기도

하고, 따라서 기술을 연마하고 발전시켜야 하는 경우도 있다. 그러나 논리법칙이 그러하듯이 도덕법칙 자체가 발전하는 것은 아니다. '발전'이 환경에 적응하는 데 더 효과적으로 변화함을 뜻하는 한에서 말이다.

도덕의 '최고 원칙'은 발전하거나 수정되지 않는다. 그것은 '모순율'과 같은 논리 원칙이 문화의 차이와 변천에도 불변적인 것과 마찬가지이다. 언제 어디서나 "어떤 것에서 그것과 동일한 것을 제하면 남는 것이 없다."라는 명제가 타당하듯이, "너 자신의 완성을 위해 노력하라!" 또는 "사람은 마땅히 인간의 존엄성을 지켜나가야 한다."와 같은 덕의 원칙은 어떠한 물리적, 심리적, 사회문화적 환경과 상관없이 보편적으로 타당하다. 어떤 사람이 또는 어떤 사회가 이러한 원칙에 대해서 무지하거나 이를 무시한다면, 그렇게 된 사정이 있기는 하겠지만, 그 사정이 어떠하든 그런 사람, 그런 사회는 '도덕의식이 없다' 또는 '비도덕적이다' 또는 '무도(無道)하다'라고 평가받는 것이다. 그것은 정답이 5인 어떤 산수 문제를 한 학급 30명 중에서 1명 외에는 3이라고 또는 전원이 2라고 대답한 경우, 다수가 정답이 아닌 다른 답을 했다 해서 산수의 규칙이 바뀌는 것이 아닌 것과 마찬가지이다. 물론 오답을 말한 다수가 한결같이 2 또는 3이라고 대답하게 된 심리적인 또는 다른 어떤 요인이 있기는 하겠지만, 그렇다고 해서 산수 규칙이 다수결로 수정될 수 있는 것은 아니다. 사람들이 연습하고 발전시키는 것은 산수를 틀리지 않고 제대로 하는 능력이나 자기를 완성시킬 수 있는 효과적인 방법이지, 산수법칙이 아니다. 도덕률도 그와 같은 것이다.

인간 문명사회에서 통용되고 있는 논리법칙이나 윤리법칙이 어떤 생활조건 아래서 어느 시점에 발아 내지 자각되는지를 진화생물학적으로 설명해낼지는 모르겠으나, 철학적 사유가 문자화된 이래 인류 인간 문명사에서 논리법칙이나 윤리법칙이 새롭게 터득된 일은 있어도 변경된 일은 없다. 그리고 논리법칙이나 윤리법칙은 자연과학의 진보에 의해서 수정되어가는 사실법칙으로서의 '자연법칙'과는 그 성격이 다르다. 논리법칙과 윤리법칙은 자연의 원리로 환원시킬 수 없으며, 그러한 법칙들은 또한 우리가 임의로 제정하고 폐기하고 할 수 있는 그런 것이 아니다. 이러한 법칙들은 오히려 자연을 설명해나가고, 자연법칙을 발견해나가는 기관(機關, organum)이자 인간 자신의 활동을 규제해나가는 규준(規準, canon)이다. 그래서 우리는 논리법칙과 윤리법칙을 인간의 이치활동 곧 이성에서 비롯한 것으로 간주할 수밖에 없는 것이다. 이에서 우리는 '저절로 그러한 바' 곧 자연(自然: physis)과 사람이 '세워놓은 것' 곧 정립(定立: thesis)을 구별한다. 그리고 논리법칙과 윤리법칙이 다 같이 '법칙'으로서 필연성을 가짐에도 불구하고, 전자는 사고를 후자는 행위를 규제하는 이치이기 때문에, 전자는 '이론이성'에, 후자는 '실천이성'에 귀속시키는 것이다. 여기서 이성이란 법칙을 정립하는 힘, 입법능력을 일컫는다.

우리가 순수한 이론적 원칙[논리법칙]들을 [자명하다고] 의식하는 것과 꼭 마찬가지로, 우리는 순수한 실천 법칙[윤리법칙]들을 의식할 수 있다. [⋯] 순수 지성[이론이성]에 대한 의식이 순수한 이

론적 원칙들에서 생기듯이, 순수 의지[실천이성]에 대한 개념은 순수한 실천 법칙들로부터 생긴다.[163]

이른바 '윤리적 자연주의'를 표방하는 이조차도 당위 규범은 '창발적(創發的)'으로 발생한 것이라고 말한다.

우리의 가치는 어디서 오는가? 자연주의적 대답은 우리의 가치가 우리의 자연적 상황 내에서 창발한다(emerge)는 것이다. (자연적 상황에서 문화적 가치는 우리의 생물학적 필요로부터 생겨나는 신체적 요구들과 똑같이 '자연적'인 것이다.) [이에 대한] 계보학적인 […] 자연주의적 논증은 다음과 같다. 즉 인간은 환경과의 지속적인 상호작용 속에 있는 복합적이고 다기능적인 유기체이다. 우리는 발달하는 생물학적-사회적 자연본성과 우리가 거주하는, 물리적임과 동시에 대인관계적이며 문화적인, 환경 간의 지속적인 상호작용의 얽혀 있는 연쇄(series)이다. 인간 피조물은 생존과 성장을 추구하며, 이 모든 활동은 자연스럽게 대인관계적이며 문화적인 맥락에서 일어난다. 많은 심층적 가치들은 식량, 물, 폭풍우로부터의 피난, 신체적 해악으로부터의 보호 등과 같은 좋은 것들(goods), 곧 유기체의 순전한 생존이 요구하는 것들에서 온다. 그러나 또한 늘 타인들과의 상호작용 중에서 실존하는 피조물로서의 우리의 사회적 본성에서 비롯된 더욱더 사회적으로 구성된 좋은 것들도 있다. […] 이 모든 가치들은 인간 번영의 가치들이다. 그것들은 초월적 토대를 요구하지 않는다.[164]

그러나 이른바 "계보학적"인 설명은 '창발적' 발생을 말하는 지점에서 끝난다.[165] '창발적'이란 '비약적'의 다른 표현으로서 더 이상 동종의 '사슬[鎖]'을 찾아 연이을 수 없음을 노정하는 것이고, 그러니까 그것은 이제까지 유지하던 계보학적 연쇄를 건너뜀을 의미하는 것이며, 바로 그런 한에서 '초월적'인 것이니 말이다.

우리가 '윤리의 세계'를 '자연세계'와 구별하는 것은 사실(존재)의 세계와 당위의 세계, 자연법칙과 자유법칙을 구별하지 않을 수 없기 때문이다. 그리고 이론이성과 실천이성을 구별하는 것은 논리법칙과 윤리법칙을 구별하지 않을 수 없기 때문이다.

자연세계는 '~하다/~이다(Sein)'의 명제 규칙이 타당한 세계라면, 윤리세계는 '~해야만 한다[/~해서는 안 된다](Sollen)'라는 지시명령의 법칙이 타당한 세계이다. 인간이 지금의 명제 체제나 명령 체제를 어떻게 가지게 되었는지를 발생학적으로 규명하는 과제는 여전히 진행 중이고, 언젠가 명료하고 분명하게 밝혀질 수도 있을 것이다. 그렇지만 어떻게 해서 지금 인간의 생활세계에서 통용되고 있는 동일률이나 모순율과 같은 논리법칙이 발생했든지 간에, 현재 우리에게 분명한 것은 우리가 이러한 논리규칙에 따라서 사고를 하고, 만약 그렇게 하지 않은 사고가 발생하면 그르다고 판정한다는 점이다. 그리고 이와 유비해서 주목해야 할 것은, 만약 우리에게 어떤 특정한 윤리 원칙이 없으면, 우리는 도무지 도덕적 선악 판단을 할 수 없는데, 그 윤리 원칙은 인간 자신이 세워 가진 것이라는 점이다. 이를 '정립(定立)'한 것이라고 할 수밖에 없는 것은, "만인이 그렇게 한다. 그러므로 너도 그렇게 해야 한다."거나, "세상 어느 누구도 그렇게 하지 않는다. 그러므로 너 또한 그렇게 하지 않아도 좋다."라는 명제가 타당할 수 없기 때문이다. 만인이 올바르지 않은 짓을 한다 해서, 그것이 내가 올바르지 않게 행위해도 좋은 근거가 될 수는 없다. 만인이 그렇게 한다는 사실이 나도 그렇게 해도 된다는 것을 정당화해주지 못함 또한 말할 것도 없다. 인간의 이성은 설령 만인이 실행하지 못해도 '옳음'이 있고, 만인이 하는 짓이라 하더라도 '옳지 않음'이 있다는 것을 통찰한다.

모든 윤리 규범의 규범성을 담보하는 것은 칸트가 말하는 "너의 의지의 준칙이 항상 동시에 보편적 법칙수립의 원리로서 타당할 수 있도록, 그렇게 행위하라."[166]와 같은 '순수 실천이성의 원칙'이다. 이에 근거해서 '인간 존엄성의 원칙'이라 통칭되는 "너 자신의 인격에서나 다른 모든 사람의 인격에서 인간(성)을 항상 동시에 목적으로서 대하고, 결코 한낱 수단으로 대하지 않도록, 그렇게 행위하라."[167]와 같은 '보편적인 덕법칙'이나, "너의 의사의 자유로운 사용이 보편적 법칙에 따라 어느 누구의 자유와도 공존할 수 있도록, 그렇게 행위하라."[168]라는 '보편적 법법칙'이 성립한다.

이러한 '당위'의 법칙들은 다양한 사례와 경험들을 개괄하고 수렴한다 해서 도출되는 것이 아니다. 이러한 규범들은 설령 많은 체험이 배경에 있다 할지라도, 결국에는 '법칙수립/입법'의 계기에 의해서만 정립되는 것이다. 그러니까 그것은 자연적인 것을 넘어서는 것이다. 그런 까닭에 당위 규범에 대한 이른바 '자연주의적 설명'은 '창발성'과 같은 이미 '자연주의적'이라고 할 수 없는 개념 도입을 하지 않을 수 없는 것이다. 이러한 '창발성'의 계기에서 누구는 "도덕법칙이 창발했다."라고 얼버무리고, 누구는 "도덕법칙이 '실천이성'에 의해 세워졌다."라고 언명한다. 이러한 법칙수립의 계기를 '순수' 실천이성, 곧 '경험에 의존하지 않는' 당위 규정의 입법 기능이라고 일컬음은 이러한 '정립'이 자연으로부터의 비약 내지 도약의 계기, 곧 자연에 대한 감각 경험에 의존해 있지 않은 계기를 가짐을 지시하는 것이다.

윤리 도덕의 최고 원리가 '순수' 실천이성에서 비롯한다고 말한다 해서, 인간 이성 능력이 발생학적으로, 생물학적으로 또는 사회학적으로 어떠한 자연적, 사회적 경험과정과 무관하게 형성됨을 말하는 것은 아니다. 그것은 다만, 논리 규칙이 그러하듯이 윤리 도덕의 최고 원리는 한낱 어떤 자연적, 사회적 경험의 축적으로부터도 사실적으로나 논리적으로나 도출 연역될 수 없는 성질의 것인 만큼, 당위 규범은 자연을 넘어 자연 위에 세워진[정립된] 것이고, 그러니까 그것은 궁극적으로는 순수하게 인간의 규범적 법칙 수립 능력, 곧 실천이성에서 기인함을 말하는 것이다.

인류 문명사는 과학기술의 발달사일 뿐만 아니라 윤리 도덕의 진보의 역사이다. 윤리 도덕의 진보가 없는 곳에서 문명의 역사를 운위할 수는 없는 일이다. 그러나 윤리 도덕이 진보 발전한다 함은 "타인의 행복 증진을 위해 노력하라!"라는 도덕적 명령 자체가 수정 변화해간다는 것이 아니라, 이 명령대로 타인의 행복 증진을 위해 노력하는 사람들이 점점 더 많아진다는 것을 말한다. 만약에 이러한 도덕적 명령에 무지한 사회가 있다면, 그러한 사회는 도덕적으로 미개하거나 야만적이라 해야 할 것이고, 만약에 타인의 행복 증진에 힘쓰는 사람이 점점 감소하는 사회가 있다면, 그 사회는 윤리적으로 쇠퇴하고 있다고 보아야 할 것이다. 또 타인의 행복 증진에 전혀 관심이 없는 사람은 예나 지금이나 동에서나 서에서나 윤리적으로 좋은 사람이 아니다. 이러한 맥락에서 윤리 도덕의 원칙은 논리 규칙과 마찬가지로 동서고금에서 불변이다. 특정 종교가 인간 행위에 영향력을 갖든 말든, 인간의 심리에 대한 새로운 탐구법이 사용되든 말든, 문화 유행이 바뀌든 말든, 그러한 것을 '법칙'으로 자각하는 사람이 많든 적든, 현존하는 인간이 '인간'으로 존속하는 한, 논리법칙과 함께 윤리법칙은 변함이 있을 수 없다. 논리법칙과 함께 윤리법칙은 인간의 본질속성(attributum)이다. 그러니까 논리법칙이나 윤리법칙이 변화한다면 그것은 '인간'이 변질된 것을 의미하며, 만약 그것들이 그 법칙성을 상실한다면 현생 인류의 진위 선악의 개념이 소멸한 것이라 보아야 할 것이다. (그리고 그것은 곧 인류가 변종했거나 소멸한 것을 뜻할 것이다.)

윤리적 가치의 근거점을 밝히는 문제야말로 철학적인 문제[169]인데, 이것이 사회학적 또는 심리학적 문제로 혼동되는 것은 한편으로는 자유를 자율로서가 아니라 임의적인 선택으로만 보고, 다른 한편으로는 윤리와 예(의범)절을 혼동하는 데서 기인한다. 깊은 연관이 있어 보이기는 하지만 예절 또는 풍습과 윤리 도덕은 본질적으로 다르다. 윤리가 예절이나 풍습이라는 옷을 입고 실현되는 것이 상례이기는 하지만, 동일한 윤리 규범을 실현하는 데서도 예절이나 풍습은 시대에 따라 장소에 따라 족속에 따라 다를 수 있다. 그러니까 예절이나 풍속의 유래는 사회학적으로 또는 심리학적으로 또는 생리학적으로도 규명될 수 있다. 그러나 윤리는 그러한 사실을 뛰어넘는, 비약적인 내지는 초월적인 당위 규범으로서 서로 다른 풍속 가운데서도 보편적 형식과 가치를 갖는다.

도덕법칙의 보편성과 특정인의 도덕적 인지능력이나 덕성은 거의 상관이 없다. 어떤 사람이 그것을 인지하지 못한다거나, 그런 규칙에 따라 셈을 하지 않는다 해서 산수 규칙의 보편성이 저해되는 것이 아니듯, 다수의 사람들이 도덕법칙을 이해하지 못하거나 그에 동의하지 않고, 그에 따른 행실을 하지 않는다 해서 도덕법칙의 보편성이 저해되는 것은 아니다. 아무리 해도 논리법칙을 터득하지 못하는 사람이 있듯이 어떻게 해도 윤리법칙을 이해하지 못하는 사람이 있지만, 그렇다고 해서 논리법칙이나 윤리법칙이 보편적이지 않다고 말할 수는 없는 것이다. 한 교실의 전체 수험생이 수학 시험에서 0점을 받는다 해서, 대수의 규칙들이 무효가 되는 것이 아니듯이, 전 인류가 부도덕하게 행위한다 해도, 어쩌면 바로 그러할 우려가 있기 때문에, 도덕법칙은 보편타당성을 잃지 않는다. 연습을 통해 계산능력이 향상될 수 있기는 하지만, 누구나 똑같이 향상되는 것도, 무한히 향상되는 것도 아니듯이, 덕성 함양도 절차탁마를 통해 어느 정도 향상을 기대할 수 있겠지만, 수련한다고 누구나 같은 수준의 덕성을 얻을 수가 있는 것도 아니고, 누구나 성인(聖人)이 될 수 있는 것도 아니다. 아마도 그것은 이성적 동물인 인간이 개체로서는 저마다 제한된 역량만을 가진 채 존재하는 탓일 것이다. 그러한 제한성에도 불구하고, 이성적 동물(animal rationale)인 인간은 논리와 윤리의 이치(ratio)를 가지며, 이 이치에 근거(ratio)해서 사고와 행위의 규범을 갖는다. 그리고 인간은 개체로서는 그러한 이치의 이상(理想)에 이르지 못하겠지만, 대(代)를 이어가는 매진 속에서 마침내 이르리라는 믿음으로 행실을 가다듬는다.

2) 인간의 존엄성과 그 원천

생명체, 동물이면서 자율적이고 책임능력이 있는 인격으로서 개개 인간은 타인과 구별되고 타인으로 치환될 수 없는 절대적 가치를 가진다. 그리고 바로 그 점에서 어떠한 교환 가격도 뛰어넘는 존엄성(尊嚴性, Würde)을 갖는다. 인간의 존엄성, 그것이야말로 최고선이다.

자율성

인간의 인간성은 그 자신 동물이면서도 동물(자연) 상태를 벗어날, 자연법칙 외에 인간의 법칙 내지 규범을 스스로 세우고 준수하는 일, 자기규율 곧 자율에서 출발한다. 이 규범의 핵심은 자연적 욕구나 경향성을 통제하는 것, 다시 말해 사람들이 사뭇 하고 싶어 하는 것은 금지하고, 하기 싫어하는 것은 강요하는 강제성에 있다. 그러니까 인간의 행위 규범은 자연(본)성과의 관계에서만 의미를 얻는다. 행위 규범의 본질은 자연(본)성의 규제에 있으니 말이다.

이 인간 규범의 특성은 자율성, 곧 자기가 법칙을 수립하고 스스로 그에 복종함에 있다. 그리고 이러한 자율은 보통 일반 사회의 관습화 과정을 거쳐 윤리로서 느슨한 규범성을 갖거나, 국가의 입법기관에서 제정하는 법률을 통해 엄격한 규범성을 갖는다.

무릇 인간의 인간임은 자기기획(suum consilium), 자기결정(Selstbestimmung), 자기입법(Selbstgesetzgebung, Eigengesetzlichkeit) 곧 그 자율(αὐτονόμος, αὐτονόμία)적 성격에서 분명하게 드러난다.

일상의 정치 사회에서 '자율'과 '자기결정'은 자신의 문제들을 외부 권력에 의존하지 않고서 결정할 수 있는 힘 내지 권리, 그러니까 외부의 지배력에 대항할 수 있는 정치적 자유(ἐλευθερία)를 뜻한다. 그리고 정치적 자유란 스스로 입법하고 통치할 수 있는 능력을 말하는 것이니, 그런 의미에서 일찍이 자율은 "자기 자신의 법률에 따라서 살 수 있는 능력(potestas vivere propriis legibus)"[170]이라고 규정되었다. 자유, 지배, 소유는 인간의 기본권이거니와, 지배와 소유가 입법권을 형성한다면, 누구의 지배에도 종속하지 않고 자신의 주인이 될 수 있는 능력인 자유는 이 입법권을 자주권(自主權)으로 승격시킨다.

'자기결정' 개념은 '자기지배(ἐγκράτεια)' 개념에서 출발한다. 일찍이 플라톤은 인간은 논변과 행실에서 하인이 아니라 주인이 되어야 마땅하다고 보았다.[171] 이어서 그는 정치를 "스스로 지시명령하는 기술(αὐτεπιτακτική)"[172]이라고 규정함으로써 공동체의 문제들을 스스로 결정하고 행위하는 시민들을 '스스로 지시명령하는 자들(αὐτεπιτακτικοί)'이라고 지칭한다. 이 개념 중에는 공동체 안에서의 자기지배의 조건이 포함되어 있으니, 자기지배는 자기의사와의 합치뿐만 아니라 타인의 의사와의 합치 아래서 이루어져야 함을 말한다. 그렇지 않으면 공동체가 유지될 수 없을 것이기 때문이다. 그래서 자기결정에는 자기의사에 따르되 타인의 의사와 합치할 수 있는 이성적 식견이 필수적이다. 그래서 아리스토텔레스는 자기결정은 합리적 선택(προαίρεσις)으로서 "이성에 따르는 영혼의 활동(ψυχῆς ἐνέργεια κατὰ λόγον)"[173] 중의 하나라고 보았다. 그러니까 자기결정은 혼자 사는 세상에서가 아니라 더불어 사는 세계에서 그 온전한 의미를 갖는 마음의 작동 방식 중 하나이다.

그러므로 누가 자기결정을 할 수 있기 위해서는 "자기 자신에서 비롯하여 행위(αὐτοπραγία)"하는 자유와 "자기 자신의 주인(αὐτο-κράτωρ)"이 될 능력인 이성을 갖추지 않으면 안 된다.[174] 여기에서 자기결정은 '자주독립/자족(αὐτάρκεια)'의 기반 위에서 가능한 것으로 이해되기에 이른다. 자기의 생을 자기의 힘 안에서 영위하는 자만이 자기결정을 할 수 있는 것이다. 다만 자기결정은 자기 능력으로 해낼 수 있는 범위 내에서만 성취될 수 있는 것이므로, 자기가 할 수 있는 것을 가늠할 수 있는 지성을 동반하지 않으면 안 된다. 자기결정은 자기와 자기 능력의 범위에 대한 인식, 선택에 충분한 근거를 제시할 수 있는 이성, 타인의 의사와의 합치 아래서 자기의사를 정할 수 있는 지성을 기반으로 해서 가능한 것이다.

이 같은 제도적 자기결정의 권리로서의 자율 개념에 기독교 사상가들은 악을 멀리하고 선을 택하여 정도(正道)를 걸을 수 있는 힘으로서의 개개 인간의 자기결정(consilium suum) 능력을 덧붙였다.

한 처음에 주님께서 인간을 만드셨을 때 인간은 자기 결정을 할 수 있도록 하셨다. 네가 마음만 먹으면 계명을 지킬 수 있으며 주님께 충실하고 않고는 너에게 달려 있다. 주님께서는 네 앞에 불과 물을 놓아 주셨으니 손을 뻗쳐 네 마음대로 택하여라. 사람 앞에는 생명과 죽음이 놓여 있다. 어느 쪽이든 원하는 대로 받을 것이다.[175]

이와 관련하여 타티아누스(Tatianus, ca. 120~180)는 인간은 선택의 자유가 있으니, 그 행실에 대해 상벌을 받음이 마땅하다고 본다.

인간은 신에게만 속하는 선의 본성을 지니지 않았으나, 선택의 자유를 통해 완전함에 이른다. 그리하여 악인은 그의 과오로 인하여 타락하게 되되, 정의로운 이는 그의 덕 있는 행실로 마땅히 칭찬받게 될 것이니, 그의 자유로운 선택의 실행에서 신의 뜻을 거스르지 않도록 삼가기 때문이다.[176]

이처럼 정치사회적인 또는 종교윤리적인 의미로 사용되던 자기결정 내지 자율이 칸트에 이르러서는 인간을 규정하는 포괄적이고 핵심적인 개념이 되었다.

인간이 자유롭다는 것은 단지 외적 제약이나 압제로부터의 벗어남뿐만이 아니라, 자기 욕구의 심리적, 생리적 자연 경향성에서 벗어나, 어떤 행위를 오로지 자기의 의지로, (문자 그대로) 자유의지로 행함을 뜻한다. '자유의지로 행함'이란 단지 '자동적(automatic) 작동'을 말하는 것이 아니다. 자유의지로 행함이란 스스로 '그 자체로 좋은 것'을 목적으로 설정하고 목적 달성을 위해 자기 의사에 따라 행위를 개시하고 중단하고, 그러한 행함 중에서 만족을 얻는 자율적 활동을 말한다. 어떤 사람은 자율성을 "자극 없이도 상태를 바꿀 수 있는 능력, 곧 상호작용에 대한 직접적 반응 없이도 어느 정도의 복잡성 및 환경과의 분리성을 유지하는 능력"[177]이라고 규정하기도 하지만, 엄밀하게 말하자면 자율적 활동이란 첫째로 자기 의사(Willkür)가 있는, 곧 "객체를 만들어내기 위한 자기의 행위의 능력에 대한 의식과 결합되어 있는"[178] 욕구능력이 있는 자의 행위이되, 둘째로 그 의사가 순수한 이성의 법칙에 의해 규정되는, 다시 말해 자기 규칙에 따르는 행위를 말한다. 순수한 이성의 법칙이란 "이성에 의한 자율"[179]이다. 그러니까 이 자율에 의한 자유란 흔히 그렇게 생각하듯이 "무엇이든 바라는 대로 할 수 있음"[180]을, 예컨대 선보다도 악을 선택해서 행할 수 있는 능력을 말하는 것이 아니라— 누가 임의로 선 대신에 악을 택해 행동한다면, 그러한 행동은 자유의사에 의해 일어난 것이 아니라, 자유의지의 박약으로 인한 것이라 하겠다—, 자연적 인과 필연성에 독립해서 또는 온갖 감성적 유혹을 이겨내고 이성이 규정하는 선한 것을 행할 수 있는 능력을 말한다. 여기서 자율적이라 함은 동물적 경향성을 제어할 수 있는 법칙을 세우고 그것을 준수할 수 있음을 말하는 것이니, 당초에 동물적 경향성이 없는 존재자에게는 자율로서의 자유란 무의미한 것이다. 흔히 말하는 '자율주행차(autonomous vehicle)'에서 '자율적(autonomous)'은 설정된 프로그램에 따르되 '외부 자극에' 알맞게 대응하여 '자기

운전하는(self-driving) 정도를 뜻하는 것이니, 단지 기능적인 면에서 볼 때 '흡사 자율적'인 것이라 하겠다.

그러나 설령 자기운동이라 하더라도 그것이 선한 것에 대한 의식이 없거나, 스스로 정한 선한 목적이 없거나, 자기 행위 의사가 없거나 의사결정을 위한 자기 규칙 수립이 없이 이루어지는 것이라면 군이 자율적 활동이라고 할 것이 없다. 이를 위해서는 이미 '자동적(automatic)'이라는 규정이 쓰여 왔다. 그리고 자율적 활동 없이 한낱 자동적으로 작동하는 것이 있다면, 그 작동의 결과에 대한 어떠한 책임도 그에게 귀속하지 않으며, 그러니까 그것은 '인격'이 아니다. 인격이란 선악의 분별력이 있고, 자율적으로 행위하되, 그 행위에 대해 책임질 수 있는, 상 받는 기쁨도 누리고 벌 받는 고통도 느낄 수 있는 행위자를 일컫는다. 그래서 '자율주행차'에 의한 소득은 '자동차(automobile)'에 의한 것이 그러하듯 차주에 귀속되고, 경주에서 우승했을 때 기쁨은 제조자가 누리며, 만약의 경우에 발생할 사고의 책임도 차주 또는 제작자에게 귀속한다. 이는 명칭상으로 '자율주행차'에 실은 '자율성'이 없음을 말한다. 자율주행차의 운행 규정을 자율주행차 자신이 제정하고, 규정을 어겼을 때 자율주행차 자신이 벌을 받아 고통을 당하는 경우라야 비로소 '자율주행차'에 자율성이 있다고 말할 수 있는 것이다.

스스로 규범을 정하고, 윤리를 세우고 입법할 능력이 있으며, 그를 준수하는 존재, 곧 인간만이 그로 인해 '인격(人格, person)'이 된다. 이 '인격'의 낱말 형성에 인격의 의미는 충분히 함축되어 있다.

'인간됨', 인간의 지위 내지 품위는 인간이 자신의 자연본성을 인지하고 자기보존과 이웃과의 공존에 필수적인 규율을 스스로 세워 자신의 자연성을 통제하는 일, 바꿔 말해 가면(persona)을 씌우는 일에 본래의 의의가 있다. 그러니까 이러한 인간의 능력을 통틀어 '이성(理性)'이라 일컬을 때, 자연적 경향성과 이에 대한 통제의 필요에 대한 자각 및 통제 능력을 가진 '이성적 동물'만이 '인격'이 될 수 있는 것이다. 무릇 인격적 존재자란 '도덕적으로 완전한 존재자'라기보다는 시원적으로는 무도덕한 동물인 존재자가 자기통제 규범을 세워 '도덕적으로 완전하게 되려고 하는 존재자'를 말한다. 이러한 자기 규율의 힘이 자유이고, 그러한 실천의 능력이 의지이다. 이성적 동물은 인격적인 존재자인 한에서 의지의 자유를 특성으로 갖는다.

본래적 의미에서 '자유(自由)' 곧 '스스로에서 비롯함'이 인간 능력의 속성으로 받아들여질 때, 그것이 의미하는 바는 '자연적 경향성에 따르는' 곧 '자연에 구속되어 있는' 인간이 그 구속성을 스스로 벗어나, 자연의 경향성에 따르는 경우와는 다른 행위를 '스스로 개시함'을 뜻한다. 자유는 일차적으로 타인의 압제나 외적 법규의 구속으로부터의 해방이 아니라, 자신의 자연적 경향성(情念, 情動)으로부터 풀려나 이성의 이념에 따라 행위를 개시할 수 있는 힘을 뜻한다. 그러니까 인간의 자율성은 인간의 이러한 '자유의 능력'에 기반하고 있다고 말할 수 있겠다.

그러므로 어떤 존재자가 자율적인지 아닌지는 그것이 스스로 윤리를 세우고 법률을 제정할 능력이 있는지 없는지, 그리고 그러한 규범을 준수할 능력이 있는지 없는지를 보면 안다. 그러니까 타자에 의해 정해지는 프로그램에 따라 움직이는 능력 내지는 주어지는 규범을 준수할 능력, 곧 준법 능력만으로는 자율성을 말할 수 없다. 순전히 타율적이기만 하거나, 기계적으로 규칙을 지키는 존재자를 자유 능력이 있는 자라고 볼 수는 없다. 자유의지(Wille)는 어떤 자연적 경향성에도 맞서서 또는 어떤 외압이 있더라도 옳은 것은 선택하고, 옳지 않은 것은 거부할 수 있는 실천이성을 일컫는다. 자유란 자기 자신의 심리적—생리적 경향성에 맞서 의지가 스스로 자기규율을 수립하여 그 자신을 강제함을 뜻하고, 그런 의미에서 자율과 교환개념이다.[181] 그러므로 자유의지는 옳음[正當]과 그름[不當]에 대한 판단력을 갖춘 당위(當爲) 능력이다. 그러니까 옳음과 그름에 대한 가치판단 능력이 없는 것에 대해서 의지의 자유를 말하는 것은 의미가 없다.

자유로운 의사(Willkür)가 행위의 원인인 한에서 그 행위의 결과는 행위자에게 귀속된다. 그러한 행위의 주체가 다름 아닌 '나'이며, '인격'이다. '나' 또는 '인격'은 타자로 대체될 수 없는 주체, 주인으로 인정됨과 동시에 자기 의사대로 한 행위에 대해 책임을 지는, 귀책능력이 있는 자로 간주되는 것이다.

자연 안에서 일어나는 일은 모두 물리적 사건이며, 물리적 사건들은 예외 없이 물리적 원인을 갖는다는 인과적 폐쇄(causal closure)론을 펴는 이들은 인간의 '자기결정'이니 '자유의지'니 하는 개념들을 미개하거나 허구라고 치부한다. 그러나 우리는 인간의 행위가 물리적 인과성(causality) 외에도 어떤 문화적 이치(理致, rationality)에 맞게 일어남을 어렵지 않게 확인한다. 예컨대 내가 연인이 몹시 그립지만 주말에 시간을 내기 어려워 이웃 도시까지 찾아갈 수 없다는 이메일을 보내자 그립던 연인이 내게 달려와 주었을 때 말이다. 연인은 내 사연을 물리적 매체를 통해 읽었으나, 연인을 움직인 것은 사연이 담고 있는 의미와 그 역시 가지고 있는 그리움이다. ─ 자연 안의 모든 사건이 자연적 원인(causa)에 의한 것이라 해서, 모든 사건이 물리적 원인만을 갖는 것은 아니다. 인간은 그 나름의 어떤 이유/이치(ratio)에 의해서도, 어떤 목적(finis)에 의해서도 행위하니 말이다.[182] 나는 이 글을 손가락의 힘으로 쓰고 있지만, 또한 동료들과의 원고 마감 '약속을 지켜야 한다'는 이념 때문에 쓰고 있기도 하다. 인간은 자기 생각 내지 자기가 세운 이념의 법칙에 따라 움직이기도 한다. 이른바 '도덕적' 행위도 그러한 것이다. 그렇다면 이러한 당위 법칙에 따른 행위가 있기 위해서는 그러한 법칙을 수립하는 이성이 전제되고, 그때 그러한 행위를 이끌어가는 "의지란 이성이 경향성에 독립해서 실천적으로 필연적인 것이라고, 다시 말해 선하다고 인식하는 것만을 선택하는 능력이다."[183] 그래서 "인간의 자유, 즉 자기 자신의 의지에 따라서 행하는 자유는 인간이 이성을 가지고 있다는 사실에 근거를 두고 있다."[184] 여기서 선을 인식하고, 일체의 경향성에서 벗어나 스스로 법칙을 수립하는 이성을 '순수한' 이성이자 '자율적' 실천이성이라 일컫겠다.

인격성

순전한 물리적 사건과는 다르게, 한 인간의 행위가 완전히든 부분적으로든 그의 자유의사에 의해서 일어난 것일 때, 인간은 그 행위에서 그의 의사가 동기로 기능한 정도만큼 책임을 진다. 그리고 인간은 그 정도만큼 인격이다. 인격이란 다름 아니라 책임질 역량을 뜻하는 것이니 말이다.

동일성 원리로서의 인격

자연 안에 고정불변적인 것은 없다. 이 관찰 명제가 참이라면, 자연 안에서 살고 있는 인간 역시 고정불변적일 수 없다. 이러한 마당에서 '자유로운 의지의 주체'라는 개념에 앞서, 도대체 '인간'이라는 일반 명사가 가능한가?

임대인 갑과 임차인 을이 A라는 가옥을 2년 기한으로 임대차 계약을 맺은 경우, 그 계약은 기한 도래와 함께 을이 갑에게 A를 반환할 것을 내용으로 갖는다. 이러한 계약은 그러니까 적어도 두 가지를 당연한 것으로 전제한다. 하나는, 계약당사자들의 책임의식과 의무수행능력이고, 또 하나는 임대인과 임차인 그리고 임대차 가옥의 불변성이다.

그런데 사실로 계약이 유효한 생활세계는 자연 안에 있고, 자연 안에서는 그 2년 사이에 갑도 변하고, 을도 변하고, 심지어 A라고 동일하게 지칭되는 가옥 또한 제아무리 조심스럽게 사용한다 해도 미세하게나마 변화하지 않을 수 없다. 그러니까 임대차 계약을 맺을 당시의 임대인과 임차인과 자연적 속성이 동일한 자도, 임대 물건인 동일한 가옥 A도 계약종료 시점에는 더 이상 자연 안에 없는 것이다. 이러한 상황에서 도대체 누가 누구에게 무엇을 반환한다는 말인가? 이와 같은 계약의 효력은 2년 사이의 자연적 속성들의 변화, 그러니까 상이성에도 불구하고 갑과 을과 A가 동일성을 갖는다는 것을 전제로 해서만 있을 수 있는 것이다. 그렇다면 그 동일성은 어디서 성립하는가? 인간을 한낱 신체적 존재자로, 가옥을 한낱 물체적 존재자로만 본다면 이러한 계약행위는 인간 사회에서 일어날 수 없다. 그러니까 인간은 적어도 암암리에 인간을, 그리고 물건을 한낱 물리적 존재자로만 보지 않고 있는 것이다. 그러니까 우리는 이 지점에서 세상의 사물들의 변화 중에도 '고정불변적인' 어떤 것을 상정하고 있는 것이다.

그래서 누가 "인간은 변화할 수 있고 또 변화하는 동안만 인간이다. 끊임없이 스스로를 만들어가는 존재인 동안에만 인간이다. 인간은 움직이는 자이며 스스로를 완성해가는 자이다."[185]라고 말함에 충분히 공감한다 해도, 우리가 '인간'을 보편 명사로 받아들이는 한 고정불변적인 것을 인간에게서 보고 있는 것이다. '실체'가 사물에서의 고정불변적 성격을 지칭하듯이, '인격'이란 인간에서의 그 고정불변적 성격을 일컫는다.

책임질 수 있는 자로서의 인격

동일성을 유지하는 각각의 '나'가 인격이며, 한 인격은 자기기획에 따라 행위를 하고 자기행위에 대해서 책임을 지는, 그러니까 공적에 대해서는 상을 받고 과실에 대해서는 벌을 받는 귀책능력이 있는 자로 납득된다. 상(賞)이 상으로서 의미가 있는 것은, 상 받은 자가 그로써 기쁨을 느끼고 이득을 얻고, 격려를 받아 더욱 분발하려는 의욕이 고취되기 때문이다. 벌(罰)이 벌로서 의미가 있는 것은 벌 받은 자가 고통을 느끼고, 손실을 입고, 그와 같은 일은 반복하지 않 겠다는 결의를 다지기 때문이다. 그러니까 누가 '책임을 지는 자'가 될 수 있으려면, 그는 자기 행위에 대한 평가에 대해 기쁨과 고통의 감정이 있어야 하고, 이득과 손실의 당사자여야 하며, 그러니까 이 득이 생기면 기쁘고, 손실이 생기면 고통스러움을 느낄 수 있어야 할 뿐만 아니라, 욕구가 있고 반성 능력이 있어야만 한다. 이는 곧, 생명성과 감정만 있거나 이미 되어 있는 프로그래밍에 따라 작동만 하는, 그러니까 순전히 동물이거나 자동기계는 '책임을 지는 자'가 될 수 없음을 말한다. 책임을 지는 자 곧 인격은 오로지 '이성적 동 물'의 성격일 수 있는 것이다.

이성적 동물은 자연 안에 살아 있는 자이고, 그런 면에서 분명히 자연물의 일종이고, 그런 만큼 자연의 법칙에 따라 변화 변천하는 존재자이지만, 그럼에도 불구하고 '책임을 지는 자'라는 것은 책임 질 행위의 행위 시점과 그 행위에 대한 귀책의 시점 사이에 그 인격 은 변함이 없다는 인격 동일성이 당연시된다. '책임'은 행위자가 자 기가 한 행위에 대해서 책임을 지는 것인 만큼 행위 시점과 책임지 는 시점 사이에서 행위자의 동일성이 유지된다고 생각하지 않는다 면, '귀책(歸責)'이란 성립할 수 없는 것이니 말이다.

앞서 예로 든 것과 같은 계약행위가 여타 동물들의 세계에서는 볼 수 없으되, 인간생활에서는 하나의 일상사인 것은, 인간은 이러한 계약의 주체가 될 수 있다는 것, 다시 말해 자발적으로 계약을 맺고, 계약을 준수할 수 있는 능력, 즉 책임능력을 가지고 있기 때문이다.

그런데 계약을 준수함이 단지 계약을 불이행할 때 발생할 손해를 피하기 위한 것이라면 그것은 한낱 법률적 행위이지만, 만약 계약 이행은 계약 체결 당사자의 당연한 의무이기 때문에 준수해야 하는 것이라는 이유에서 계약을 준수한다면 그것은 동시에 도덕적 행위이다.

무릇 도덕적 행위는 어떤 조건 아래서도 자기의 의무를 그것이 의무라는 오로지 그 이유에서 준수함에 있다. 그런데 이러한 의무 준수는 인간이 자연적 사회적 환경에서 자유롭다는, 다시 말해 인간은 행하는 것이 마땅한 일은 행할 능력이 있고, 또한 감성적 이해관심을 떠나 행위할 수 있다는 전제 아래에서라야 기대할 수 있는 것이다. 그러니까 인간이 자유로운 행위 주체라는 점이 받아들여질 때에만 도덕적 의무 준수를 인간에게 기대할 수 있다.

존엄성

인간은 동물적 경향성에 의해 자주 도덕법칙에 어긋나게 행동하도록 촉발되지만, 자유의 힘에 의해 이러한 경향성을 멀리하거나 물리칠 수 있다고 여겨진다. 그러한 행위가 인격체인 인간의 의무이다.

인간에서 자유란 자율로서, 그것은 곧 자기가 정한 법칙에 복종함이다. "의지의 법칙에 대한 자유로운 복종의 의식은, 모든 경향성들에게, 오직 자신의 이성에 의해 가해지는, 불가피한 강제와 결합돼 있는 것으로서, 무릇 법칙에 대한 존경이다."[186] 이 도덕 "법칙에 따르는, 일체의 규정 근거에서 경향성을 배제하는, 객관적으로 실천적인 행위를 일컬어 의무"[187]라 한다. 그렇기 때문에 의무는 개념상 '실천적 강제'를 포함한다. 즉 싫어도 행위하도록 시킨다. 자연적 존재자로서의 인간에는 선(善) 아닌 다른 것을 욕구하는 경향이 있기 때문에, 바로 그 때문에 그는 선을 행해야만 한다. 자기 마음이 자연히 그렇게 내켜서 하는 행위라면 그것을 우리는 당위라고 하지 않는다. 당위는 강요된 행위를 말함이고 그런 뜻에서 실천적으로 필연적이되, 그러나 이 강제는 밖으로부터의 것이 아니라, 자신에 대한 자신의 강제 즉 '자기 강제' 내지 '내적 강요'이다. 그렇기 때문에 도덕은 밖으로부터 강제된 규칙 즉 자연법칙이나 국가로부터 던져지는 제정법칙이 아니라, 자신으로부터의 즉 자유로운 자기 강제의 규율, 언필칭 자율(自律)이다. 인간이 인간 자신에게, 곧 이성적 인간이 동물적 인간에게 발하는 강요인 윤리적 실천 명령은 인간을 동물성으로부터 해방함이며, 그러니까 그것은 오히려 자유의 실현, 구체화라 하겠다. 이 자율적 자유의 힘에 인간의 인간임은 기반한다.

자기 강제인 도덕법칙은, 강제인 한에서 언제나 '명령'의 형식을 갖고, 법칙인 한에서 보편적 필연성을 갖기 때문에, 항상 '정언 명령(定言命令)'의 정식(定式)으로 주어진다. 정언 명령은 한 개인의 자유의 준칙이 동시에 타자에게도 타당할 때만 법칙이 됨을 천명함으로써, '자유' 개념을 상호주관성의 지평 위로 확장시킨다. 윤리적 '정언 명령'은 상호주관성을 전제하고 있는 것으로, 그렇기 때문에 이에 기초한 도덕은 단지 개인적인 것이 아니라 인간성(인류: Menschheit)에 보편적인 것이다. 실천이성의 정언 명령은 주관적이고 주체적인 행위 준칙이되, 동시에 보편적이고 객관적인 실천 법칙으로서, 이 법칙 아래에 있는 개인은 하나의 인격으로서 역시 하나의 인격인 다른 개인과 "공동의 윤리법칙의 대변자로 만난다."[188] 인격으로서의 인간의 세계는 "공동의 법칙들에 의한 서로 다른 이성적 존재자들의 체계적인 결합"[189]인 것이다.

이렇듯 공동체 안에서 스스로 행위의 준칙을 세우고, 그것을 보편적 법칙처럼 준수하려는 인간 의지와 자기 법칙수립적인 인간의 자율성이야말로 인간의 도덕성의 원천이고 "존엄성의 근거"[190]이다.

'존엄성'은 일체의 가격을 뛰어넘는 가치이다. 가격을 갖는 것은 비교할 수가 있고, 그리하여 어떤 것이 일단 가격을 갖게 되면 그것은 교환이 가능하게 되거니와, 주고받고 할 수 있는 것, 교환할 수 있는 것을 일컬어 '물건'이라 칭한다. 인간이 '이성적' 동물이라 하더라도 그 '이성'이 수단인 것이라면, 인간은 그 '이성'의 역량 정도에 따라 가격이 매겨지고, 그러고 나면 그 가격에 따라 시장에서 거래가 되고, 결국 일종의 '물건'이 된다. 누구는 월(月) 300만 원짜리이고, 누구는 월 500만 원짜리 상품이다. 인간이 그것만으로 판정된다면, 인간은 한낱 물건으로 취급되는 것이다. 그러나 인간은 인격인한에서 그 자체로 가치 있는 것, 곧 목적적인 존재자로서, 결코 무엇과도 비교되고 교환되거나 대체될 수 없으며, 바로 그런 한에서 존엄성을 갖는다.

'존엄성'은 '그 자체로 가치 있는 것', 다시 말해 '목적'적 존재자만이 가질 수 있는 것이다. 그 자체로 가치 있는 것은 비교적인 값, 즉 가격을 갖지 않는 것이니 서로 비교되어 교환되는 물품이나 상품과는 위격이 다른 것으로, 그렇기에 그것은 원리상 '대체될 수 없는 것'이다. 인간이 존엄하다는 것은 유(類)로서의 인간은 말할 것도 없고, 그 유에 속하는 개개인 누구나가 존엄하다는 것, 즉 어떤 개인도 무엇에 의해 대체될 수 없다는 것을 말한다. 그래서 물품이 아닌 인품을 가진 인격만이 존엄한 것이고, 이 인격은 인간이 여느 자연물처럼 한낱 기계적인 필연적 인과연쇄의 한 매체로서 작동하는 것이 아니라, 자유로운 존재자로서 스스로 인간다움을 표상하고, 그 표상에 따라 법도를 세우고, 그 법도에 자신을 복종시키는 자율(自律)적 존재자가 됨으로써 자연물 이상의 것임을 증명하는 데서 성립한다. 자연운동의 한낱 매체는 그 운동의 수단 내지 도구일 뿐으로, 그 운동과 그 운동의 매체에게 자발성이란 없으며, 따라서 '내가 한 일'이라는 것도 없고, 그런 만큼 내가 책임질 것도 없고, 또한 '내 것'도 없다. 그런 연쇄 운동에서 하나의 고리는 '나'든 '그'든 '그것'이든 '저것'이든 이미 정해져 있거나, 어느 것이 되더라도 '나'와는 상관이 없다. 아니 내가 관여할 여지가 없다. 그런 과정에는 '당위(當爲)', 곧 '마땅히 그렇게 해야 함'이 있을 자리는 없는 것이고, 따라서 '인간은 모름지기 이러저러해야 한다'라는 따위의 당위명제는 성립할 수 없다.

인간에게 "도대체 무엇이 윤리적으로 선한 마음씨 또는 덕으로 하여금 그토록 높은 요구를 할 권리를 주는가?"[191] — 이제 되짚어 생각해보면, 그것은 다른 것이 아니라 보편적으로 법칙을 수립하고 스스로 그에 복종할 수 있는 이성존재자의 힘, 곧 자율성이다. 다시 말해 인간의 자율성이야말로 인간과 이성적 존재자의 존엄성의 원천인 것이다. 그리고 이러한 "의지의 자율을 설명하는 열쇠"[192]가 다름 아닌 '자유'의 개념이다. '자유'를 매개로 해서만 이성적 존재자의 선의지가 자연적 인과성 아래 놓여 있는 감성적 존재자로서의 인간을 "구출"[193]하여 도덕법칙과 결합할 수 있기 때문이다.[194] 자유는 이성적 존재자의 본질적 속성이고, 도덕법칙은 이 본질적 속성에서 비롯한 것, 자율적인 것이고, 그런 한에서 자기 강제성을 갖는 것이다. 그렇기에 이성적 존재자의 자유의지란 바로 도덕법칙 아래에 있는 의지를 말한다.

인간은 이성적 동물로서 자연의 질서 아래에 있는 감성적 존재자이기 때문에 오히려 예지 세계의 성원으로서 자율에 기반한 윤리 도덕을 가질 수 있고, '존엄성' 또한 얻을 수 있다. 인간이 오로지 '이성적'이기만 한 존재자라면, 그에게는 이성과 어긋나는 경향성이 있을 리 없고, 그렇다면 그런 경우에는 어떠한 당위도, 따라서 도대체가 도덕이라는 것이 있을 수 없겠다. 또한 인간이 오로지 감성적 욕구와 경향성에 따라 사는 동물이기만 하다면, 그에게 어떤 규범의 표상이 있을 리 없고, 그렇다면 그에게 어떠한 자기 강제, 즉 자율이 있을 수 없을 것이다. 도덕법칙이 그리고 자율의 원인성이 인간의 행위를 결정하며, 그리하여 인간을 신성하고 고귀하게 만드는 것은 다름 아니라 인간이 동물이면서 동시에 이성적 존재자이기 때문이다. 다름 아닌 인간의 이중성격이 인간의 존엄성의 원천인 것이다.

요컨대 인간의 존엄성의 근거는 인간의 이성성, 자율성, 도덕성이다. 그러나 이는 현재적으로 이성적이고, 자율적이고, 도덕적인 사람만이 존엄함을 말하는 것이 아니라, 도덕적이고자 애쓰는 사람들 안에 이미 존엄성이 있음을 말하는 것이다. 그것은 유(類)로서의 인간이 존엄함을 말한다. 유로서의 인간이 존엄성의 권리를 갖는 한, 각자 "이성역량을 품수한 동물(理性的일 수 있는 動物: animal rationabile)인 인간은 자기 자신을 이성적 동물(理性的 動物: animal rationale)로 만들 수 있다."[195] 그리고 그러한 가능성 위에서 개개로서의 인간은 존엄성을 얻어야 할 의무를 갖는다. 개개 인간의 존엄성은 당위적인 것이고, 인간성의 현실화 원리(entelekeia)이다.

2장

사회적
존재자로서의
인간과 난관

인간은 감정을 가진 이성적 존재자이다. 욕구에 따라 행동하면서도 그 욕구를 스스로 이성이 통제하는, 자율성이야말로 인간의 본질 속성이다. 그리고 스스로 세운 그 규율에 복종해야 함은 자율성의 이치에 당연히 포함된다. 그러나 실행에는 선으로, 옳음으로 규정된 것을 실천할 힘, 곧 덕(德, virtus, Tugend)이 필요한데, 이 힘을 인간이 이미 온전히 구비하고 있지는 못하다. 그래서 덕을 키우는 훈습(薰習), 훈련(訓鍊), 단련(鍛鍊)하는 긴 시간이 소요되고, 그 동안에 인간 사회는 많은 혼란을 겪고, 심지어는 자가당착에 빠지기도 한다. 그러한 와중(渦中)에도 사람들은 다수의 지혜를 모아 사회를 한 걸음씩 전진시켜나간다. 그렇게 해서 인간은 문명국가, 곧 헌법 국가에 이른다.

가사(oikonomia)에 매이지 않은, 자유롭고 독립적인 공민(citoyen)

들만이 시민으로서 공공의 일(res publica)에 참여할 수 있었던 그리스-로마적 국가(polis, civitas)에서 '시민사회(civilis societas)'는 곧 '국가'로 이해되었다. 그러나 근대 산업사회의 구성원은 "자기 자신의 이익을 자기의 목적으로 삼는 사인(Privatperson)"[1]으로서의 '시민(bourgeois)'이다. 이들을 성원으로 갖는 '시민사회'가 곧 보편적 의지의 현실태여야 할 진정한 의미에서의 국가라 할 수는 없다. 그렇지만 이 사인들이 시민사회의 체험을 통해 단지 이기적으로 자신을 보존하는 것이 아니라, 그들의 특수한 목적을 보편적인 목적으로 고양함으로써 하나의 전체가 될 때 '국가'는 비로소 구체적으로 실현된다. 그래서 시민사회에서의 개개인의 자각과 발전 체험이 '헌법 국가' 성립의 초석이다. 개인들 상호 간의 관계, 또 개인들과 공동체 중심과의 관계를 합리적으로 규정할 원리를 발견하여, 그 규정을 보편적으로 규범화하는 것이 헌법, 곧 '국가의 틀'을 이루는 것이다.─그러나 그 틀을 만드는 도정은 어렵고, 만들어진 틀을 유지해 나가는 것 또한 그만큼 어렵다.

/ 1 /

'시민사회'와 그 취약성

수천 년간의 문명 변천 중에 그래도 무난하다고 폭넓게 받아들여져 시행되고 있는 정치체제는 시민 헌정체제이다. 그것은 '자유'와 '평등'이라는 2대 원칙과 이 두 원칙의 화합을 기하는 '우애'의 원칙에 기초하여 자유민주주의적 정치공동체(κοινωνία πολιτική)를 지향한다.

인류의 역사는 대체로 자연의 어떤 숨겨져 있는 계획의 수행, 즉 내적으로 ─ 완전하며, 그리고 이 목적을 위해 또한 외적으로 ─ 완전한 국가[헌정]체제를 성취하기 위한 계획의 수행이라고 볼 수 있는바, 이 국가체제는 자연이 인간성 안에 있는 그의 모든 소질을 온전히 발전시킬 수 있는 유일한 상태이다.[2]

사람들은 태어날 때는 오로지 자연의 법칙에 종속하고, 그 범위 내에서는 자신의 일신과 소유를 자신의 의사대로 사용할 수 있었다. 그럼에도 불구하고 사람들이 하나의 국가 "사회를 세우고"[3] 스스로 제정한 법률에 종속하며, 심지어 자신의 자유와 재산의 일부마저 공동체에 양도하는 것은, 인간은 그렇게 공동체를 통해서만 개인 또한 지속적인 존속을 유지할 수 있음을 체득했기 때문이다. 국가사회의 건설과 국가구성원이 되는 것은 사람에게 선택사항이 아니라 완전성에 이르기 위한 필수사항이다. 이 점에서 인간은 여타의 존재자들과 "구별된다."[4] 그래서 인간이 무엇인지는 국가 운영의 방식과 그 역사에서 잘 드러난다.

인간 사회 형태는 자유와 법칙이 어떻게 맞물려 있는지에 따라 결정된다. 그래서 경우의 수는 다음과 같은 네 가지일 것이고, 우리는 이미 인류 문명사에서 각각에 대해 다수의 사례를 가지고 있다.

A. 권력 없는, 법칙과 자유(무정부)
B. 자유 없는, 법칙과 권력(전제[專制])
C. 자유와 법칙 없는, 권력(야만)
D. 자유와 법칙을 가진, 권력(공화제).[5]

"정의 없는 힘(force)은 비난받고", "힘없는 정의는 무기력하기" 마련이므로, "정의와 힘은 결합해야 한다."[6]라는 지적처럼, 힘과 정의, 자유와 법칙이 조화하는 공화제, 즉 시민적 헌정체제에서만 인간은 인간다운 생활을 유지 발전시켜나갈 수 있다. ─ 적어도 지금까지의 인류 역사는 불충분하게나마 이를 증명해주고 있다.

이 같은 정치공동체의 형성은 근대에 이르러 국가를 '시민사회'로 이해한 데서 비롯한 것이다. 홉스(Th. Hobbes, 1588~1679)는 '만인의 만인에 대한 투쟁(bellum omnium contra omnes)'의 자연상태를 종식시킨 '시민연합체(unio civilis)'를 "국가(civitas) 또는 시민사회(societas civilis)라고 부른다".[7] 로크(J. Locke, 1632~1704)는 만인이 자유롭고 평등한 자연상태에서 전쟁상태로의 추락을 방지하기 위해 시민들의 자유로운 계약에 의해 시민정부가 수립되고 그로써 국가가 성립하게 된 과정을 서술한 그의 『통치론』에서 '국가사회(political society)'와 '시민사회(civil society)'를 같은 의미의 개념으로 사용하고 있다.[8] 이 같은 용어법에 따라, 국가를 성립시킨 시민 계약을 루소(J.-J. Rousseau, 1712~1778) 이래 사람들은 '사회계약(contrat social)'이라고 부른다. 같은 맥락에서 칸트도 그의 법이론에서 시민 계약에 기초한 '시민사회(societas civilis)'를 국가(Staat, civitas)와 동일시하면서, 자유와 평등 그리고 독립성을 시민으로서 국민의 고유한 권리라고 규정하였다.

> 시민사회(societas civilis), 곧 국가(Staat)의 구성원들을 시민(Staatsbürger, cives)이라고 일컫는다. (시민으로서) 자신의 본질과 결코 분리될 수 없는 권리[법]적인 속성들은 [첫째로] 자기가 동의하지 않은 어떤 법률에도 따르지 않을 법적 자유(gesetzliche Freiheit)와, [둘째로] 국민(Volk) 가운데서 어느 누구에게도 다른 사람을 권리적으로 구속할 수 있는 [⋯] 우위성을 인정하지 않

는 시민적 평등(bürgerliche Gleiheit), 그리고 셋째로 시민적 자립(bürgerliche Selbständigkeit)의 속성이다. 시민적 자립성이란 국민 가운데 어떤 사람의 실존과 생존이 다른 사람의 자의에 덕 입고 있는 것이 아니라, 공동체의 일원으로서 그에게 고유한 권리와 힘에 덕 입고 있는 속성을 말한다. 따라서 그것은 권리의 문제에 있어서 다른 누구에 의해서도 결코 대리되어서는 안 되는 시민적 인격성이다.[9]

다른 한편 몽테스키외(Ch.-L. Montesquieu, 1689~1755)는 '시민사회(l'état civil)'와 '국가(l'état politique)'를 구분한바, 여기에서 다 같이 '폴리스(polis)'라는 말로부터 유래해 왕왕 상호 교환적으로 사용되던 두 말 '시민적(=[도시]국가적, civilis)'과 '정치적(politicus)'은 각기 다른 의미를 얻게 되었다. 이로써 '비정치적' 또는 '비국가적' 내지 '비정부적'이라는 뜻으로 쓰이는 '시민적'이라는 말의 용법이 생겼다. 그리고 '사회'의 이 같은 핵심적인 의미에 1820년대 이후 다양한 의미가 추가되었다. 푸리에(Ch. Fourier, 1772~1837)는 그의 저작[10]에서 이미 '사회 문제', '사회 운동', '사회 복지', '사회 기제(méchanisme)', '사회 이념', '사회 활동' 등의 어휘들을 썼고, 헤겔 법철학을 거치면서 독일에서는 '사회 문화', '사회 기능', '사회 권력', '사회적 유기체', '사회 조직', '사회적 자유', '사회 윤리' 등등의 새로운 조합어들이 쓰이기 시작했다.[11] 마르크스(K. Marx, 1818~1883)가 '사회혁명(soziale Revolution)'을 이야기했을 때, 그것은 영국에서의 경제혁명[산업혁명]이나 프랑스에서의 정치혁명[프랑스혁명], 또는 독일에서의 철학혁명[독일이상주의]과 같은 일면적인 인간 문화 형성 요소의 혁명이 아니라, 전면적인 인간 생활방식의 혁명을 지칭했다.[12] 이로써 '사회적'이라는 말은 좁게는 인간의 문화생활에서 정치 · 경제적 영역을 제외한 영역에 대해서 쓰지만, 넓게는 인간의 공동생활에서 비롯하는 모든 관계들에 사용할 수 있는 말이 되었다.

이 같은 용례의 변화에서 보듯 '사회' 또는 '시민사회'가 언제나 '국가' 개념과 일치하는 것은 아니지만, 그럼에도 '국가'는 병렬하는 여러 형태의 '사회' 중의 하나라고 간주되기보다는 '기본적 사회'로 이해된다. 20세기의 대표적 사회철학자로 꼽히는 롤스(J. Rawls, 1921~2002)도 "국가(state)는 […] 평등한 시민들로 구성된 연합체(association)"[13]이고, "사회란 그 성원 상호 간에 구속력을 갖는 어떤 행동 규칙을 인정하고 대부분 그에 따라서 행동하는 사람들로 이루어진, 어느 정도 자족적인 연합체"[14]라고 규정하면서, 그의 사회 정의론에서 "정치체제의 선택과 경제적 사회적 제도의 중심 요소들을 규제"[15]할 정의의 원칙들을 헌법 국가 수립의 원칙들과 동일시하고 있다.

한편 칸트는 이른바 사회계약설이 국가 성립의 토대로 내세우는 시민들의 '근원적 계약'을 "이성의 한낱 이념[관념]"[16]이라고 평가한 바 있는데, 이에서 더 나아가 헤겔(G. W. F. Hegel, 1770~1831)은 국가가 계약에 의해 성립되었다는 생각은 국가를 개인들의 사적 자의성에 종속적으로 보는 짓이라고 비판하면서, '시민사회'가 개개인의 자유에 의거한 것이라면, '국가'는 "개별적인 의지의 자유와 보편적이고 객관적인 자유"가 합치된 "윤리적 실체"라고 구별하여, 국가

를 시민사회 이상의 것으로 규정하였다.[17] 마르크스 또한 '자연상태'
니 '사회계약'이니 하는 개념들은 '자유 경쟁 사회'의 산물로서, 그
런 사회에서 인간이 자유롭고 평등하다는 명제는 순전한 환상으로,
실제로 그런 시민사회에서 사람들은 부자유하고, 곧 자본에 매여 있
고, 불평등하다고 반론을 폈다.[18] 이들은 국가가 사회계약에 의해서
가 아니라 오히려 자연스럽게 생겨난 근원적 질서에 근거한다고 보
는 것이다.

그러나 이러한 이견에도 불구하고 사회계약에 기초한 '시민사회'
로서 국가 개념은 미국의 독립선언문(1776)과 프랑스 대혁명의 정
신을 담은 「인간과 시민의 권리 선언」(1789)을 통해서 폭넓은 지지
를 확보하였다. 이제 '시민사회'란 '자율적인 주권 아래 통합된 자유
롭고 평등한 시민들(citoyens)의 결사체'를 일컫는 것으로, 이 개념은
오늘날의 자유민주주의 국가 이론의 기틀이 되었다.

그러함에도 '시민사회'와 '국가'를 구별하여, '국가'는 한낱 정치
공동체인 '시민사회' 이상의 어떤 윤리적 공동체여야 한다는 의견이
끊임없이 제출되는 것은, '시민사회'의 실제 운영이 자칫 구성원들
의 파당화(派黨化)에 의한 담합(談合)에 좌지우지될 우려가 크기 때
문이다. 그것은 대중의 정치 참여에서 구호는 '정의 사회 실현', '합
리적인 인간 사회 건설'일지 모르나, 현실적 목표는 자기 이익의 최
대 확보인 탓이다.

정치공동체의 존립 목적은 공공선(公共善, public[common] good)
의 구현이다. 그러나 이때 공공선(公共善)은 곧 공익(公益)으로 받아
들여진다. 그와 함께 '이익' 곧 '선한 것'이라는 인식이 일반화한다.

그래서 이익 실현에 적합한 것은 '합리적'인 것으로 평가된다. 이제 '합리성(合理性)'이란 '이성에 부합함'이라기보다는 '이익에 적합함'으로 납득된다. '이치에 맞음'은 '이익에 부합함' 곧 '합리성(合利性)'으로 받아들여지는 것이다. 그리하여 타인과의 관계에서 '합리성'이란 '너의 이익과 나의 이익이 서로 부합함'을 뜻하는 것으로, 이제 이해관계가 서로 잘 맞아 떨어지게 일을 처리하면 합리적으로 일을 수행하는 것으로 간주된다. 이로써 '이성적'·'합리적'·'이해타산적'은 동의어가 된다.

무릇 '합리성(合利性)'이 '합리성(合理性)'과 한가지인 곳, 이익에 부합함이 최고의 가치 기준이 되는 자리에서는 "그 수단은 나의 이익 실현에는 좋으나, 옳지는 않다."라는 언표는 자가당착이다. 이익 실현에 좋은 것이 곧 옳은 것이기 때문이다. 이러한 마당에서는 "그것이 비록 많은 사람의 이익을 증대시킨다 해도, 옳지는 않다."라는 말 또한 헛소리가 된다. 많은 사람의 이익을 증대시킨다는 사실이 이미 '옳음'을 증명한 것이니 말이다. 그래서 상호 이익의 보장, 또는 더 많은 사람들의 이익 보장이 '정의(正義)'의 모양새를 갖추고 등장한다. 그때 '시민사회'는 위기에 빠지지 않을 수 없고, 단지 동물성이 인간성을 대표하게 된다. 이에 시민사회는 미약하게나마 가지고 있는 이성성의 힘을 십분 발휘하여 구성원들의 동물적 욕구 조정이라는 난관을 극복해가면서 전진할 수밖에 없다.

/ 2 /

'시민사회'의 운영 원리와
문제들

1) 평등의 이념과 문제성

인류의 역사는 '사람[人間]' 개념의 외연의 확장 과정이라고 말할 수 있다. 그리고 사람의 외연이라 함은 평등하게 대우받는 사람들의 범위를 일컫는다. 그러니까 '평등(平等, aequalitas, égalité)'하게 대우받는 사람이 많은 사회일수록 그 사회는 그만큼 더 발전한 사회이다.

사람이 서로를, 그와 함께 국가사회가 국민 개개인을 사람으로 인정하고 대우하는 정도, 이것보다 더 본질적인 사회 발전의 척도가 있을까? 다른 사람도 나와 똑같이 사람이라는 생각, 사람은 누구나 대등하다는 생각, 사람들이 함께 모여 사는 사회는 그러니까 인격적 존엄성에 있어서 동등한 사람들의 집합체라는 평등 사회의 이념이 사람들 사이에서 오늘날처럼 폭넓게 받아들여진 것은 그러나 그렇

게 오래된 일이 아니다. 인류 사회는 그 역사의 대부분에서 '신분사
회'였다. 그리고 지금도 그 잔재가 적지 않다.

'평등' 이념의 유래

평등이 '인간의 인간으로서의 권리'라는 자각과 함께 평등 사회의
길이 열렸다. 그러나 '평등'이라는 말과 생각이 있는 곳이라 하여 그
것만으로 그곳에 '평등한 사회'가 있다고 말할 수는 없다. 어떤 사회
를 '평등한 사회'라고 일컬을 수 있기 위해서는 그 사회가 적어도 신
분제도와 같은 원천적으로 '사람다운' 사람의 범위를 제한하는 사회
는 아니어야 한다.

한국에서 천부인권으로서 평등의 권리가 최초로 천명된 것은 '3
일천하'로 끝났던 갑신정변(甲申政變, 1884)의 때에 박영효(朴泳孝,
1861~1939)·김옥균(金玉均, 1851~1894) 등이 내건 이른바 갑신혁신
정강[甲申政令]에서이다.[19] 이것의 제2조는 "문벌을 폐지하여 평등의
권리를 세울 것"을 말하고 있다.[20] 뒤이어 박영효는 1888년의 '조선
내정 개혁에 관한 건백서(建白書)'[戊子上疏]에서 미국 독립선언서[獨
立檄文]의 논지와 유사한 천부인권 사상을 개진한 바도 있다.[21]

> 하늘[天]이 내려 백성을 낳은 것이니 만인은 동등하며 한결같이
> 움직일 수 없는 권리[通義]를 받았다. 그 권리인즉슨 스스로 생명
> 을 보존하고 자유를 찾으며 행복을 추구하는 것이다. […] 이 같
> 은 천부인권을 보전하는 본지(本旨)에 의해 사람들이 정부를 세
> 운 것으로, 정부는 그 뜻을 살려 백성이 원하는 바에 따라 정치를

함으로써 권위를 세울 수 있다. 만약 이와는 달리 정부가 이 뜻을 어기면 백성은 그 정부를 변혁하여 새 정부를 세워 그 본지를 보전하는 것이니, 이것은 인민의 권리[公義]이자 의무[職分]이다.[22]

우리는 다음의 진리들을 자명한 것으로 생각한다. ― 모든 인간은 평등하게 창조되었고, 그들은 창조주로부터 불가양도의 권리들을 부여받았으며, 여기에는 생명과 자유 그리고 행복 추구의 권리가 포함된다. 또한 이 권리들을 확보하기 위하여 사람들 사이에 정부가 수립되었고, 정부의 정당한 권력은 통치받는 사람들의 동의로부터 유래하는 것이다. 그러므로 어떤 정부 형태가 이 목적에 부합하지 않는 것으로 드러나면, 언제든 인민들은 그것을 변경하거나 폐지하여, 새로운 정부를 수립하고, 이 원칙들위에서 정부를 구성하고, 그들에게 안전과 행복을 가져다줄 수 있는 형태로 정부의 권한들을 조직할 권리를 가지고 있다.[23]

그리고 몇 해 뒤에(1895) 유길준(兪吉濬, 1856~1914)도 유사한 주장을 폈다.

사람이 세상에 살면서 사람답게 사는 권리는 현명함과 우둔함, 귀함과 천함, 가난함과 부유함, 강함과 약함에 따라 구별되지 않는다. 사람답게 사는 권리는 세상에서 가장 공평하고 올바른 원리다. 대중이 이 원리에 의하여 그들의 인성을 저마다 펴나간다. 어떤 사람이 말하길, 〈사람이 사람답게 사는 권리는 각 사람에 따라 일정하게 정해져 있다〉고 하였는데, 이는 하나만 알고 둘은 모르는 자다. 사람이 세상에 태어난 뒤에 차지하는 지위는 인위적인 구별이고, 타고난 권리는 하늘이 내려 준 공도다. 사람이 사람답게 사는 이치는 천자로부터 서민에 이르기까지 털끝만큼의 차이도 없다. 그러므로 외모가 서로 같고 성정이 서로 비슷하여, 비록 크고 작은 구별은 있지만, 밖에서 닥치는 불의 무도한 행동을 받아들이지 않는다거나, 안에서 일어나는 좋고 나쁜 것을 취사선택하는 본심을 지니는 것은 또한 서로 같다. 그러니 사람을 가리켜 사람이라고 말하는 것을 그 누가 '안 된다'고 하겠는가.[24]

평등의 권리를 자연권, 천부인권이라고 납득한다는 것은, "모든 사람이 평등하다."라는 것이 '자명한 사실'이라고 말하는 것이다. 그러니까 왜 사람들이 서로 평등해야 하는가는 더 이상 해명을 필요로 하지 않는 물음이며, 반면에 어떤 불평등의 국면이 펼쳐지면 그 연유는 반드시 해명되어야 하고 그 국면의 타개책이 반드시 강구되어야 하는 것이다. 그러므로 어느 누가 아직 "평등 사회 구현!"을 외치고 있다면, 그의 사회에 정당화할 수 없는 불평등이 있음을 말하는 것이다. 그런데 사람들이 사회를 이루어 생을 영위해온 이래 사람들의 사회적 관계를 형성하는 주요 요소들, 예컨대 부(富) · 권력 · 명예 · 재능 · 건강 · 미모 등에서 모든 사람이 실제로 평등한 적은 없다.

오늘날에 많은 사람들은 경제적 빈부의 차이를 여러 가지 사회적 불평등을 초래하는 요인으로 보아 경제적 불평등을 해소하면 여타

방면의 불평등 상황도 개선될 것으로 기대한다. 그러나 신분사회에서는 오히려 경제적 불평등조차도 기본적으로는 '신분'의 차이에서 비롯하는 것으로, 이것의 타파 없이는 근본적인 불평등의 해소를 기대할 수 없다. 그렇지만 신분사회를 벗어난다고 해서 여타 방면의 불평등 상황이 곧바로 개선되는 것은 아니니, 왜 그러할까? 사람들이 서로 평등한 것이 당연한데도, 사람들 사이에 불평등 상황이 상존한다면, 도대체 그 까닭은 무엇인가?

로크는 사람들이 사회생활을 하기 이전의 자연상태를 "평등의 상태"라고 규정하면서, 다음과 같이 주장한 바 있다.

> [자연상태에서] 모든 권력과 권한은 호혜적이며 무릇 어느 누구도 다른 사람보다 더 많이 가지지 않는다. 이 점은 동일한 종류의 피조물은 차별 없이 자연의 동일한 혜택을 받고 태어나 동일한 재능을 사용하기 때문에, 그 피조물의 주인이자 지배자가 그의 의지를 명시적으로 선언함으로써 어느 하나를 다른 하나보다 위에 놓고 뚜렷하고 명백한 지명을 통해서 의심할 여지없는 지배권과 주권을 그에게 수여하지 않는 한, 어떠한 복종이나 종속 없이 상호 간에 평등해야 한다는 데서 명백히 드러나 있다.[25]

그러나 루소는 사람들 사이의 불평등은 사회제도에서뿐만 아니라 자연적 요인에서도 비롯한다고 본다.

> 나는 인간에게 두 종류의 불평등이 있음을 본다. 하나는 자연적

인 또는 신체적인 것이라 부를 수 있는 것인데, 왜냐하면 그것은 자연에 의해 만들어져 나이, 건강, 체력, 심리적 또는 정신적 자질의 차이에서 생기는 것이기 때문이고, 또 다른 하나는 도덕적 또는 정치적 불평등이라 부를 수 있는 것으로 일종의 관습에 의존하며 인간의 동의에 의하여 확립되거나 또는 적어도 인정되는 것이다. 후자는 다른 사람의 희생 위에 일부 사람들이 누리는 여러 특권들에 놓여 있는데, 다른 사람들보다 더 많은 부, 명예, 권력을 가지거나 혹은 심지어 남들을 그들 자신에게 복속시키는 것 등이 그 예이다.[26]

루소가 관찰한 것처럼, 어느 현실 사회에나 사람들 간에 불평등은 있으며, 그것은 정치 사회적 제도에서 기인하기도 하지만, 자연적 요인에서 기인하기도 한다. 외모나 골격의 차이는 자연적 요인에 더 지배받고, 신분의 차이는 거의 명백히 사회적 제도에서 기인한 것이다. 그렇다면 애당초부터 서로 불평등하면서도 사람들은 어떻게 '평등함'을 인간의 사회적 관계의 최고 가치로 납득하게 되었는가?

불평등한 것의 성격에 따라 '평등'의 관념도 상이하고, 그러한 관념의 형성 유래도 제각각일 것이지만, 공통적으로는 '이성적 동물'이라는 인간의 근본 성격에서 연유한 것으로 보인다.

인간은 여느 동물이나 마찬가지로 자연에서 태어나 자연 안에서 살며 자기를 지켜가기 위한 자연스러운 자기사랑의 기질을 가지고 있다. 그러나 인간은 그것으로 그치지 않고 '이성적'이며 또한 '자기의식적'이다.

인간이 이성적이라는 것은, 이성(logos, ratio)이라는 낱말의 그리스어(legein)나 라틴어(reor) 낱말의 본디 뜻에서 보듯이, 기본적으로는 계산 · 비교 · 추정 · 합리화할 줄 안다는 것이다. 인간은 이 능력을 가지고 도대체 무엇을 계산 비교하는가? 그 첫 번째의 것은 아마도, 그가 궁극적으로 머물러 있고 싶어하는 상태에 그 자신이 어느 정도까지 도달해 있는지를 셈하는 것일 것이다. 그리고 그 지경을 '극락'이라고 하든 '천국'이라고 하든 사람들이 마침내 머무르고 싶어하는 것은 다름 아닌 행복의 상태이다.

그런데 사람들은 자기 자신의 행 · 불행을 남들과의 비교 중에서 확인하고자 한다. 그것은 사람들이 끊임없이 자기 자신을 대상화 곧 타자화하여 자기를 또 하나의 '남'으로 여기고 남들과 동렬에 놓고 남들과 '자기'를 비교하는 자기의식적임을 말함과 동시에, 남의 평가 인정 중에서 자기의 가치를 얻으려는 기질이 있음을 말한다. 무엇보다도 이 기질로부터 '평등'의 가치 이념이 유래한다고 볼 수 있다. 이에 칸트는, 평등의 가치는, 어떤 누구에게도 자기보다 우월함을 허용하지 않고 혹시 누군가가 그러한 것을 추구하지나 않을까 하고 염려하면서도, 자기는 남들의 위에 서려는 부당한 욕구와 결부되어 있는 사람들의 경향성에서 비롯한다고 본다. 이러한 경향성은 질투심 또는 경쟁심이라고 일컬어지는 것으로서, 남들이 나보다 우위에 서고자 할 때, 자기의 안전을 위하여 이 타인 위에 서는 우월성을 방비책으로 확보해두려는 경향성이다. 바로 이 경향성의 충돌로부터 얻은 지혜가 평등의 원리라 볼 수 있다는 것이다.

다른 한편 헤겔 같은 이는, 원초적으로 인정투쟁의 결과로 생긴

주종(主從)의 신분 관계가 인간 역사 발전의 한 국면인 '시민사회'에 이르러 '평등'한 관계로 전환될 수밖에 없었던 것이라 한다.

"인간은 자기의식이다. 인간은 자신을 의식하며, 자신의 인간적 현실과 위엄[존엄성]을 의식한다."[27] 인간이 '나'를 의식한다는 바로 이 점에서 인간은 한낱 "자기감정"[28] 수준을 넘어서지 못하는 동물과는 본질적으로 구별된다. 그러나 인간 역시 하나의 생명체로서 동물이기 때문에 여느 동물이나 마찬가지로 그의 자기의식의 바탕에는 "욕구"가 있다.

욕구는 인간을 불안정하게 만들고, 그로 하여금 행위하도록 밀친다. 행위란 욕구에 의해서 생겨나는 것이므로, 행위는 이 욕구를 충족시키려 애쓴다. 행위는 오로지 그 욕구된 대상을 "부정"하고 변화시킴으로써만 이를 달성할 수 있다. 부정하는 활동으로서 행위는 외적인 것을 파괴하거나 동화시키고 내면화함으로써 새로운 현실을 만들어낸다. 그러나 그 같은 부정적 활동에 의해 실현되는 욕구를 통해 형성되는 '자기'가 그 욕구가 향해 있는 대상들과 성질상 같은 것, 곧 자연적인 것에 머물러 있는 한, 그 '자기'는 그저 살아 있는 나, 동물적인 나일 따름이다. 이 '자연적인 나'는 자신에 대해서나 모든 타자들에 대해서나 한낱 '자기감정'으로 나타날 따름이며, 결코 자기의식에 이르지 못한다.

욕구가 비자연적인 대상, 즉 현존하는 현실을 뛰어넘는 어떤 것과 관계 맺을 때, 그것은 자기의식의 것이 된다. 그런데 현존하는 현실을 뛰어넘는 유일한 것은 욕구 자체이다. 욕구 그 자체, 충족되기 전의 욕구 자체란 존재하지 않는 것 곧 공허, 무(無)이다. 그래서 자기

의식은 원초적으로 욕구인 것이다.

자기의식은 자연 존재로서의 자기 자신과 관련해서 자기를 초월함을 전제로 한다. 이것은 욕구가 현존하는 것이 아니라 존재하지 않는 것에 관계할 때 가능하다. 현존하는 것을 욕구한다 함은 이 현존하는 것에서 자기를 만족시킨다 함이요, 이것은 곧 그것에 자기가 예속한다 함을 뜻한다. 존재하지 않는 것을 욕구한다 함은 현존하는 것으로부터 자신을 해방시킨다 함이요, 이것은 자기의 자유를 획득한다는 것을 뜻한다. 욕구가 자기의식의 것이기 위해서는 존재하지 않는 것, 곧 또 다른 욕구, 또 다른 공허, 즉 "다른 자기", 다시 말해 다른 자기의식과 관계해야만 한다.[29]

그리하여 자기의식으로서의 인간은 자신을 사물에 종속시키는 것이 아니라, 끝내는 자신을 다른 욕구 앞에 마주 세운다. 자기의식으로서 사물을 욕구하는 인간에게는 사물 그 자체는 그다지 문제가 되지 않고, 오히려 그 사물에 대한 그의 권리 인정, 즉 사물의 소유자로서 인정받는 것이 문제이다. 이것은 결국 다른 사람들, 다른 자기의식들에 의해 자기가 그들보다 우월하다는 것을 인정받기를 노리는 것이다. 이러한 인정에 대한 욕구만이, 그러한 욕구로부터 비롯하는 행위만이 인간적인 그러니까 비생물학적인 자기의식을 개시한다.

그래서 진정한 자기의식으로서 인간은 그의 비생물학적인 욕구를 충족시키기 위해서 자기의 생물학적 생(生)을 건다. 직접적으로 생과 관련이 없는 목표들에 이르기 위해 자기 목숨을 걸 수 없는, 인정 투쟁에 자기 생을 걸지 않는, 순전히 위신을 세우기 위해 투쟁에

들어갈 수 없는 존재자는 그러니까 진정한 자기의식, 인간적 존재자가 아니라 해야 할 것이다.

인정 싸움에서 패배자란 인정에 대한 자기의식적 욕구를 목숨을 유지하기 위한 생물학적 욕구 아래에 놓은 자이고, 이것이 그가 그 자신과 승리자에게 그 자신이 승리자의 아래에 놓여 있음을 인정하는 짓이다. 승리자란 생물학적 목숨과 직접 관련이 없는 목표를 위해 자기 생을 걸었고, 그것이 그가 패배자 위에 있다는 징표이다. 이렇게 해서 양자가 서로 인정하는 주인과 노예의 관계가 생긴다. (만약에 인정 싸움에서 쌍방 모두가 생물학적 목숨이 다할 때까지 상대방의 자립적 지위를 인정하지 않는다면, 그 싸움은 그치지 않거나, 설령 일방이 패한다 해도 그는 더 이상 살아 있지 않을 것이니, 노예가 될 자는 없을 터이다. 노예가 없는 마당에는 주인도 없다.)

인간은 자연 안에서 하나의 생명체로, 하나의 동물로 태어났으나, 주인과 노예 관계가 형성되어야 끝이 나는 인정 투쟁과 더불어 비로소 "인간의 공동생활(Zusammenleben der Menschen)", 곧 '인간의 역사'가 시작되었다고 헤겔은 파악한다.[30] 주인-노예의 관계 맺음은 말하자면 "사회학적 근본 법칙"[31]이다. 이 말은, 언필칭 '사회적 동물'인 인간은 시초에서부터 주인이거나 노예이며, "주인도 없고 노예도 없는 곳에서는 현실적인 인간은 없다."[32]라는 것을 뜻한다. 그러나 이 같은 사회에서 '주인'은 '노예'의 노동의 산물에 의존해 있다는 점에서 타자에 대하여 비독립적이고, 곧 자유롭지 못하고, '노예'는 '주인'의 의지대로 노동한다는 점에서 타자에 대하여 비독립적이다, 곧 자유롭지 못하다. 이 상황의 극복은 사회 구성원 모두가 자기 행위의 주체가 됨으로써만 가능하다는 것을 비로소 근대인들은 깨달았고, 그것의 실현 방식으로 '시민사회'가 등장했다.

'시민사회', 그것은 그 구성원 모두가 자유롭고 평등한 사회, 곧 진정한 사람들의 공동체를 일컫는다.

시민사회의 구성원은 애당초 각자가 자기 자신을 목적으로 여기는 "구체적인 인격"이며, 이 인격은 자연의 법칙의 테두리 안에서이기는 하지만 필요와 욕구의 주체로서 자기 의사에 따라 행위한다. 그러니까 "자연필연성과 자의의 혼합"인 구체적이고 특수한 인격으로서 각자는 욕구의 주체로서, 본질적으로 똑같은 다른 특수자와의 관계 맺음과 교섭에서 자신을 관철하고 타자를 매개로 하여 자신을 충족시키고자 한다. "그래서 타자들은 특수자[한 개인]의 목적을 위한 수단이다."[33] 사회의 구성원인 특수한 인격들은 각기 자신을 목적으로 삼되 자족적이지 못하기 때문에 타자들과의 관계없이는 자기의 목적들의 전체 범위에 이를 수가 없다. 그러나 특수한 인격으로서 '나'와 또 다른 특수한 인격인 '너' 사이의 이러한 목적-수단의 관계는 주객이 교차할 뿐 보편적이므로, 이 보편성의 토대 위에서 사회는 이기적인 개인들의 "전면적인 상호 의존체계(ein System allseitiger Abhängigkeit)"[34] 내지는 "만인의 상호의존의 전면적인 뒤엉킴(allseitige Verschlingung der Abhängigkeit aller)"[35]의 양식이 된다. "즉 개인의 자존[생존]과 안녕 및 그의 법적인 권리적 현존은 만인의 자존[생존]과 안녕 그리고 권리와 얽혀져 있으며, 그 위에 기초 지어져 있고, 이 연관성 속에서만 실현되고 확보"[36]되며, 이때 사람은 "시민(bourgeois)"[37]이 된다. 시민사회는 보편자가 특수성을 통해 현상하

고, 특수성에서 그 실재성과 발판을 얻는 과정인 것이다.[38]

부연하자면, "인간의 공동생활"[39]의 시작과 함께 주인-노예의 관계가 출현했을 때, 노동은 노예의 몫으로서 그것은 주인, 곧 타자의 필요욕구를 위한 것이었다. 그러다가 신분사회를 타파한 시민사회가 산업사회와 함께 형성되면서 주인-노예의 관계는 더 이상 일방적 관계가 아니라, 상호교환적 관계가 되었다. 농부가 쌀을 생산할 때 그는 재봉사의 필요욕구를 살피고, 반대로 재봉사가 바지를 만들 때 그는 농부의 필요욕구에 부응한다.

당초에 자기의 필요로부터 말미암은 욕구와 그 수단들은 이제 현존 양식에 있어서는 "타인들에 대한 것"으로 되며, 이 "타인들의 필요욕구와 노동에 의해 충족은 상호적으로 제약받는다." 이미 원시적 자급자족 상태를 벗어난 시민사회에서 개인들의 필요욕구는 일반적으로 상호교환관계 속에서만 충족될 수 있는 것이다. 바로 이 일반성, "이 보편성이 개별화된 추상적인 필요욕구들과 그를 충족시키는 수단 방법들을 구체적인, 사회적인 것으로 만드는 계기"[40]가 된다.

내가 타인에게 맞추지 않으면 안 된다는 이 점으로부터 보편성의 형식이 우러나온다. 나는 타인들로부터 충족의 수단들을 얻는바, 그렇기 때문에 그들의 의견을 받아들이지 않을 수 없다. 그러나 동시에 나는 타인들의 충족을 위한 수단을 내놓을 것을 강요받는다. 그러므로 한쪽이 다른 한쪽에 영향을 미치면서 그 다른 한쪽과 연관을 맺는 것이다. 그런 한에서 모든 특수적인 것은

사회적으로 되기 마련이다.[41]

필요욕구 충족의 사회화는 직접적으로 타인들과의 동등성[같음]의 요구를 그 안에 포함한다. 평등은 상호 동등성을 인정할 수밖에 없는 시민들의 사회를 존속시키는 핵심원리이다.

평등의 요소와 고려 점들

지금 우리나라는 노비를 재물로 삼고 있다. 사람은 모두 같은데 어찌 사람이 사람을 재물로 삼을 수 있겠는가.[42]

우리나라 노비의 법은 천하 고금에 없는 것이다. 한번 노비가 되면 백 세대에 걸쳐 고초를 겪는다. 이것도 가엾은 일인데, 더구나 반드시 어미의 신분을 따르게 하는 법에 있어서랴. 어미의 어미와 그 어미의 어미의 어미로 거슬러 올라가 멀리 십 세대, 백 세대에 이르면 어느 세대, 어떤 사람인 줄도 모르는데, 막연히 이어진 외손들로 하여금 하늘과 땅이 다하도록 한없는 고뇌를 받으며 벗어날 수가 없게 한다.[43]

뭇 선각자들, 유형원(柳馨遠, 1622~1673), 이익(李瀷, 1682~1764)이 질타하고 한탄했듯이, 19세기 말까지만 해도 세계 곳곳에 노예제도가 여전하였고, 여기저기서 탄식의 소리가 터져나왔다. 그러나 현대의 자유민주주의 헌법국가에서 국민은 누구나 "법 앞에 평등하다."(「대한민국 헌법」, 제11조 ①) '법 앞의 평등'이란 첫째로 모든 시민에 대해서 법은 보편적으로 적용되어야 한다는 원칙을 말하는 것이다. 그래서 그것은 어떠한 사람들의 특수한 지위를 인정하는 법률은 있을 수 없으며, 법정에서도 누구에게나 동일한 법률이 동일한 뜻으로 적용되어야 함을 말한다. 그러나 더 나아가 '법 앞의 평등'이란 법률로 보장되는 시민 생활에서 모든 국민은 그 권리와 의무에 있어서 평등함을 말한다. 모든 국민은 신분, 계층 계급, 성별, 종교, 인종의 차이와는 상관없이 시민으로서 누릴 수 있는 행복 추구의 권리를 동등하게 가지며, 또한 동시에 법률이 정하는 국민의 의무를 균등하게 분담해야 함을 말한다.

그렇지만 이러한 원칙의 천명에도 불구하고 현실 사회의 사람들 사이에 부(富)·권력[힘, 영향력]·명예[위신, 명망] 등에서 차이는 상존한다. 이들 요소야말로 사람들의 사회적 삶의 질에 결정적인 영향을 미치기 때문에 무엇에서보다 사람들이 평등하기를 바라는 것임에도 말이다. —이제 문제는 어떻게 저러한 불평등을 평등의 원칙을 훼손함이 없이 변경할 수 있느냐는 것이다.

현실적으로 사람들 사이에서 보이는 부나 권력, 명예의 차이 중 상당 부분은 각자의 역량과 인품에서 비롯한 것인 만큼 각자의 탓이라고 할 수도 있다. 그러나 사람들이 저마다 서로 상당히 다른 자연적 기질 내지 소양을 가지고 태어나고, 그런 소질이 각자의 생명 유지의 필요에 따라 개발되어가는 것이 '자연적인' 현상이라고 하더라도, 다분히 사회적 평가 양태에 맞춰 어떤 소양은 강화되고 어떤 기질은 억제된다는 사실을 인정할 때, 인간이 사회 안에서 살고 있는 한에서 자연적 소양조차도 사회화되기 마련이고, 그런 한에서 일정 부분 '사회적'이라 하지 않을 수 없다. 그렇기에 사람들 사이의 불평등의 문제는 어느 것이나 사회적 문제가 아닌 것이 없다고 보겠다.

사회적 불평등 요소를 손꼽아보자면 한둘이 아니지만, 경제적 평등과 정치적 평등의 문제가 가장 근원적이며, 오늘날 가장 널리 수용되고 있는 정치체제인 '자유민주주의'의 정당성 확보에서도 이 두 문제는 역시 관건이라 할 것이다.

경제적 평등의 문제

개개인의 품위 있는 인간적인 삶을 위해 필요한 조건 중에서 으뜸은 경제적 기반이라는 데에 이의를 제기하는 사람은 많지 않다. 아마도 그것은, 일찍이 루소도 설파한 바 있듯이, 부(富)가 사람들 간의 사회적 차별을 결과하게 하는 신분·지위·권력·개인 능력 따위 중에서도 "개인의 번영에 가장 곧바로 쓰이고, 주고받기에 가장 손쉬워 나머지 모든 것들을 사들이는 데 쉽게 활용될 수 있기 때문"[44]일 것이고, 그리하여 인간의 자기 자신과 타인에 대한 그리고 사회에 대한 견해를 결정하는 주요소이기 때문일 것이다. 사람들은 고백한다.

나는 한때 가난했으나 이제 부유해졌다. 내가 누리는 물질적 복리가 나의 행동에 영향을 미치더라도 나의 판단만은 자유롭게 내버려 둔다면 얼마나 좋을까! 하지만 그렇지 않다. 재산이 생기

자 생각도 바뀌어 버렸다.[45]

부는 인간의 의식에 지대한 영향을 미칠 뿐만 아니라, 신체적 존재자인 인간을 물질로부터 해방한다. 실상 부만이 인간의 신체의 자유를 담보한다.

인간의 존엄성을 이야기할 때 그것은 개인의 존엄성을 말하는 것이며, 이때 제일의 문제는 존엄성의 기반인 개인의 자유이다. 여기서 '평등'의 문제는 무엇보다도 '자유의 평등' 문제로 인식된다. 그렇다면, '자유'란 어떠한 상태를 말하는가? 자유란 딴은 "정신의 본질"[46]이라고 일컬어진다. 그런데 '정신이 자유롭다'는 것은 무엇을 뜻하는가? 어떤 사람의 몸이 구속되어 있는 마당에서 그 사람이 자유롭다고 진실로 말할 수 있는가? 사람은 본질적으로 '정신적' 존재니까, 몸이야 속박되어 있건 말건 자유롭다는 것인가?

현대에 와서 인간은 철두철미 신체적 존재자로 파악된다. 그래서 인간의 권리로서의 '자유'를 열거할 때도 보통 '신체의 자유'가 첫째로 꼽힌다.(「대한민국 헌법」, 제12조 참조) 신체의 자유는 인간이 행사할 수 있는 자유권의 토대이다. 그런데 신체로서의 인간은 물질을 필요로 하고, 물질에 의거해서만 생명을 부지해갈 수 있으며, 물질의 충족을 통해서만 행복을 얻을 수 있다. 이 물질의 충족은 다름 아닌 '경제적 부'를 말한다. 그러니까 경제적 부야말로 인간의 존엄성을 보장할 수 있는 것으로 이해된다. 그러므로 경제적 부의 평등 없이 평등한 인간의 존엄성은 보장될 수 없다. 그래서 만약 우리가 사람들이 서로 평등한 사회를 구현하고자 할 때, 첫째로 해야 할 것은 경제적 부를 평등하게 하는 일이다.

그렇다면, 경제적 부를 평등하게 한다는 것은 무엇을 어떻게 한다는 말인가? 그것은 개개인의 경제 활동 기회를 균등하게 한다는 말인가, 또는 경제 활동의 조건을 똑같게 한다는 말인가, 아니면 경제 활동의 결과물을 모든 사람에게 동등하게 배분한다는 말인가? 또 경제 활동의 결과물을 모든 사람에게 동등하게 배분한다는 것은 어떻게 한다는 것인가?

"두 종류의 평등이 있다. 하나는 수적인 것이고 다른 하나는 가치적인 것이다. 나는 '수적으로 평등한'이란 것을 크기나 양에서 평등하고 동일한 것을, 그리고 '가치에서 평등한'이란 것을 비례적으로 평등한 것을 지칭하기 위해 사용한다."[47]라고 일찍이 아리스토텔레스는 말한 바 있다. 여기서 '평등'은 최소한 서로 다른 두 가지 관점에서 이야기할 수 있다. 이른바 '산술적 평등'이냐 '비례적 평등'이냐의 문제이다.

생산수단의 통제, 곧 만인이 토지·산업자본·노동력을 공유하거나 수적으로 동일하게 균분하여 소유한다면 경제 활동의 기회나 조건에서는 평등하다 할 것이다. 그러나 이렇게 한다 해도 각자의 생산수단 운용 능력과 경제 흐름에 대한 통찰력이 다르기 때문에, (거기다 서로 다른 운까지 끼어들면,) 생산물의 소유에서의 평등은 이내 깨질 것이다. 그렇다고 각자의 생산량과 상관없이 생산물 곧 소비재를 똑같이 분배한다면, 근본적으로 '신체적'이고 그래서 자신의 신체적 노고는 줄이는 대신 신체의 만족을 위해 분배는 '필요' 이상으로 받으려 하는 '이기적'인 인간이 전심전력으로 생산에는 참여하지 않아 총생산량은 줄어들 것이고 따라서 분배할 거리는 감소하는 반면, 필요에 대한 요구는 증대할 것이다. 그렇기에 근본적으로 이기적인 사람들로 이루어진 사회가 "능력에 따라 생산하고, 필요에 따라 분배받는다."라는 원칙을 세우는 것은 곧 모두가 함께 '가난하게 살기'를 천명하는 것과 다를 것이 없다. 이런 자연스러운 사람들의 경향성의 결과를 개선하고자 의도적으로 생산량을 늘리려 한다거나 필요에 대한 요구에 제동을 걸면, 그것은 국가사회가 개인의 삶을 근본적으로 통제 조절한다는 것을 의미한다. 바로 이 대목에서 평등주의자와 자유주의자의 견해가 첨예하게 대립한다.

각 개인의 인간다운 삶을 위해서 최소한의 평등한 부는 보장되어야 하고, 그를 위해 부의 재분배는 필요하고도 불가피하다는 것이 평등주의자들의 신념이고, 그 신념을 정당화할 명분 또한 충분하다. "그러나 정치논쟁에서 오랫동안 일고 있는 논란의 일부는 부의 불평등을 축소하고자 하는 시도가 가져올 결과에 집중된다. 동기유발에 미칠 효과와 다양한 정도의 기술, 재능, 책임 그리고 근면을 가진 사람들에게 동일한 보상을 하는 것이 불공평한가 여부의 문제는 차치하고라도, 개인의 손에서 부가 축적되는 것은 과도한 국가권력을 방지하는 안전판이며 따라서 자유의 파수대라는 주장이 있다."[48] 이 같은 자유주의자들의 견해 또한 충분한 역사적 체험을 통해 나온 것으로 결코 무시할 수가 없다. 결국 결론은 두 주장에서 절충점을 찾는 것이고 그 과정이 현실 정치이겠다. 일단 절충점에 이르렀다 해도 그것이 영속적인 것이 될 수는 없을 것이니, 거듭거듭 합의점을 찾아나가는 것이 현실 정치의 도정이라 해야 할 것이다.

정치적 평등의 문제

인간이 비록 근본적으로 신체적 존재자라고는 하더라도, 균등한 신체의 필요 충족만으로 인간다운 삶을 누릴 수 있는 것은 아니다. 인간다운 삶을 위해서는 부에 있어서의 평등뿐만 아니라 적어도 '권력'에 있어서의 평등 또한 보장되어야 한다. 그러나 실제로 권력은 만인에게 고루 분배될 수 있는 성질의 것이 아니다. 이것이 정치적 평등이 문제가 되는 자리이다.

역사적으로 권력은 소수 엘리트에 집중되어 있었고, 그 사정은 쉽게 개선되지 않는다. 왕정이 폐지되고 반상(班常)의 차별이 철폐되고, 민주공화정이 수립된 후에도 어느 국가사회에나 정치적 평등의 문제는 여전히 현안으로 남아 있다.

주민들의 직접 통치가 가능한 도시 규모를 넘어선 국가사회의 통치 수단 중 최선의 것으로 선택된 것이 대의제(代議制)이다. 그것은 주권자로서의 국민이 자신을 대신할 대표자들을 투표를 통하여 선출하고 그들에게 국가의 통치권을 위임하는 제도이다. 그러나 대의 정치 제도는 이론상으로나 실제로나 적지 않은 문제를 가지고 있다.

대의제는 일반 시민들의 정치적 의사 결정이 대의원들을 통해 충분히 대신될 수 있다는 믿음에 기초하고 있다. 그러니까 "국민들에 의해 선출되어 일정 기간 동안 국민들의 의사를 대변하는 대의원들"[49]이 합의하여 제정한 법규는 일반 시민 모두의 합의와 같은 것이고, 따라서 그것은 일반 시민들 모두의 자기 약속으로서 보편적 구속력을 갖는다는 것이다.

그러나 한낱 물체들의 집합체가 아니라 각기 독자성을 가지고 있다고 인정되는 인격으로서의 '주체'의 모임인 인간 사회에서 대의원이 과연 그를 선출해준 시민들의 의사를 그대로 반영할 수 있고, 반영하는지는 의문이 아닐 수 없다. 동해안 또는 서해안 이곳저곳 백사장의 10만 개 모래알 중 각각 한 알을 뽑아내면, 각각의 그 한 알이 여타 것들의 특성을 그대로 반영하고 그런 수준에서 여타의 것들을 대표할 수 있다고 볼 수 있을지는 모르겠다. 그러나 이런 수준에서의 대표성을 10만 명이 선출한 한 사람의 대의원에게서 기대할 수 있을까? 이것을 거의 기대할 수 없다면, 대의원을 그가 대변한다는 시민들의 대신(代身, representative)으로 볼 수도 없으며, 대의제를 시민 자치의 축도(縮圖, microcosm)로 볼 수도 없다. 그렇기에 직접 민주 정치의 시행이 여러 면에서 어려운 현실에서 대의 정치가 불가피하다고는 하더라도, 대의정치제의 정당성의 문제는 남는다. 그래서 현실의 대부분의 국가가 택하고 있는 이른바 '간접 민주 정치'는 실상은 대의 정치라기보다는 차라리 적절한 인물을 선출하여 그의 양식(良識)과 양심(良心)에 공동체의 공사(res publica)를 맡기는 위탁 정치 형태로 보아야 할 것이다.

더욱이 대의원의 선출에서나 대의원들의 모임인 의회에서의 의사결정이 다수결로 이루어질 때, 이 제도가 민주주의의 출발점인 '개개인은 정치 주체[주권자]로서 평등하다'라는 사상과 어떻게 화해할 수 있는가는 숙고를 요하는 문제이다.

사람들 사이에는 현명함의 정도에 차이가 있고, 광범위하고 복잡한 사안일수록 전문가만이 그것을 제대로 판단하고 처리할 수 있다는 것은 경험이 충분히 증언하는 바이며, 따라서 가장 좋은 공동체

를 영위하기 위해서는 가장 현명한 통치 전문가를 찾아 공동체를 그
의 지도 아래에 두는 것이 가장 좋다는 현자주의(賢者主義), 철인통
치(哲人統治)의 이상을 접어두고, 사람들이 민주주의를 선택하는 것
은 사람들은 누구나 동등한 권리를 가지고서 사회를 구성하며, 누구
나 자기에게 가장 좋은 것을 정할 수 있을 만큼의 충분한 이성을 갖
추고 있다고 보기 때문이다. 이 말은 사회 구성원은 권리와 자질에
서 누구나 평등하고 자신의 것에 대한 자유로운 행사의 권한을 가
지며, 공공의 일에 똑같은 수준의 주체로서의 발언권을 가짐을 뜻
한다. 그런 공공의 일에는 정체(政體)를 정하는 일, 통치자를 선출하
는 일, 대의원을 선출하는 일도 포함된다. 그런데 그런 일들에서 다
행히 구성원 전원의 의견일치가 이루어지면 그로써 사안은 쉽게 종
결되겠지만, 갑론을박 의견의 대립만 있을 뿐 만장일치가 이루어지
지 않으면, 사람들은 차선책으로 다수결의 원칙을 세워 의사를 결
정하고, 또 공동체의 사안을 처리해나가기 위해서는 현실적으로 그
렇게 할 수밖에 없다. 그렇다면, 이 다수결 원칙의 정당성은 어디서
오는가?

　다수의 의견이 전체의 의견을 대변하는 것으로 인정되고, 그것은
명백히 그 의견에 반대한 소수에게도 강제력을 갖는다. "민주 국가
에서는 다수에 저항할 수 있는 것이 아무것도 없다."[50] 자유민주주
의 이론의 창안자라 할 로크도 "다수는 여타 사람들을 결정하고 구
속할 권리를 갖는다."[51]라고 말한다. 당초에 사람들이 의견을 모아,
곧 이른바 '사회계약'에 의해 공동체를 결성하였을 때, 공동체는 한
인격, 한 몸(one body)이 된 것이고, 그러므로 이제 한 공동체는 구

성원 사이에 만장일치가 불가능하면 "다수의 동의가 그것을 이끄는 방향으로 움직이지 않을 수 없다."[52]라는 것이다. "그러니까 사람은 누구나 다른 사람들과 하나의 정부 아래 하나의 정치체를 만들 것에 동의함으로써, 다수의 결정에 승복하고 구속될 의무를 그 사회의 모든 구성원에 대하여 부담하게 된다."[53] "만약 다수의 동의가 전체의 결정으로서 이치에 맞는 것으로 받아들여지지 않고 모든 개인을 구속하지 않는다면, 오직 개개인 전원의 동의만이 어떤 것을 전체의 결정으로 만들 것이다."[54] 그러나 건강상의 문제 또는 업무상의 문제 등으로 인해 사회 구성원 전원이 어떤 사안에 관한 논의의 장에 참석한다는 것도 거의 불가능한 일인 데다가, "모든 인간 집단에는 불가불 의견의 다양성과 이해의 대립이 있기 마련"[55]이어서, 설령 하나의 공동체가 구성되었다 하더라도, "다수가 여타 사람들을 구속할 수 없는 곳에서는 그들은 한 몸으로 행동할 수가 없으며, 그 결과 즉각적으로 다시금 해체되어버리고 말 것이다."[56] 이 때문에 사람들이 공동체 생활을 하는 한, 공동체의 일이 다수결로 결정되는 것은 불가피하다.

그런데 공동체의 의사가 다수결로 결정되고 —더구나 흔히 채택하고 있는 '단순 최다득표제(plurality system)'의 경우에는 과반수 미만의 동의만으로도—, 그 의사가 단지 상대적 소수일 따름인 다른 의견을 가진 이들에게도 구속력을 갖는다는 것은 공동체를 한 몸으로 유지할 수 있는 길일지는 몰라도, 그것은 명백히 상대적 소수의 주체적 권리를 무시 침해하는 일이다. "모든 사람은 본래 자유로우며, 그 자신의 동의를 제외하고는 그 어떤 것도 그를 어떤 지상의 권력에 복종시킬 수 없다."[57]라는 것이 자유주의의 원칙이다. 그러니까 다수결의 원칙이 이 자유주의 원칙에 우선할 정당성을 갖는다면, 그것은, 개개인이 이미 공동체 결성에 참여할 때, 공동체의 유지가 무엇에도 우선한다는 것에 포괄적으로 동의했다고 간주하는 것이거나, 이 두 원칙의 충돌의 중재에서 다수결 원칙의 편을 들어주는 제3의 원칙, 가령 "최대 다수의 이해관계가 소수의 이해관계보다 우대받아야 한다."[58]거나, '최대 다수의 최대 행복'을 내세우는 공리주의 원칙이 작동하고 있는 셈이다.

다수의 결정이 더 현명하다거나 더 옳았다고 일반화하기에는 반례가 너무 많다. 이미 긴 역사를 가지고 있는 인간 사회는 때때로 어떤 사안에 대한 다수의 결정 내용이 다수의 우매함의 탓일 수도 있고, 다수의 이익만을 염두에 둔 것일 수도 있으며, 어떤 이들의 선동에 의해 다수가 꾐에 빠진 탓일 수도 있음을 충분히 알려주고 있으니 말이다. '중우(衆愚) 정치'나 "민주주의 패악은 양(quantity)의 승리에 있다기보다는 저질(bad quality)의 승리에 있다."라는 말은 근거 없는 말이 아니다.

전 세계적 규모로, '1인 1표'의 원리에 따라 민주주의 방식으로 선출된 세계정부가 있다고 가정해 보자. 선거의 결과는 어떠할까? 아마도 십중팔구는 중국·인도의 연합정부가 출현할 가능성이 크다. 이러한 정부는 지지자들을 만족시키고 재집권하기 위해서 주로 어떤 일을 하고자 할까? 정부는 아마도 이른바 서방세계가 나머지 지역, 특히 중국과 인도보다 훨씬 더 많은 부를 소유

하고 있음을 발견할 것이고 따라서 세계적 부와 소득의 재분배가 필요하다고 생각할 것이다.[59]

"단일 계층이 수적으로 다수파를 차지하는 나라에서 완전 평등 민주주의는 일련의 해악을 피할 수가 없다."[60] 우리는 때로 "다수의 폭압"[61] 내지 '다수의 횡포'를 말하는데, 그것은 폭압 내지 횡포인 한에서는 다수의 결정이라도 부당하다는 것을 의미하는 것이다. 이런 상황을 고려하고서도 만약 상대적 '다수의 결정'이 '오직 다수가 결정한 것이기 때문에 정당하다'라고 그 정당성을 내세운다면, 사회 구성원들이 자신들의 일신과 재산을 가장 합리적으로 보존하기 위해서 자신들의 자유로운 결정에 의하여 국가공동체를 수립했다는 '사회계약설'은 국가공동체란 실력자의 통치권 행사에 근거한다는 '실력설'과 그 근본적 차이를 찾기가 어렵게 된다.

> 내가 보기에 무한 권능(toute-puissance)은 그 자체로 나쁘고 위험한 것이다. 무한 권능의 행사는 그 주체가 누구든 인간의 능력을 넘어서 있다. 하느님의 지혜와 정의는 언제나 하느님의 힘과 일치한다는 점에서, 하느님만이 위험 없이 그 권능을 행사할 수 있다. 아무 통제 없이 활동하고 아무 장애 없이 군림하도록 내버려둘 정도로, 그 자체로 존중할 만하고 신성한 권리를 부여받은 권위란 이 땅에 존재하지 않는다.[62]

여타의 사람들을 압도하는 한 사람의 힘만이 패권(覇權)적일 수 있는 것이 아니라, 소수의 의사와 상관없이 소수 위에 군림하는 다수의 힘도 패권적일 수 있는 것이다. 더구나 그 '다수'가 국가구성원을 선동하여 49%와 51%, 또는 1%와 99%로 갈라치기한 결과로 형성된 것이라면, 더 말할 것이 없다. '좋은 나라(agathe polis)', '아름다운 나라(kallipolis)'란 '하나의 나라(mia polis)'를 두고 하는 말이다. 이미 플라톤이 통찰한 바대로 "나라를 단결시켜 하나로 만드는 것"이 정치적인 최고선이라면, 반면에 "나라를 분열시켜 하나 대신 여럿으로 만든 것"[63]보다 정치적으로 더 나쁜 짓은 없을 터이다. 각자의 이기심에 따라 결성된 다수의 결정도 늘 위험을 수반하는데, 하물며 어떤 술책이나 선동을 통해 형성된 다수의 결정은 결코 나라를 위한 것이 아니다. 이런 까닭에 어떤 이는 "다수결의 결점은 너무도 심각하여 방치해 둘 수가 없다."[64]라고까지 말한다.

그래서 "민주정체의 형식은 낱말의 본래적 뜻에서 필연적으로 전제주의"라는 지적도 있었다. "민주정체는 하나의 행정권을 창설하거니와, 여기서는 모든 사람이 (찬동하지 않는) 한 사람 위에서 그리고 경우에 따라서는 한 사람에 반하여, 그러니까 아직 모든 사람이 아닌 모든 사람이 의사결정"을 하는데, "이것은 보편 의지의 자기 자신과의 그리고 자유와의 모순"이라는 것이다.[65] 이 때문에 일찍이 "개인대표제(personal representation)"에 대한 의론도 있었고,[66] 근래에는 하버마스(J. Habermas, 1929~) 등이 다수결에 의한 대의 민주주의 체제의 보완책으로 '토의적 민주주의(deliberative democracy)'를 제안하고 있다.

토의적 민주주의 개념은 민주적 결사에 대한 직관적 이상에 뿌리를 두고 있는데, 여기에서는 결사조건의 정당화가 평등한 시민들 간의 공적 논증과 논의를 통해 수행된다. 이런 질서 속에서 시민들은 집단적 선택의 문제를 공적 논의를 통해 해결하겠다는 약속을 분담하며, 기본 제도들이 자유로운 공적 토의를 위한 틀을 수립하는 한에서 그것들이 정당하다고 간주한다.[67]

'토의적 민주주의'의 실행에는 "담론윤리학"[68]이 전제되는데, 말하자면 도덕적 정당성과 관련되어 있는 정치적 문제 해결의 관건은 공적 논의의 장(場)을 구축하는 데 달려 있다. 이런 공론의 장에서 다수결의 원칙 같은 것은 일정한 기한 내에 "어떤 문제의 올바른 해결이 무엇이냐에 대해 결정할 수밖에 없는 조건에서 잠정적으로 종결된 토론의 합리적으로 동기화된, 그러나 오류가능한 결과로 다수결의 내용이 간주되는 방식으로만"[69] 사용되어야 한다. 그러니까 다수결의 원칙은, 현실적으로 더 좋은 대안이 없어 어쩔 수 없이 의사결정에서 준용된다고 하더라도 그 결과는 어디까지나 잠정적인 것으로 받아들여져야 하고, 상대적 다수가 겸손의 덕을 가질 때, 최소한이나마 그 정당성을 얻을 수 있는 것이다. 사람은 누구나 평등하다 해서 "맹목적으로 평등에만 사로잡히게 되면 가장 소중한 이익을 잃어버릴 수 있다."[70] 복잡한 사안일수록 그에 대한 의사결정에서 '1인 1표'의 등가 원칙은 오히려 공공선을 해칠 우려가 크다. 사정이 이러한데, 한때 다수결에 의해 수립된 법을 '대못을 박아' 부동의 법으로 만들려 한다거나, 불변하는 현자의 법으로 간주한다면,

그것은 자유민주주의 정신과 동떨어진 행태이다.―다수는 겸양의 미덕을, 반면 소수는 존중의 미덕을 갖출 경우라야 '자유민주주의'라는 정체(政體)는 정체성(正體性)을 얻는다.

공동체라는 것이 진실로 공동체 구성원들 사이의 자유로운 협약에 기초하는 것이라면, 공동체의 일체성(一體性)은 매우 가변적일 수밖에 없다. 어떤 협약이 참여자들의 자유로운 의사에 의해 맺어진 것일 경우, 그 협약에는 유효 기간이 있거나 아니면 참여자들에게는 언제든 협약을 취소하거나 그로부터 탈퇴할 가능성이 열려 있어야 하기 때문이다. 그러나 국가공동체와 국민들 사이에는 자유로운 협약에 의한 여느 공동체와 그 구성원 사이의 관계에서는 볼 수 없는 견고성과 일방성이 있다. 국민은 임의대로 국가로부터 탈퇴할 수도 없고―세계의 현 국가체제에서는 어떤 사람이 까다로운 절차를 거쳐 한 국가에서 탈퇴했다 하더라도, 그는 대체로 더 까다로운 절차를 거쳐 다른 국가에 귀속할 수밖에 없는 처지에 놓인다―, 한 국가는 일부의 국민들이 자신들의 자유로운 의사에 따라 그 국가로부터 분리하여 그들이 이미 소유하고 있는 토지 위에 새로운 국가를 세우는 것을 허용하려 하지 않는다. 이 때문에 "국가에 들어간다거나 떠난다는 것은 개개인의 자의에 의한 것이 아니며, 그러므로 국가는 자의를 전제로 하는 계약에 바탕을 둔 것이 아니다."[71]라는 지적 또한 합당하다. 국가공동체가 자연인들의 자유로운 협약에 기초하고 있다는 것은 역사적 사실과도 부합하지 않고, 현대 국가에서 국가공동체와 국민 사이의 법적 관계와도 거의 부합하지 않는다.

국가공동체가 국민들의 복리 증진을 위해 자유롭게 결성되었다는 것이 국가공동체의 이상적 목표를 설득하기 위한 한 방식으로서 의미가 있다는 것은 인정되어야 하지만, 국가는 국민 개개인들의 이익을 위한 협약 이상의 토대를 갖는 것으로 이해하지 않을 수 없다. 국가공동체의 운영에서 의사결정이 다수결에 의한 것이 불가피함은 인정한다 하더라도, 다수결이 구성원 전체의 결정으로서 정당성을 얻기 위해서는, 다수의 힘 이상의 어떤 것, 곧 인류의 이상이라든지 절대적 도덕성 같은 것을 동시에 수반하여야 한다.

이 같은 유보 아래서 대의제 민주정치의 원칙과 의사결정에서 다수결의 원칙을 인정한다고 하더라도 그 밖에도 운용상에 적지 않은 난제들이 남으며, 통상 이런 부수적인 문제들이 현실 국가에서 정치행위의 정당성 확보에 큰 해악을 끼치는 것이다.

대의 정치체제에서 평등주의 원칙은 일차적으로는 '1인 1표 투표 참여제'로 나타난다. 그러나 투표권에서 모든 시민이 동등한 것은 아니다. 성차별, 신분·지위의 차별은 없어졌지만, 연령에 따른 차별은 여전히 남아 있다. 투표권을 18세 이상의 국민에게 부여하는 기준은 무엇에 근거해서 만들어졌는가? 그것은 정치적 참여를 위한 사리분별력의 수준, 아니면 사회 형성에 기여한 정도를 고려한 것인가? 사회 형성에 기여한 정도를 기준으로 할 것 같으면 그 정도는 거의 나이와 상관없이 국민들 간에 천차만별이다. 국민으로서의 책무 능력을 기준으로 할 것 같으면, 어쩌면 18세 이상 80세 이하로 정하는 것이 더 합당할지도 모른다. 그리고 도대체 이런 제한을 두면서 제한 내에 있는 국민들에게는 '수학적 평등성'을 부여하는 것이 일관성이 있는 일인가? 또 지역구의 구별이 있는 경우 선거구 간의 불균등성[이른바 게리맨더링(gerrymandering)]은 어떻게 정당화될 수 있는가? 더욱이 국회의원을 선출하는 선거구를 주민 8만 5,000명 이상 30만 명 이내로 획정할 때 그 수치의 정당성은 어떻게 확보되는가? 선거구 간의 불균등성을 해소하기 위하여 전국 단위 비례대표제를 채택하면 대안으로 충분한가? ― 전문 연구가들 사이에도 의견이 분분한 이 문제들이 현실 정치사회에서는 이해 당사자들의 타협에 의해 '선거법'의 형태로 미봉된다면, 그 정당성에 대한 문제는 정치적 평등의 문제 가운데 하나로 여전히 남는다.

2) 자유의 이념과 문제성

'선의 가치와 인간 존엄성의 근거'를 탐색하는 자리에서 중심 문제는 '자유의 문제'이고, 그때 그것은 인간성과 도덕법칙 사이의 문제이다. 여기서 자유(自由)란 '스스로 비롯함' 내지는 '제일의 원동자(原動者)'를 뜻한다. 그리고 이때 묻는 것은, 자연상태에서의 사람은 자연의 법칙 아래에 종속하는, 곧 자연 사물의 인과적 연관 관계 속에 매여 있는, 그러니까 자유롭지 못한 존재자인데, 그러함에도 어떻게 인간은 자연적 욕구 동인(動因) 또는 경향성에서 벗어나 이성의 자율 체계인 도덕법칙에 스스로 따르는 행위를 할 수 있는가이다. 그래서 인간의 자유의지와 도덕법칙의 근거가 문제의 핵심에 놓인다.

그 반면에 '인간의 사회생활이 어떤 기초적인 규칙 아래서 운영되고 있으며, 운영되어야만 하는가'를 탐구하는 자리에서 자유(libertas, liberté)란 소극적으로는 '어떤 속박으로부터 풀려나 있음'을, 적극적으로는 '누구의 간섭도 받지 않고 자기의 일신과 부속물을 자기 뜻대로 쓸 수 있음'을 의미한다. 그리고 그 중심 문제는 개인과 개인, 개인과 사회 사이에서 생기는 충돌 방지 내지는 화해 방안의 모색이다. 이 '자유'의 문제는 사람은 원초적으로 '개인'으로 존재하며, 사회는 개인들의 '집합체' 내지는 '공동체'라고 이해하는 데서 출발한다. 개인은 자연에서 태어나 자연 안에서 사는 이성적 동물로서 애당초, 곧 이른바 '자연의 상태'에서는 자연의 법칙이 허용하는 범위 내에서 자신의 신체와 능력을 자신의 생각과 느낌대로 사용하고 발휘하는 '자유'를 가진 자이다. 그러나 이들이 모여 일단 사회가 형성되고 나면, 이제 개인은 단지 자연의 법칙 아래에뿐만 아니라, '사회의 법칙' 내지 규범 아래에 놓인다. 이때 개인이 자연의 상태에서 누리던 '자유의 권리'에 변동이 생기면, 그것이 바로 '자유 문제'의 발단이 된다. 이것이 문제가 되는 것은 개인이 더 이상 개인만으로는, 다시 말해 사회에 속하지 않고서는 살 수 없기 때문이다. 그래서 공동체 안에서의 개인의 자유는 공동체를 유지한다는 전제 아래에서의 공동체 구성원들 상호의 자유, 즉 정치적 자유를 뜻하고, 그것은 곧 스스로 입법하고 통치할 수 있는 능력을 지칭한다. 그리고 그러한 능력은 '자유'에는 언제나 수반해야 하는 '나'들의 함께함에서만 생긴다. ─ 그런데 김남주(金南柱, 1945~1994) 시인도 탄식하듯이, 본래적으로 이기적인 '나'들의 함께함이 어디 쉬운 일인가 ….

만인을 위해 내가 일할 때 나는 자유

땀 흘려 일하지 않고서야

어찌 나는 자유이다라고 말할 수 있으랴

만인을 위해 내가 싸울 때 나는 자유

피 흘려 함께 싸우지 않고서야

어찌 나는 자유이다라고 말할 수 있으랴

만인을 위해 내가 몸부림칠 때 나는 자유

피와 땀과 눈물을 나눠 흘리지 않고서야

어찌 나는 자유이다라고 말할 수 있으랴

사람들은 맨날

겉으로는 자유여, 형제여, 동포여! 외쳐대면서도

안으로는 제 잇속만 차리고들 있으니

도대체 무엇을 할 수 있단 말인가

도대체 무엇이 될 수 있단 말인가

제 자신을 속이고서

(김남주, 「자유」, 수록: 『나의 칼 나의 피』, 1987)

사회적 '자유'의 개념

시민사회에서 '자유'는 시민의 기본적 권리이다. 그러한 '자유'에
대한 명료한 규정의 모범을 우리는 프랑스 대혁명(1789) 후에 결성

된 국민의회의 「인간과 시민의 권리 선언」에서 볼 수 있다.

프랑스 「인간과 시민의 권리 선언」(1789)

제1조 인간은 권리에 있어서 자유롭고 평등하게 태어나 생존
       한다. 사회적 차별은 공동 이익을 근거로 해서만 있을 수
       있다.

제2조 모든 정치적 결사의 목적은 인간의 자연적이고 소멸될 수
       없는 권리를 보전함에 있다. 그 권리란 자유, 재산, 안전
       그리고 압제에의 저항 등이다.

제3조 모든 주권의 원리는 본질적으로 국민에게 있다. 어떠한
       단체나 어떠한 개인도 국민으로부터 명시적으로 유래하
       지 않는 권위를 행사할 수 없다.

제4조 자유는 타인에게 해롭지 않은 모든 것을 행할 수 있음이
       다. 그러므로 각자의 자연권의 행사는 사회의 다른 구성
       원에게 같은 권리의 향유를 보장하는 이외의 제약을 갖지
       아니한다. 그 제약은 법에 의해서만 규정될 수 있다.

제5조 법은 사회에 유해한 행위가 아니면 금지할 권리를 갖지
       아니한다. 법에 의해 금지되지 않은 것은 어떤 것이라도
       방해될 수 없으며, 또 누구도 법이 명하지 않는 것을 행하
       도록 강제될 수 없다.

       […]

제16조 권리의 보장이 확보되어 있지 않고, 권력의 분립이 확정
        되어 있지 아니한 사회는 헌법을 갖고 있지 아니하다.

1880년대 유길준도 근대적 의미에서 인간의 제반 기본권과 그에 상응하는 국가와 국민의 사회적 의무, 그 가운데서도 국민의 기본적 권리로서의 '자유'가 갖는 의의를 이미 충분히 알고 있었다.

국민의 권리라고 하는 것은 자유와 통의(通義)를 말한다. 이제 자유와 통의에 대하여 설명해 보자.

자유는 무슨 일이든지 자기 마음이 좋아하는 대로 따라서 하되, 생각을 굽히거나 얽매이지 않는 것을 말한다. 그러나 결코 자기 마음대로 방탕하라는 취지는 아니고, 법에 어긋나게 방자한 행동을 하라는 것도 아니다. 또 다른 사람의 형편은 돌보지 않고 자기의 이익이나 욕심만 충족시키자는 생각도 아니다. 나라의 법률을 삼가 받들고 정직한 도리를 굳게 지니면서, 자기가 마땅히 해야 할 사회적인 직분 때문에 다른 사람을 방해하지도 않고, 다른 사람의 방해도 받지 않으면서, 자기가 하고 싶은 일을 자유롭게 하는 권리다.

통의를 한마디로 설명하자면, 당연한 정리(正理)라고 할 수 있다. 이제 몇 가지 예를 들어 보자. 가령 관직을 맡은 사람이 그 임무나 직책을 수행하기에 알맞은 직권을 가지는 것은 당연한 정리다. 집을 소유한 자가 주인으로서의 명의와 실권을 갖추어 자기의 소유물이라고 말하는 것도 또한 당연한 정리다. 돈을 남에게 빌려 준 사람이 약속한 대로 이자를 요구하는 것이라든가, 논이나 밭을 남에게 빌려 준 사람이 그 수확을 나누어 달라고 요구하는 것도 또한 당연한 정리다. 천만 가지 사물이 당연한 이치를 따라 본래부터 가지고 있던 상경(常經)을 잃지 않고, 거기에 맞는 직분을 지켜 나아가는 것이 통의의 권리다.

이와 같은 자유와 통의의 권리는 천하에 살고 있는 모든 사람들이 다 같이 가지고 있으며, 다 같이 누리고 있다.[72]

근대 시민사회에서 말하는 '자유'란 다름 아닌 개인의 자유를 지칭한다. 이때 '개인'이란 '개체로서의 인간'을 말한다. 이 같은 의미에서의 '자유' 개념은 서양 근대 사회에서 비로소 부각되었다. 개인 주체의 개념이 없는 곳에서 '자유' 개념이 형성될 수 없는바, 한 사람의 성장과정에서도 '주체성'에 대한 의식은 사춘기에 이르러서나 뚜렷해지듯이, 인류의 역사에 있어서도 '개인 주체'의 개념은 상당 기간의 문화 체험을 한 근대에 이르러서야 형성되었던 것이다.

오늘날 '개인'은 '개체'로서의 인간이자 행위 주체로서의 인간으로 이해되는 것이 보통이다. 무릇 '개체'란 본디 무엇인가?

'개체'란 헤아려 셈할 때의 최소 단위, 곧 더 이상 무엇으로 환원될 수 없는 것, 그러니까 더 이상 분할될 수 없는 것(individuum), 더 이상 쪼개질 수 없는 것(atomon), 하나인 것(monade)을 뜻한다. 그러므로 '개체'란 독특한 성격을 가진 존재자, 다시 말하면 그것이 가진 독특성의 전체가 다른 어떤 것과 동일한 것이 되지 않는 그런 존재자를 지칭한다. 좀 더 포괄적으로 말하자면 개체란 '분할될 수 있다고 하더라도, 어떤 것이 이제까지 그것이었던 것이기를 중지하지 않는 한, 분할되어서는 안 되는 그런 것'이다.

이런 뜻의 개체 개념에 '주체' 개념 ― 현재 우리가 사용하는 것과는 전혀 다른 의미이기는 하지만—을 결합시킨 것은 아리스토텔레스이다. 아리스토텔레스에게 있어서 개체는 진정으로 존재하는 '실체'이자 문장에서 주어 자리에 놓이는 '주체'이다.

개체는 다른 것과 구별된다는 의미에서는 개별자이다. 이 '개체', 곧 '개별자'에 대립하는 개념은 '보편자'(=보편적인 것)이고, 이 '개별자-보편자'라는 켤레를 이룬 반성 개념은 '무엇이 실제로 존재하는 것인가?'라는 물음을 풀어가는 데 향도의 역할을 한다. 예컨대 '이 사람', '그 사람', '공자', '이율곡'이 개별자라면, '사람'은 보편자이다. 이 경우 실제로 존재하는 것은 '공자' 또는 '이율곡'인가, 아니면 '사람'인가? 이 물음에 대한 답은 '실제로 존재하는 것'을 어떻게 파악하느냐에 따라 두 갈래로 나뉜다.

보편자가 실재함을 주장하는 이들은, '실제로 있는 것', '참으로 있는 것'이란 불변적인 것을 뜻하며, 불변적인 것은 어떤 것의 본질인 것, 즉 어떤 것의 그 무엇임을 드러내주는 것이라고 생각한다. '이율곡'이 소년이었을 때든 장년이었을 때든, 그가 관청에서 사무를 보든 학문적 담화 중에 있든 그는 '사람'이며, 이율곡을 무엇이게 만들어주는 것은 '사람'이라는 성격이므로, '사람'은 '이율곡'의 본질이고, 따라서 '사람'이야말로 '실제로 있는 것'이라고 생각한다. 이에 반하여 아리스토텔레스는 실제로 있는 것은 '이율곡'이라는 개별자[개체]이며, 이른바 '사람'이라는 보편자란 종(種)이나 유(類)개념으로서 개별자에 속하는 성질이라고 이해한다.

그러나 아리스토텔레스에 의하면 '실제로 있는 것'이란 "그것 없이는 여타의 것들은 전혀 있을 수 없는 것"[73], "그것을 제거하면 여타의 모든 것들이 제거되어버리는 것"[74], "이것이 없다면, 도대체가 아무것도 있지 않게 되는 것"[75]을 말하며, 따라서 그것은 존재론적으로는 존재하는 모든 것들의 '밑바탕에 놓여 있는 것(基體)'이며, 언표[문법]적으로는 주어가 되는 것이다. 이것을 아리스토텔레스는 '우시아(ousia)', 또는 낱말 뜻 그대로를 살려 '휘포케이메논(hypokeimenon)'이라 불렀는데, 이것이 라틴어로는 substantia(실체) 또는 substratum(基體), subiectum(주어, 주체) 등으로 번역되어 오늘날의 여러 서양어의 유래가 되었다. 그러니까 아리스토텔레스의 파악에 따르면, 실체는 개체이고, 오히려 이른바 보편적인 것은 이 개체의 속성으로서 개체가 없으면 더 이상 있을 수 없는 것이다. 그리고 이 '밑바탕에 놓여 있는 것'이 언표에서는 주어가 된다. '주어'란 "그것에 관해서 여타의 것이 말하나, 그 자신은 어떤 다른 것에 관해서 말하지 않는 것"[76]을 말한다. 그런 까닭에 언표에서 주어, 주인 말은 존재에서 주체, 실체이며, 이 주체를 중심에 두고 들락거리며 이 주체가 무엇이고 어떠한가를 드러내주는 말인 술어는 객어(客語) 즉 손님 말로서, 그것은 존재적으로는 주체에 귀속되고 수반되고 담지되는 것이다. 이렇기에 언표에서 주어-술어의 관계는 존재에서는 실체-속성의 관계가 된다.

일상의 언표에서는 물론 보편자도 주어 자리에 놓인다. 가령 "사람은 말한다."에서 주어인 '사람'은 보편자이다. 그러나 이 언표가 형성된 과정을 추적해보면, 최종적인 주어는 개별자임이 드러난다. "사람은 말한다."라는 언표는 "'소크라테스는 말한다', '아리스토텔레스는 말한다', '이율곡은 말한다', …. 그런데 소크라테스, 아리스토텔레스, 이율곡 … 은 사람이다. 그러므로 (일반화하면) '사람은 말한다.'"를 줄인 것으로 볼 수 있다. 언표에서 최종적인 주어가 개체인 만큼, 주어 자리에 올 수 있는 것은 무수하게 많으며, 따라서 실체혹은 주체는 무수하게 많다는 결론이 나온다. 그리고 이 개체는 개별적인 사람뿐만 아니라, 일체의 개별적 사물도 지칭한다. 그러니까 "이 돌은 단단하다.", "저 소나무는 푸르다.", "저 바다는 깊다."에서 '이 돌', '저 소나무', '저 바다'는 모두가 실체요, 주체이다.

　무수히 많은 개별적인 사물이 실제로 있는 것이요, 주체라는 생각은 신이 자연 만물을 창조했다는 기독교의 교의(敎義)에 의해 새로운 길로 접어든다. 자연 만물을 창조한 자로서 신이 있다면, 신은 자연 만물의 근원이요, 근거이고, 자연 만물의 '밑바탕에 놓여 있는 것'이며, 이런 뜻에서 신은 자연 만물의 주(主)요, 기체(基體)이고, 주체(主體)이며 실체(實體)이다. 그러므로 자연 만물 곧 모든 개체들은 주체인 신의 산물로서 피조물로서 신의 맞은편에 자리를 얻은 것 즉 객체이고, 객으로서 주인에게 의존하고 있는 것이며, 따라서 모든 개체들은 주체인 신 없이는 그 존재를 생각할 수 없는 것이다. 여기에서 개체들이 주체요 실체라는 생각은 유지될 수 없을 뿐만 아니라 오히려 그 반대가 된다.

　이제 만물을 지어낸 자로서 신이 주체라는 것은 무엇을 함축하는가? 그것은 주체는 '하나(一者)'이며, 그리고 오직 '정신(精神)'이라는 것이다.

　피조물은 모두 객(客)이고 객체이며, 그것을 지어낸 자에게 의존하고 있다고 이해되는 곳에서는, 그리고 낳고-낳아짐의 관계를 궁극에까지 소급 추적해갈 때 결국 최초의 생산자가 있을 것이고, '최초'란 하나일 수밖에 없다고 생각되는 곳에서는, 주체는 오로지 '하나'뿐인 것으로 이해된다.

이 '하나'인 주체는 모든 존재자에게 존재를 부여하기도 하고 거둬들이기도 하되 일정한 질서 원리 형식(formae principales)과 변하지 않는 원칙들(rationes rerum stabiles et imcommutabiles)에 따라 계획성 있게 한다. 신은 무엇에 의존함이 없이 오로지 자기 자신으로부터 자신의 뜻에 따라 만물을 지어내고 그것들의 생성변화를 주재(主宰)하는 것이다. 그의 활동을 '창조'라고 일컫는 것은 그런 까닭이다. 그러므로 만물의 중심이고 주체인 신은 세계의 시작점(principium)이고 질서 원리이며, 질서 자체이다. 이런 의미에서 신은 도(道, 말씀, logos) 자체이며, 이성(理性, ratio) 자체, 바꿔 말해 '순수 이성(ratio pura)'이다. 또한 신은 자신의 생각대로 자신의 뜻에 따라 자연 만물을 기획(企劃)하여 기투(企投)적으로 지어낸다는 의미에서는 의지 자체, 즉 자유의지로 이해된다.

진정한 의미에서 '자유(自由)'란 무엇인가? 그것은 문자 그대로 '자신으로부터 비롯함'이다. 자연 만물이 그 존재 생성에서 무엇인가 타자로부터 비롯한 것(ens ab alio)이라면, 신은 그리고 오직 신만이 자신으로부터 비롯한 것(ens a se)이요, 비로소 그로부터 만물이 생겨난 것이니, 신은 있지 않던 것을 있도록 하고, 이미 있는 것을 달리 있도록 하며, 있는 것을 없도록 할 수 있는 능동적 활동 자체(actus purus)이고, 이런 뜻에서 의지 자체 곧 자유의지인 것이다.

이로부터 '주체'의 새로운 의미가 분명하게 드러났다. 그것은 언표에서 '밑바탕에 놓여 있는 것(主語, 基體)'일 뿐만 아니라, '참으로 존재하는 것(實體)'이되, 이 말은 그것이 이성이며 자유의지임을 뜻하게 된 것이다. 이런 주체의 성격에 어울리는 명칭은 '정신'이다. 따라서 이제부터 어떤 물질적인 것에도 — '물질적인 것'과 '정신'이 성격상 뚜렷하게 구별되었으니 — '주체'라는 이름은 부적절한 것으로 납득되었고, 만약 '주체'가 있다면, 그것은 오직 정신적인 것이어야만 함이 자명한 것으로 여겨졌다. 후에 로크를 거쳐 실체가 다시금 무수히 많은 개체들로 바뀌어 이해되자,[77] 라이프니츠(G. W. Leibniz, 1646~1716)는 정신만이 실체임을 애써 논증하였다. 개체란 어느 경우에나 자기동일성을 유지하는 것이고, 자기동일성의 유지는 오로지 단일성을 유지할 수 있는 힘을 소유한 자, 즉 정신에 의해서만 가능하다고 말이다.[78]

아리스토텔레스적 언술과 존재의 체계에서는 모든 개체가 — 뒷사람들의 구분법에 따른 정신적인 것과 물질적인 것의 차이와는 상관없이 — '주체'이고, 따라서 다수(多數)의 주체가 있었는데, 기독교 신학적 반성에 이르러 주체는 '하나'요, 오로지 정신 — 이성이고 실천 활동이며 따라서 자유 자체인 — 만이 주체로 파악되었다.

그러나 이 같은 신 주체 개념은 계몽주의와 더불어 인간 주체 개념으로 대치되었고, 그에 따라 '자유'도 새로운 의미를 얻었다. 홉스는 자유란 '(물리적) 강제로부터의 벗어남(libertas a coactione)'이라고 규정했는데, 이로부터 정치 사회적으로 중요한 '자유' 개념이 나왔다. 이런 규정 속에는 오늘날 흔히 통용되는 '해방'이라는 자유의 소극적 의미와 함께 적어도 두 가지가 함축되어 있다. 자유롭다는 말이 적용될 수 있는 것은 '자연적[물리적, 신체적] 개체'라는 것과, 그런 한에서 그것은 완전히 자유로울 수는 없다는 것 말이다. 홉스는 "보다 더 다양한 길을 걸을 수 있는 사람은 그만큼 더 자유롭다."[79]라고 인간의 자유를 상대적으로 고찰함으로써, 인간이 신체적 존재자인 한 그가 시민이든 노예이든 단지 그의 자유로움에는 정도의 차이가 있을 뿐이라고 보았다. 이 같은 홉스의 생각을 잇는 경험주의자들은 인간을 근본적으로 감성적인, 정념적인 존재자로 파악하고, 자유를 '하고 싶은 대로 할 수 있음'으로 이해했다. 그러니까 자신의 경향성을 억압하는 사람은 경향성을 따르는 사람보다 더 자유롭지 못한 것으로 보았다. 그러나 제아무리 자유로운 사람이라 하더라도, 그의 경향성에 스스로 제어할 수 없는 요소가 들어 있는 한, 그는 일정 부분 경향성을 좇을 수밖에 없는 것이고, 그런 한에서 그의 행동은, 적어도 부분적으로는, 결정되어 있는 것이다. 이것은 바꿔 말해 인간의 행동은 상당 부분 심리-생리적으로 결정되어 있다는 생각의 표명이다.

오랫동안 이성적 동물로 파악된 인간에서의 '이성'을 인간의 의식 양태 일반이 아니라 종래 신적 이성의 본질로 이해했던 '보편적인 세계 질서 원리'라고 본 데카르트와 같은 초기 이성주의적 계몽주의자들에게 있어서 '인간'은 세계 질서의 원리인 한에서 분명히 '주체'이기는 하지만, 그 인간은 '정신'으로 간주된 보편자였다. 이 정신을 로크는 '정신들'[80]로 복수화함으로써 복수의 인간'들'을 시야에 두었다. 이로써 인간은 이성을 가진 정신적 존재자이기는 하지만, 그렇다고 한가지의 존재자가 아니라, 서로 구별되는 여럿의 존재자임이 명시되었다. 그러나 그것은 사실 인간이 이성적이기는 하지만 여전히 '동물'임을 강조한 것이다. 인간이 이성적이라는 것은 신처럼 이성적이라는 것이 아니라, 동물이면서 이성적이라는 것이다. 즉 신체를 가진 이성적 존재자임을 말하는 것이다. 인간은 신체를 가진, 그로써 피가 흐르는, 욕구를 가진, 감정을 가진 존재자이고, 이 점에서 한 인간은 분명히 다른 인간과 구별되는 개별자로서 존재한다. 이런 인간의 존재 성격을 그대로 받아들임으로써 칸트 역시 기본적으로는 인간 본성에 대한 감각경험주의적 입장을 취했다. 그러나 칸트는 인간은 동물임에도 불구하고 순수 실천이성을 가지고 있고, 그런 의미에서 인간은 '자유'의 힘, 다시 말해 그의 자연적, 곧 동물적 경향성을 벗어나 자신이 세운 당위의 도덕법칙을 준수할 수 있는 힘, 곧 자율(自律)적인 힘을 가지고 있으며, 그런 한에서 인간은 그 동물성에도 불구하고 '신성하다'고 보았다.

그러니까 홉스가 동물로서의 인간이 그 동물성으로 인해 끝까지 어느 행위에 있어서나 완전한 의미에서 자유로울 수는 없다, 곧 무엇이나 자기 하고 싶은 대로 다 할 수는 없다고 파악했다면, 칸트는 물론 사람이 무엇이나 자기 하고 싶은 대로 다 할 수는 없지만, 자연적 경향성으로부터 벗어나서 도덕적 행위를 할 수 있다는 점에서, 즉 자연법칙의 예속에서 벗어날 수 있다는 점에서 자유롭고, 그런 한에서 동물성 이상의 것, 곧 인격성을 가지고 있다고 파악함으로써 자유의 또 하나의 의미를 천명했다고 볼 수 있다.

이 같은 맥락에서 오늘날 자유는 '~으로부터 벗어남'이라는 소극적 의미 외에 '스스로에서 비롯함'이라는 원래의 적극적인 뜻 아래에 '자기 하고 싶은 대로 함'이라는 의미와 함께 '자신이 세운 법칙에 자신을 종속시킴' 곧 '자율적임'이라는 의미를 갖는다.

자유의 주요 문제

인류 역사에서 여기저기 두세 사람씩 살던 때가 있었을 것이다. 그리고 그러한 '자연의 상태'에서 "사람들은 타인의 허락을 구하거나 타인의 의지에 구애받지 않고, 자연법의 테두리 안에서 스스로 적당하다고 생각하는 바에 따라서 자신의 행동을 규제하고 자신의 소유물과 일신(一身)을 처분할 수 있는 완전한 자유"[81]를 누리고 있었다고 능히 생각해볼 수 있을 것이다. '스스로 말미암음'이라는 본래 말뜻에 맞는 만상 운동 변화의 '제일 원인' 또는 세계 창시자라는 의미에서의 자유(自由)나 자연법칙의 기계적 인과연쇄를 넘어서는 도덕법칙의 '존재 근거'로서의 자유에 대해서, 정치 사회적인 문제 상황에서 자유는 분명히 이 같은 로크적 의미로 사용된다. 모든 시민은 본래적으로 자유를 갖는다고 말할 때, 자유란 그래서 주권자인 시민은 누구의 간섭도 받지 않고 자기 생각을 표출하고 자기 몸과 소유물을 자기 의사대로 쓸 수 있는 능력 내지 권리를 갖는다는 것을 뜻한다. 그러나 주변에 '타인'이 없는 자연의 상태에서라면 몰라도 사회 속의, 곧 타인들과 더불어 사는 시민이 이 같은 자유의 권리를 가질 때는 분명 사회 문제가 발생한다. 한 사람의 자유권의 행사는 불가불 타인의 자유권 행사와 충돌하게 될 터이기 때문이다. 그런 까닭에 사회에서 '자유'를 이야기할 때 현안은 곧 사회 안에서 개인의 자유로운 행위의 정당한 범위는 어디까지인가, 바꿔 말해 국가

사회는 개인의 자유를 어느 경우에 어느 정도까지 제한할 수 있는가 하는 것이다. 여러 종류, 여러 방향의 자유 가운데서도 오늘날의 사회에서 가장 중요하게 여겨지는 것은, 평등의 문제에서도 그러하듯이, 정치적 자유와 경제적 자유이겠는데, 이와 관련하여 저 현안은 그래서, 누구에게나 결사의 자유가 있지만, 그 정당한 범위는 어디까지인가, 그리고 누구에게나 자신의 근면과 재능을 살려 재산을 축적할 수 있지만, 그 정당한 범위는 어디까지인가라는 물음의 형태로 등장한다.

결사의 자유 문제

개인이 사회와 대면할 적에 첫 번째 문제는 그 '사회'라는 것이 아예 그의 의사와는 상관없이 형성되고 운영되어갈 때 생긴다. 조선 왕조 시대의 한국 사회가 당시의 개개 주민들 누구의 의사에 따라 형성되었고 운영되었는가를 상기해보는 것만으로도 문제의 소재는 명료하게 나타난다. 서양 근대의 사회철학자들은 이 문제에 당하여 이른바 '사회계약설'을 수립함으로써 혈연 사회인 '가족'은 따로 논한다 하더라도, 국가를 포함해 여타 모든 사회는 자치 공동체로서 그 사회를 구성하는 개개인이 주체라는 점을 주장하고, 개개인은 국가의 설립, 정부의 수립과 해체를 포함해서 일체의 '결사(結社)의 자유'를 천부적으로 갖는다고 보았다.

정약용(丁若鏞, 1762~1836)도 국가 정부 수립의 발단을 주민들에 의한 통치자의 추대 및 선출로 설명하고, 심지어 통치자가 선임의 취지에 어긋나게 통치 행위를 할 때 주민들은 당연히 그 통치자를 교체할 수 있다는 이른바 주민들의 '저항권'을 인정, 역성(易姓) 혁명을 말하고 있다.

태초에는 백성이 있었을 뿐 무슨 목민자(牧民者)가 있었던가. 백성들이 옹기종기 모여 살면서 한 사람이 이웃과 다투다가 해결을 보지 못한 것을 공언(公言)을 잘하는 어른이 있었으므로 그에게 가서야 해결을 보고 사린(四隣)이 모두 감복한 나머지 그를 추대하여 높이 모시고는 이름을 이정(里正)이라 하였고, 또 마을 백성들이 자기 마을에서 해결 못 한 다툼거리를 가지고 준수하고 식견이 많은 어른을 찾아가 그에게 해결을 보고는 여러 마을이 모두 감복한 나머지 그를 추대하여 높이 모시고서 이름을 당정(黨正)이라 하였으며, 또 여러 고을 백성들이 자기 고을에서 해결 못 한 다툼거리를 가지고 어질고 덕이 있는 어른을 찾아가 그에게서 해결을 보고는 여러 고을이 모두 감복하여 그를 이름하여 주장(州長)이라 하였고, 또 여러 주(州)의 장(長)들이 한 사람을 추대하여 어른으로 모시고는 그를 이름하여 국군(國君)이라 하였으며, 또 여러 나라의 군(君)들이 한 사람을 추대하여 어른으로 모시고는 그 이름을 방백(方伯)이라 하였고, 또 사방(四方)의 백(伯)들이 한 사람을 추대하여 그를 우두머리로 삼고는 이름하여 황왕(皇王)이라 하였으니, 따지자면 황왕의 근본은 이정에서부터 시작된 것으로 백성을 위하여 목민자가 있었던 것임을 알 수 있다. 그때는 이정이 민망(民望)에 의하여 법을 제정한 다음 당정에게 올렸고, 당정도 민망에 의하여 법을 제정한 다음 주장에게 올렸고, 주장은 국군에게, 국군은 황왕에게 올렸다. 그러므로 그 법들이 다 백성의 편익(便益)을 위하여 만들어졌는데, 후세에 와서는 한 사람이 스스로 황제(皇帝)가 된 다음 자기 아들, 동생 그리고 시어(侍御), 복종(僕從)까지 모두 봉(封)하여 제후(諸侯)로 세우는가 하면, 그 제후들은 또 자기 사인(私人)들을 골라 주장(州長)으로 세우고, 주장은 또 자기 사인들을 추천하여 당정, 이정으로 세우고 있다. 그렇기 때문에 황제가 자기 욕심대로 법을 만들어서 제후에게 주면 제후는 또 자기 욕심대로 법을 만들어서 주장에게 주고, 주장은 당정에게, 당정은 이정에게 각기 그런 식으로 법을 만들어준다. 그러므로 그 법이라는 것이 다 임금은 높고 백성은 낮으며, 아랫사람 것을 긁어다가 윗사람에게 붙여주는 격이 되어, 얼핏 보기에 백성이 목민자를 위하여 있는 꼴이 되고 있다.[82]

천자(天子)는 군중의 추대에 의해 된 것이다.[83]

군중이 추대하지 않으면 장(長)이 될 수 없고, 추대되어 장이 되었다 해도 그의 행위를 오가(五家)가 찬동하지 않으면 오가가 협의하여 인장(隣長)을 바꿔 세우며, 오린(五隣)이 찬동하지 않으면 이십오가(二十五家)가 협의하여 이장(里長)을 바꿔 세운다. 구후팔백(九候八佰)이 찬동하지 않으면 구후팔백이 협의하여 천자(天子)를 바꿔 세운다.[84]

이 같은 주의 주장이 이곳저곳 이 사람 저 사람에게서 흘러나오는 가운데서도 자유민주주의 정체 이론은 주지하는 바와 같이 앞선 로크의 사회계약설에 의해 명료한 형태를 얻고 정당화되었다.

로크에 따르면, 국가공동체의 성립 이전에 사람들은 '자연상태'에 있었으며, 여기에서 모든 사람들은 자연적인 권리로서 생명(life) · 자유(liberty) · 재산(estate)의 권리를 가지고 있었으니, 그것은 불가양도의 천부인권이다.[85]

그 자연상태는 사람들에게 완전한 자유의 상태이자 평등의 상태이다. 자연상태의 사람들은 소유(property)에서 평등하며, 어떤 종류의 지배-종속 관계도 없이 만인은 그 권리에 있어서 평등하다. 그러나 자유의 상태인 자연상태는 무질서와 '방종의 상태'가 아니다. 거기에는 자연의 법이 있으며, "바로 이 법인 이성은 의논을 바라는 모든 인류에게, 인간은 평등하고 독립적인 존재자이므로 어느 누구도 다른 사람의 생명 · 건강 · 자유 또는 소유물에 해를 끼쳐서는 안 된다고 가르친다."[86]

그러나 어떤 사람들이 자연상태와 자연의 법칙이 허용하는 자연스럽고 정당한 권리를 향유하고 있는 다른 사람들을 침해하고, 그들을 부당하게 자신의 지배 아래에 두려고 함으로써, 사람들은 이내 '전쟁상태'에 빠지게 된다.[87] 그래서 사람들은 이 전쟁상태를 해소하기 위하여 상호 협약을 맺어 공동체를 세우고, 그 협약에 스스로 종속하며, 그 협약의 원만한 준수와 새 협약의 제정을 일궈낼 공동체 관리자를 선임하고, 부분적으로 그들이 가진 자유와 재산 등의 "자연권을 포기하고, 공동체의 수중에 양도하여, 모든 사건에서 공동체가 제정한 법에 따라 보호를 호소할 수 있도록 한다."[88] 그렇지만 이 공동체의 주체는 여전히 자발적인 상호 협약을 통해 그 공동체를 세운 당사자들이다. 사람들은 상호 협약을 통해 국가공동체를 형성하고, 스스로 그 공동체의 일원 곧 시민이 되며, 그러니까 이 시민들이 바로 국가공동체의 주인이다. 주권재민(主權在民: 'Sovereignity rests with the people.')의 원리는 이 사실에 근거한다.

일반 시민들이 평안히 생업에 종사할 수 있도록 보호 보장하고 국가공동체를 적절히 운영할 주권대리자를 선임하여 사람들은 정부를 수립하는 것이므로, 통치자는 공익(公益, public good)을 지키기 위해 위임받은 범위 내에서만 그 권한을 행사해야 하지만 자연인은 이성 자체가 아니어서 월권하려는 경향이 있으므로 이를 사전에 방지하기 위해 입법권(legislative power)과 집행권(executive power)을 분립시켜 그 권한 행사를 상호 견제토록 해야 한다.[89] 이런 조처에도 불구하고 통치자가 국가공동체의 목적을 일탈하여 월권을 하고, 시민들의 권리를 제대로 보호하지 못하거나 오히려 침해할 경우 시민들은 통치자 내지 통치 형태를 자기들의 의사에 맞게 바꾸는 저항권을 행사할 수 있다. 그것은 정부 내지는 통치를 해체함으로써 국가공동체의 해체 곧 소멸을 막는 길이다.

그런데 이 '저항권'은 진실로 어떤 의미에서 시민들의 본래적인 권리이며, 그것은 과연 오늘날의 헌법 국가 내에서도 유지될 수 있는 국민들의 권리일까? 이 물음에 대해서도 로크의 저항권 이론은 기본적인 해답을 제시한다.

로크의 저항권 이론은, 국가공동체란 인민들이 전쟁상태로부터 벗어나 자신들의 평화를 유지할 목적으로 상호 협약을 맺어 자발적으로 수립한 사회인 만큼, 현존하는 정부가 그들의 기대에 부응하지 못할 때 인민들이 그것을 해체하고, "그들의 원래의 자유를 회복할 권리와, 그들이 적합하다고 생각하는 대로, 새로운 입법부(곧, 정부)를 수립함으로써, 그들이 바로 그 때문에 사회 안에 있는 그 궁극 목적인 그들 자신의 안전과 안녕을 강구할 수 있는 권리를 가짐"[90]은 당연하다는 것이다. 그러면 어떠한 경우에 인민들은 저항권을 행사하여 기존의 정부를 해체할 수 있는가?

정부는 외부로부터도 해체될 수 있고, 내부로부터도 해체될 수 있다. 국가사회가 외부 세력에 침략을 받아 그에 종속하게 되면, 그 국가 자체가 해체되는 것이고, 그때 기존의 정부가 해체되는 것은 피할 수 없는 일이다.[91] 그러나 국가사회의 해체 없이도 국민들의 저항에 의해 정부는 해체될 수 있다. 입법부가 변질되거나[92] "최고 집행권을 가진 자가 자신의 임무를 게을리하고 방기함으로써 이미 제정된 법률을 더 이상 집행할 수 없을 때"[93]나, 입법부나 통치자가 "그들에 대한 신탁(信託)에 반하여"[94] 행동할 때, 국민들은 정부를 해체할 수 있는 것이다. 만약 입법부가 "국민들의 생명·자유·재산에 대한 절대적 권력을 자신의 수중에 장악하거나 아니면 제3자의 손에 넘기기를 기도한다"[95]면, 그것은 국민들이 자신들이 가진 자연의 권리를 지키기 위하여 그들에게 위탁한 권한을 오용하는 것이다. 또한 통치자가 대의원을 매수한다거나 협박하여 자기 자신의 획책에 끌어들이는 등 국가권력을 남용하고 국가의 재물이나 관직을 자기의 자의적인 의도에 맞춰 사용하는 것은 국민들의 신탁에 어긋나게 행동하는 것이다. 이런 경우들에서 입법부나 통치자는 스스로 국가 사회의 기본법을 해치고, 사회를 전쟁상태로, 권위 없는 폭력이 자행되는 무법 상태로 몰고 간 것이다. 이때 국민들은 국가권력에 대해 더 이상 복종할 의무가 없으며, 그 정부를 해체하고 새로운 정부를 수립할 완전한 권리를 환수할 수 있다.

이런 경우들에서 정부 해체의 책임은 궁극적으로는 국가권력의 최고 집행권을 가진 자에게 있다. 왜냐하면, 그가 궁극적으로는 국가의 권력과 자산 그리고 관직들을 관장하고 있기 때문이다. 그 때문에 국민 저항의 궁극적인 대상은 최고 집행권을 행사하는 자이다. 통치자가 국가의 법률적 권위를 훼손하고, 국민들의 기본권을 침해한다면, 그것은 외국인이나 불한당이 국민들의 권리를 침해한 것과 똑같은 것으로, 국민들이 그에 저항하는 것은 당연하고 정당한 일이다.[96] 그러나 문제는 이 경우 국민들의 저항권 행사의 적법성 여부를 누가 판정할 수 있느냐이다.

통치자가 국민들이 위탁한 권한을 제대로 수행하고 있는지 아니면 월권하고 있는지를 누가 판정할 수 있을까? 그에게 맡긴 일을 그가 과연 적절하게 처리하고 있는지 어떤지를 가장 잘 가릴 수 있는 자는 그에게 일을 맡긴 국민들이라고 로크는 생각한다.[97] 물론 통치자의 월권적 행위를 소수의 국민들이 탄핵하고자 할 때, 그 판결은 다수의 국민들이 할 수 있다. 그러나 다수의 국민들은 통치자를 탄핵하고자 하고 통치자는 그런 국민들의 의사를 위세로써 제압하고자 할 때, 이때 양자 중 어느 쪽에 정당성이 있는가는 누가 판정할 수 있는가? 통치자와 국민 사이에 분쟁이 생기면, 지상에 있는 모든 사람은 얽혀 있는 사건의 당사자로서 재판관이 되기에는 부적절하다. 이처럼 "사람들 사이의 분쟁을 판정할 재판소가 지상에는 없는 경우에는 하늘에 있는 신이 재판관이다."[98]라고 로크는 말한다. 그러니까 다수 국민들이 저항권을 행사하고자 하는 경우 그 정당성 여부를 최종적으로 판정할 수 있는 자는 신밖에 없다고 볼 수 있다. 이것은 무엇을 의미하는가?

역사·사회적으로 볼 때나 헌법 원리상으로 볼 때나, 입헌 국가에서 헌법에 저촉되는 행위를 하는 공권력에 대해 헌법을 수호하기 위해서 국민들이 저항하는 경우는 정당화하기가 그다지 어렵지 않다. 헌법 자체의 수호를 위해, 헌법에 어긋나는 통치 행위가 있을 때 그에 대한 국민의 저항권을 헌법에 명문화하고, 그 권리를 행사할 수 있는 법적 절차를 마련하고 있을 경우, 저항권 행사는 헌법에 규정되어 있는 다른 권리의 행사 수준으로 이루어질 수 있다.

그러나 문제는, 대부분의 시민혁명적 사태에서 보듯, 통치자가 국민들의 저항권 행사를 무력으로 막거나, 또는 정복자가 괴뢰 정부를 이끌기 위해서나, 또 무법적 독재자가 적법성을 가장하기 위해서 제정한 헌법 체제에서처럼, 이미 정당성을 가지고 있지 못한 헌법에 따라 '적법하게' 공권력이 행사될 때, 이에 대한 저항은 '폭력적'일 수밖에 없다는 데에 있다. 그리고 이때 이 저항이 정당한가의 여부를 신만이 판정할 수 있다는 것은, 곧 성공한 저항은 정당성을 얻지만, 실패한 저항은 국가 내란의 죄나 반란의 죄를 범하는 것이 되고 만다는 뜻 이외의 것이 아니다.

그러므로 많은 경우에 저항권의 헌법 규정은 선언적 의미를 가질 따름이다. 저항권은 그 '정당한' 헌법을 수호하기 위해서 '불법적' 공권력에 대해 행사될 수도 있지만, '부당한' 그 헌법 자체의 폐기를 위해 '적법한' 공권력에 대해 행사될 수도 있다. 그러니까 '저항권'이 인민들의 권리라면, 그것은 헌법 규정을 넘어서는 천부인권이라 해야 할 것이다. 어떤 헌법 내에 국민들의 저항권에 대한 명문 규정이 있든 없든 간에 용기 있는 국민은 불가피할 경우 저항을 할 것이고, 그리하여 성공하면 그 저항은 정당성을 얻을 것이니 말이다. 그럼에도 헌법 내에 저항권 규정을 둔다는 것은 주권재민의 원칙을 강조 재천명하는 뜻이 있다고 볼 수 있다.

적지 않은 우여곡절을 겪으면서도 오늘날 개명된 시민사회에서 각급 사회단체를 설립하고 해체하는 결사의 자유는 폭넓게 행사되고 있다고 볼 수 있다. 그러나 국가 설립이나 취소, 정부 수립이나 해체의 자유권은 어디서나 사실상은 거의 관념일 뿐이다. 혁명이든 반란이든 거사는 법의 보호 아래에서 일어날 수는 없는 일이기 때문이다.

재산 소유의 자유 문제

자유주의 사회에서의 재산 형성과 재산의 개인 소유권의 정당성에 관한 원론 또한 이미 오래전에 로크로부터 나왔다.

자연 안에서 태어나 자연에서 먹고 마실 것, 입을 것과 쉴 곳을 구하는 신체적 존재자로서 인간에게 자연은 삶의 공동의 터전이다. "자연적 이성은 인간이 일단 태어나면 자신의 보존을 위한 권리, 그러니까 고기를 먹고 음료를 마시고, 여타 자연이 그들의 생존을 위해서 제공하는 것들을 취할 권리를 가진다고 일러준다."⁹⁹ 이런 의미에서 최초 자연상태에서 자연은—토지는 말할 것도 없고, 일체의 산물(産物)이—만인의 공동 소유물이었다. 따라서 자연적으로 산출되는 모든 과실과 저절로 자라는 짐승들, "그러한 것들에 대해서는 그것들이 자연적인 상태에 남아 있는 한, 어떤 누구도 처음부터 다른 사람을 배제하는 사적인 지배권을 가지지 않았다."¹⁰⁰ "그러나 모든 사람들은 자신의 일신에 대해서는 [배타적인] 소유권을 가지고 있는바, 이에 관해서는 그 사람 자신을 제외한 어떤 누구도 권리를 가지고 있지 않다. 여기에서 우리는, 그의 신체의 노동과 그의 손의 작업은 정당하게 그의 것이라고 말할 수 있을 것이다. 그렇다면 그가 자연이 제공하고 자연 안에 남겨둔 것을 그 상태에서 옮겨 거기에 자신의 노동을 섞고 무엇인가 그 자신의 것을 합하면, 그로써 그는 그것을 자신의 소유[재산]로 만드는 것이다. 그것은 그에 의해서 자연이 놓아둔 공유의 상태에서 옮겨져, 그의 노동이 부가한 무엇인가를 가지게 되고, 그 부가된 것으로 인해 그것에 대한 타인의 공동 권리가 배제된다. 왜냐하면, 그 노동은 그 노동을 한 자의 의심할 바 없는 소유물이므로, 어떤 누구도 아닌 그 자신만이, 적어도 그것 이외에도 다른 사람들의 공유물이 충분히 남아 있는 한, 그의 노동을 합한 그것에 대한 권리를 가질 수 있기 때문이다."¹⁰¹

세계를 인류에게 공유물로 준 신은 사람들에게 또한 "그것을 삶에 최대한 이득이 되고 편익이 되도록 이용할 이성"¹⁰²도 주었고, 따라서 사람들이 노동을 통하여 자연으로부터 최대의 부가가치를 창출하는 것은 자연을 더 풍요롭게 만드는 것으로 그것은 자연적 이성에 부합하는 일이다. 그러므로 "자신의 노동에 의해 토지를 그의 것으로 만드는 사람은 인류의 공동 자산을 감소시키는 것이 아니라 오히려 증대시키는 것이다."[103] "신은 사람들이 세계를 공유토록 준 것이지만, 세계를 사람들이 그것으로부터 취할 수 있는 이익과 최대한의 편익을 위해서 주었으므로, 그것이 항상 공유로 개간되지 않은 채로 남아 있어야 하는 것이 신의 의도라고 상정할 수는 없다. 신은 세계를 근면하고 합리적인 자들이 사용하도록 준 것이다."[104] 근면한 자들의 노동에 의해서 개간된 토지는 자연 그대로였던 때보다 수십 배 수백 배의 식품과 옷감을 제공하고 그것은 인류에게 유용한 생활필수품을 충당한다. 그런 만큼 노동을 통하여 자연의 가치를 높인 사람이 그 이득을 더 많이 차지하는 것은 정당한 일이다.

> 그 자신의 주인으로서, 곧 그의 일신과 행위와 노동의 소유주로서 인간은 그 자신 안에 소유권의 주된 원천을 가지고 있다. 따라서 발명과 기술을 통하여 삶의 편익을 개선했을 때, 그가 자신을 부양하고 편리하게 하기 위해서 사용한 것의 대부분을 이루는 것은 전적으로 그의 것이며, 다른 사람과의 공유물이 아니다.[105]

이렇게 해서 사유재산은 형성되는 것이며, "근면함의 상이한 정도에 따라 사람들은 상이한 비율의 재산을 가지게 되고, 화폐의 발명은 사람들에게 재산을 지속적으로 [제한 없이] 확장할 수 있는 기회를 제공하였다."[106] 이로써 소유의 "자격에 대한 쟁론을 벌여야 할 이유도, 노동이 부여한 소유의 크기에 대해서 의심해야 할 것도 없음"[107]이 밝혀진다고 로크는 생각한다.

'재산'은 각자의 손과 이성에 의한 노동을 통해 형성되는 것이며, 그렇게 형성된 재산이 노동한 자의 소유, '고유의 것(Eigentum)'이라면, 그로써 '사유재산'이 생기는 것이고, 이 사유재산은 노동 능력에 따라서 차등이 생길 수밖에 없다. 그럼에도 만약 '각자의 것'이 '각자의 능력대로 노동 능력을 발휘하여 수확한 것'을 뜻한다면, 서로 다른 각자의 능력에 따라 서로 차등 있게 형성된 재산이 사유화되어 각자의 재산에 차등이 나는 것은 울피아누스(Domitius Ulpianus, 170~223)의 "각자에게 그의 것을 분배하라(suum cuique tribue)."[108]는 이른바 정의의 정식(定式)에도 부합한다 하겠다.

명백히 자유주의 편에 서 있는 이상과 같은 로크의 논변에 따르면, 차등적인 사유재산이 그 차등성에도 불구하고 정당한 것은, 각자가 차지한 재산 "이외에도 다른 사람들의 공유물이 충분히 남아 있다"라는 전제 아래서, 각자의 노동에 의해 형성된 재산의 사유화가 인류의 공동 자산을 감소시키는 것이 아니라, 오히려 '인류의 전체 자산이 증대하기 때문'이다. 예컨대, 정전법에 따라 토지를 균등하게 분할하여 경작한 결과 최고 수확자의 생산량이 5이고, 최저 생산자의 생산량이 1로, 총생산량이 50일 때, 같은 토지를 한 사람이 독점하여 경작한 결과 총생산량이 100으로, 이 가운데 60을 시민들 곧 당초의 토지 공유자들에게 환원하고, 나머지 40을 경작자가 독점해도 그것은 인류 전체의 이익을 증대시킨 것인 만큼 정당하다는 것이다.

그러나 노동은 손과 이성 그리고 근면성만으로는 이루어질 수 없으니, 적어도 노동할 토지가 있어야 하고, 노동 능력이 배양되어 있어야 한다. 노동할 토지 자체가 사유이고, 이 사유화가 애당초 만인의 공유물인 토지에 최초로 노동을 더함으로써, 곧 개간함으로써 확보되는 것이라면, 누구에게나 마음만 먹으면 개간할 원시의 땅이 주어져 있지 않을 경우, 그 사유화가 정당하다고 볼 수 없다. 개간할 기회가 없어서 아직 한 번도 토지를 소유해보지 못했고, 그래서 토지 경작을 해보지도 못한 사람의 생산 능력이라는 것은 측정해볼 수도 없으니, 그의 애당초의 '몫'을 알 수도 없다. 또한 어찌어찌해서 경작할 토지를 확보는 했다 하더라도 누구에게나 노동 능력을 배양할 여건이 같지 않다면, '각자의 능력대로'가 원천적으로 차등이 있을 수 있는데, 이런 상황 속에서 과연 각자의 능력대로 생산한 것이 '각자의 것'이라고 정당하게 말할 수 있을지는 의문이 아닐 수 없다. ─ 이 같은 의문점을 빌미로 현실적으로 적게 가진 자는 현실적으로 많이 가진 자에게 때로는 정당하게 때로는 과장되게, 때로는 사회 정의의 이름으로 때로는 감정적으로 소유의 불평등을 비난하고, 상대적으로 많이 가진 자는 자신의 노동의 자유를 내세워 그런 비난이 터무니없다고 응수한다. 현대 사회 어디에서나 이 쟁론은 쉽사리 합의점에 이르지 못하고 있다. ─ 자유민주주의 사회의 유지는 난제의 연속이다. 그래서 선동과 그에 기대어 '민주주의'의 외양을 갖춘 독재와 독선의 위험에 늘 노출되어 있다. (소중한 것은 취약성을 수반하는 것이 상례이다. 사악한 자들은 그 취약성을 이용하고, 선량한 이들은 그 취약성을 보완할 방도를 찾는다.)

3) 평등과 자유의 조화 문제

자유민주주의 사회를 이끄는 두 원리인 평등과 자유는 그 각각으로도 적지 않은 자체 문제를 가지고 있지만, 이 사회에서 이 두 원리가 동시에 작동함으로써 생기는 상충의 문제 또한 결코 작지 않다. 사회 구성원들 사이의 평등의 신장은 자칫 적어도 일부 구성원의 자유를 제약하게 되고, 구성원들의 자유가 확대되는 이면에는 평등이 무너지는 결과가 초래될 우려가 크기 때문이다.

이미 개인이 '주체'로 받아들여진 마당에서는 개인주의적 자유주의가 사회 운영의 기조를 이룰 수밖에 없으며, 그 상황에서는 개인-개인 관계 문제가 불가피하게 대두한다. 한 개인도 주체고, 다른 한 개인도 주체인데, 이 개인들 사이에 갈등이 있을 때 그 화해 방법이 있는가? 또는 한 개인 곧 한 사회구성 주체와 그 밖의 개인들, 곧 대부분의 사회구성 주체들 사이에 갈등이 있을 때 이를 어떻게 화해시킬 수 있는가? 또 이미 개인주의적 자유주의, 곧 '자유'의 원리를 기조로 취하고 있는 상황에서, 사회 운영의 또 하나의 요청인 '평등'의 원리를 동시에 받아들일 때 두 원리 사이의 갈등을 어떻게 화해시킬 것인가? —사실 이 같은 문제들은 '자유민주주의'를 사회 운영 기조로 삼는 곳에서는 어디서나 그 사회 형태의 본질을 유지하는 데 관건이 되는 문제들이다.

자기 노고에 의해서만 자기 소유를 증대할 수 있다는 생각이 그 근본에서는 타당하고, 또 이를 바탕으로 한 생산 경쟁이 사회 전체의 부의 총량을 증대시킨다는 것은 인류의 오랜 역사가 이미 입증하는 바이지만, 이미 사람들 사이의 경쟁 조건이 다르고, 노동에 의한 부의 창출보다 기존의 부에 의해 증대되는 새로운 부가 더 큰 상황에서, 어떤 사람의 가난을 그의 무노동과 나태함 탓으로만 돌릴 수 있겠는가?

적절한 자유경쟁 분위기를 이끌어 사회가 활력을 유지하도록 하는 것은 매우 중요한 일이지만, 팔이 긴 사람에게는 짧은 칼을, 팔이 짧은 사람에게는 긴 칼을 제공하여 경쟁 조건을 맞춰주는 사회적 장치가 마련되어야 한다. 그렇게 해서 가장 열악한 환경에 놓여 있는 사람도 경쟁 사회가 '경쟁적'으로 창출한 생산물을 인간답게 향유할 수 있도록 배려하는 것이 국가사회의 중요한 책무이다. 헐벗은 자의 상황을 '제 탓'으로만 돌린다면, 국가 기관이 할 일은 무엇인가? 자유주의자 로크조차도 동의했듯이[109], '인민의 복지가 최고의 법(salus populi suprema lex)'[110]이다. 인민 가운데는 유능한 사람도 있고, 무력한 사람도 있다. 그리고 그렇게 된 데에는 제 탓도 있지만, 남의 탓도 있고, 사회 탓도 있으며, 자연 탓도 있고, 순전히 운수(運數) 탓도 있다. (아마도 사람들 사이의 불평등 가운데 재능, 미모, 건강보다도 더 불평등한 것이 운수일 것이다. 복권의 당첨 여부는 드문 일이니까 논외로 하더라도, 누구에게나 해당하는 태생만 예로 들어본다 해도, 남자로 태어났는지 여자로 태어났는지, 소수성애자로 태어났는지, 보통 아이로 태어났는지 기형아로 태어났는지, 한국에서 태어났는지 독일에서 태어났는지, 서울에서 태어났는지 함흥에서 태어났는지가 그 사람의 현재 사정을 얼마나 크게 결정하는가…) 국가는 모든 국민을 각자의 탓을 하기에 앞서 각자의 현 사정을 살펴 고루 돌보아야 한다. 그것이 문명국가의 일이다.

경제적 불평등은 정치적, 사회적, 문화적 불평등마저 초래하는 요인이 된다. 시민사회에서 '소득과 부'는 사람이 사람답게 사는 데 필수적인 것이다. 사회 구성원 대부분이 또는 일부라도 경제적 궁핍으로 인해 심하게 고통받고 있는 상황이라면 그러한 사회에서 인간 존엄성의 가치가 유효하다고 볼 수 없으며, 그러한 사회는 결국 사회 구성원 대부분의 인간으로서의 품격 있는 삶을 파괴한다. 그래서 이를 방지하기 위해서는 개개인의 자유와 함께 소득과 부 또한 끊임없이 재조정해나가지 않을 수 없다. 그것이 휴머니즘의 원칙이다.

자유민주주의 국가에서 자유란 추상적인 전체 국민의 자유가 아니라, 구체적인 국민 '개개인의 자유'를 뜻한다. '자연상태'에서의 인간은 다른 사람과의 관계 없이도 자연 속에서 살았기 때문에, '단지 자연법칙의 테두리 내에서 자신의 일신과 재산을 자기의 임의대로 처분할 수 있는 자유'를 누릴 수 있었는지는 몰라도, 이미 한 사회 안에서 살고 있는 시민으로서의 개인은 '다른 사람의 자유를 침해하지 않는 한, 최대한의 자유'를 누릴 수 있다는 정도로 주장된다. 그러나 '다른 사람'이라는 것이 동시대의 사람과 부근에 있는 사람만을 뜻하는 것이 아닌즉, '다른 사람의 자유를 해치지 않는 나의 자유 행사'는 현실적으로는 거의 일어날 수 없다. 어느 사람의 어떤 행위도 다소의 차이는 있겠지만, 필경 다른 사람에게 영향을 미치기 마련이다. 내가 뛰어난 의술이 있다 하여 마음껏 인근의 모든 환자들을 치료한다면, 다른 의사들은 환자를 돌볼 기회를 갖지 못하고 그래서 더 나은 의술을 연마할 길조차도 걸을 수 없게 된다. 내가 내 돈이라 하여 웃돈을 얹어주고 온 동네의 사과를 모두 사들이면, 한

발 늦게 가게에 도착한 다른 사람들은 하나의 사과도 구할 수 없게 된다.

개인의 자유를 가능한 한 최대로 신장해야 한다는 이념이 지향하는 것은 모든 개개인의 자유 향유가 그러해야 한다는 것이겠지만, 사회적 조정 없이 자유 확대를 개개인의 역량에 맡겨둘 때 그 결과는, 몇 사람의 거의 무제한적인 자유와 훨씬 더 많은 사람들의 종속 내지 제한 상태가 된다. 그것은 '자연상태'에서의 개인의 역량이나 이미 조성된 사회 안에서의 개인의 위상의 차이가 참으로 크기 때문이다. 그 때문에 우리가 너무나 큰 차이의 불평등한 사회를 바람직하지 않다고 생각한다면, 개개인의 자유로운 활동에 대한 사회 제도적 관여를 불가피한 것으로 받아들일 수밖에 없다. 다시 말하면, 평등 이념의 실현은 적어도 부분적으로는 자유 이념의 희생 내지는 포기를 요구한다.

그렇기 때문에 인류 사회의 이상인 '자유롭고 평등한 사회의 구현'은 자유 이념과 평등 이념의 긴장 관계를 조정함으로써만 가능하다. 그리고 이 긴장 관계의 해소 내지 완화는 인간 사회의 윤리성과 사회 정의, 그리고 더 심층적으로는 사회 구성원 사이의 이웃사랑, 형제애, 우애(友愛, fraternitas, fraternité)를 통해서만 이루어질 수 있다.

"우애는 (그 완전 상태에서 보자면) 두 인격이 평등한 교호적인 사랑과 존경에 의해 하나됨[통일됨]을 뜻한다."[111] 이 우애야말로 도덕적 선의지에 의해 화합되어 있는 사람들의 상호 간의 복리에 동참하는 이상적인 모습이다. 그러므로 우애는 실제로는 도달하기 어려운 경지이지만 '그것에 도달할 것을 이성이 요구하는, 인간의 명예 가득한 의무'이다. 우애는 상호 이익을 의도로 한 결합 이상의 것이다. 어려움에 처해 있을 때 한쪽이 다른 한쪽에 기대할 만한 도움이 우애의 목적이나 동기여서는 안 된다. 그럴 경우 양자 사이에는 어쩌면 사랑은 유지될지 모르겠지만, 상호 존경은 사라질 것이다. 우애는 상대방을 내적으로 진심으로 생각하는 호의의 외적 표현이다. 다른 사람을 친구로서 좋게 대해야 할 이 의무는, 타인에게 의존하려는 사람에게는 자존심을 보존하게 하고, 남에게 혜택을 베풀 수 있는 운이 좋은 사람에게는 흔히 있기 쉬운 자만심을 방지하도록 해준다.[112]

이러한 '우애'의 원리만이 자유와 평등의 충돌을 지양하여 정치적 시민사회의 기반이 되고, 덕의 나라의 초석이 될 것이다. 그리고 그 위에서만 인간 존엄성의 실현을 기대할 수 있다. 그래서 롤스는 '자유'와 '평등'의 조화를 위해서는 '우애'의 원리가 충분히 기능해야 함을 역설한 것이다.

> [이제까지] 자유와 평등에 비해서 우애[박애, 이웃사랑]라는 이념은 민주주의 이론에서 덜 중요한 위치를 가졌다. 그것은, 그것이 없이는 민주주의적 권리들이 표현하는 가치들을 알아보지 못하게 되는 어떤 마음의 태도요 행동의 형식임을 알려주는 것 외에, 그것 자체가 본래 어떤 민주주의적 권리로 규정되는 것이 아니어서, 그다지 특유한 정치적 개념으로 생각되지 않은 것이다. [⋯] 의심할 여지없이 우애는 시민적 동지애(civic friendship)와 사회적

연대(social solidarity)감을 함의한다. 이제 우리는 이 기초가 되는 이념에 부합하는 정의의 원칙을 발견해내야 한다. 그런데 차등의 원칙은 우애의 자연스러운 의미에, 곧 더 못한 처지에 있는 타인들에게 이득이 되지 않는 한 더 큰 유리함을 취하기를 원하지 않는다는 이념에 부합하는 것으로 생각된다.[113]

사회는 자유와 평등의 원칙 아래서 운영되어야 하지만, 만약 사회에서 가장 유리하지 못한 자의 관점에서 보아 그렇게 하는 것이 더 큰 이득이 될 경우에는, 자유이든 평등이든 어느 정도 제한이 불가피하며, 사회의 모든 구성원이 그것을 감내하는 것이 우애의 원리이다. 그리고 이 우애의 원리가 최고의 사회 운영 원리로 작동하는 사회에서라야 비로소 모든 국가시민이 인간다운 삶을 영위할 수 있을 것이라 기대할 수 있다.

불우한 사람의 자유 보호를 위해서는 유력한 자가 절제하고 그의 자유를 조금 유보하는 자세와 함께, 복지 수혜자는 누가 그보다 더 많은 것을 향유하고 있더라도 타인의 노고 덕택에 그만한 정도의 삶의 질이 보장되고 있는 이상, 그는 그대로 자기의 형편에 자족(自足)하는 자세 — 형제처럼, 친구처럼 온 시민이 함께 어울려 사는 공화(共和)의 정신만이 자유민주 사회의 와해를 막을 수 있다. 그러므로 자유민주주의 사회의 이념은 공화국 정신의 보완을 통해서만 그 참뜻을 유지할 수 있는 것이다.

'자유'와 '평등'의 이러한 화해와 조화를 위해서는 시민들 간의 우애와 공화의 자세, 그리고 국가사회의 정의 이념 외에도 적절한 제도와 그를 실행할 수 있는 어느 정도의 국가의 힘이 필요하다. 그러나 여전히 문제가 되는 것은 한편으로는 국가권력이 남용될 경우 그를 막을 수단이 마땅치 않아 국가권력의 강화를 내세우기가 마땅치 않다는 점이고, 또 다른 한편으로는 '세계화'라는 명목 아래 실상은 국경 없는 자본이 횡행하여 도대체가 국가 단위로는 힘을 쓸 수 없는 상황이 심화되어가고 있다는 점이다. 특히 이 후자의 상황은 한 나라가 한 단위의 사회로서 스스로를 개선해나가는 데 적지 않은 장애가 될 것으로 보인다. — 이를 '세계일통국가(世界一統國家)'로 가는 도정으로 보아야 할까 ….

자연
존재자로서의
인간과 반성

인간 자신이 불완전한데, 인간들의 제도가 완전하기를 기대할 수는 없겠지만, 수천 년의 문명 변천을 거치면서 그래도 많은 사람들이 받아들일 만하다고 보는 것은 자유민주주의 정치체제일 것이다. 자유민주주의 정치제제를 이끌고 있는 시민적 원리는 앞 장에서 고찰한 바대로 자유 · 평등 · 우애이다. 공동체 운영의 기조를 이루는 이 세 가지 원리는 인간이 이성적 동물임을 잘 말해주고 있다. 자유란 속박과 제약의 감정을 가진 자들의 스스로 입법하고 통치할 수 있는 능력을 말하고, 평등이란 불평등하다고 느끼는 현실을 극복하기 위한 이념이며, 우애란 사랑과 존경, 미움과 멸시(무시)가 일방적이거나 서로 어긋나는 이들 사이를 화합시키는 미덕이다. 이러한 능력, 이념, 미덕은 순전한 이성적 존재자에게는 불필요한 것들이고, 순전한 동물이나 기계에서는 생길 수가 없는 것이다. 그것들은 오로지 이성적 동물에게 속하는 것이다.

자유민주주의 체제는 이성적 동물인 인간이 공동체적 삶을 영위하면서 터득한 지혜이고, 자유·평등·우애는 공동체적 삶을 통해 인간이 세련되어감으로써 품격을 높여나가기 위한 가치 이념이다. 만약 어떤 동물들이나 어떤 기계들이 저 원리들에 바탕을 둔 자유민주주의 체제의 일원이 된다면, 그것들은 발생 방식이 다르더라도 기본적 존재 방식이 같으므로 능히 유사 인종이라 할 것이다. 그러나 '자유민주주의'를 이해하지 못하는 어떤 존재자가 설령 어떤 기능에서 (가령 높이뛰기에서, 달리기에서, 날기에서, 계산하기에서, 자동차 운전에서 …) 인간보다 월등하다 하더라도, 그것만으로 그것을 '~인종'이라거나 인격의 한 양태라고 할 수는 없다.

이성적 동물의 발전 내지 발달이란, 그 이성성을 향상시켜나가고 그 동물성을 도야해나가면서 양자를 조화시켜나가는 것이다. 이성성만 발달된다거나 동물성만 두드러지면, 어떤 경우 천재(天才)라느니 용사(勇士)라느니 하여 더러 칭송을 받기도 하지만, 그것이 이성적 동물이 지향해야 할 바는 아니다. 어느 한쪽만을 인간의 본질속성으로 간주하거나 그렇게 간주하는 시류는 인간 개념을 왜곡시키기 십상이다. (예외적인 일을 상례로 삼는 일은 삼가야 한다.)

신체로서의 '인간'관

인간에 대한 전통적인 개념에서 인간 존엄성의 가장 강력한 근거는 인간의 자기 행위에 대한 책임능력이고, 이 책임능력은 인간 이성의 자율성에 기초한 것이다. 그리고 이 자율성의 본부로 '정신'이 상정되었다.

그런데 이런 생각은 서양 근대 문명의 형성과 함께 그 자취가 점점 흐릿해져 가고 있다. 서양 근대 문명의 핵심적 요소는 시민사회 형성과 과학기술의 발흥이라 할 것이고, 시민사회의 토대인 민주주의와 과학기술의 기초인 자연과학은 근대인의 최고 성취라 할 것인데, 이 둘은 '정신'의 희생을 대가로 요구하는 것이기 때문이다.

서양의 근대는 기실 정신과 신체의 분열로 시작되어 신체의 점진적 우위로 진전되어갔다. 사람들이 데카르트의 정신—물체 이원론에 귀 기울였던 것은 그에 의해 인간의 인간다움의 배경인 윤리세계를 새로이 등장하는 자연과학의 물리세계로부터 분리 보존할 수 있겠다고 생각했기 때문이다.

그러나 근대 문화와 함께 '정신'은 두 방면에서 협공을 받았다. 한편으로는 정치사회에서 다른 한편으로는 자연과학에서.

민주주의는 주권재민의 이념에서 출발하며, 주권재민의 원리는 투표권으로 현실성을 얻는다. 투표권은 '1인 1표'로 실현되는 것인데, 이때 '1인'은 '하나의 몸'을 단위로 한다. 이와 함께 사람은 누구나 본래적으로 자유롭다고 선언하면서 주장한 첫 번째 자유의 권리가 '신체의 자유'이다. 민주주의의 외형을 이루고 있는 것은 신체적 존재자로서의 인간인 것이다. 민주주의의 전면에는 '정신'적 존재자로서보다 '신체'적 존재자로서의 인간이 등장한다. 투표권의 행사에서는 '고상한' 사람이든 '비루한' 사람이든, 사안에 정통한 사람이든 무지한 사람이든, 공익을 함께 고려하는 사람이든 오로지 사익에만 관심이 있는 사람이든 구별도 차별도 없다. 오로지 한 단위로 간주되는 신체만이 사회 구성원인 '인간'을 표상한다.

그러나 이는 인간이 인간인 것은 신체적 존재자로서가 아니라 '인격'적 존재자로서라는 오래된 생각과 상충한다. 그런데 이런 상충에서 자연과학은 민주주의의 저러한 외형을 더욱 강화해주는 듯이 보인다. 자연과학이 이해하는 자연세계의 사물들과 사건들은 모조리 인과관계 가운데 있으며, 그러니까 자연 안에 자유로운 존재자란 있을 수 없다. 인간도 자연물들의 인과관계 속에 있는 하나의 물체일 따름이다. 자연과학의 관점에서 인간은 신체(Leib)이고, 신체는 물체(Körper) 이상의 것이 아니다. 이제, 물체의 운동에 무슨 책임을 물을 수 있겠는가? 인간은 더 이상 행위의 주체, 인격으로 간주될 수가 없게 된다.

현대의 '과학'과 자연과학주의는 인격의 모태인 인간의 자율성, 그리고 자유의지에 대해 부정적이다. 물리학주의이든 생물학주의이든 같은 결론에 이른다. 자연 안에 있는 모든 존재자의 운동은 물리적 법칙에 따른다는 물리학주의와, 인간의 행위는 뇌 운동의 외현인데 뇌의 운동은 무질서하다는 생물학주의는 인간의 자유의지론에 깊은 회의를 표명한다. 물리학주의자들은 물리적 세계의 결정론적 법칙성을 상정하고 자유의지의 문제를 곧 "자연의 기계적 필연성과 인간의 '자유의지'가 양립할 수 있는가?"라는 물음의 형식으로 제기하며, 생물학주의자들은 생명체의 분자들은 질서정연한, 계산 가능한 궤적에 따라 운동하지 않고, 오히려 매우 변화무쌍하거니와, 인간의 활동은 다름 아닌 그와 같은 유의 뇌 운동에 의한 것인데, 그러한 뇌의 운동에 자유의지가 어떻게 법칙적 동기가 될 수 있겠는가 하고 의문을 제기한다.

여기서 인간의 자유의지가 또는 자유에 의한 법칙이 물리학적 세계의 법칙과 충돌한다고 보는 것이나, 생물학적 세계의 개연성과 충돌한다고 보는 것은 다 같이 자연세계와 자유의지가 양립하기 어렵다고 보는 것이다.

이러한 '현대' 과학의 영향을 받아, 특히 물리학주의로 기울어진 다수의 사람들은 자연세계가 물리적 법칙의 지배 아래에 있는데, 인간은 자연세계 안에서 살고 있기 때문에, 인간의 모든 행동 그리고 이른바 의식, 의지라는 것도 물리적 법칙에 예속되지 않을 수 없다고 믿는다. 이러한 믿음을 결정론이라 일컫거니와, 결정론에 따른다면, 인간의 모든 인지, 의사결정, 행동은 선행 사건들에 의해 결정되는 것이고, 이를 뒤집어 말하면 인간의 모든 행동과 인간사는 미리 정해져 있는 것이며, 현재의 인간의 상태를 토대로 연쇄 고리를 거슬러 올라감으로써 과거의 모든 일을 알 수 있고, 또한 미래에 발생할 모든 인간사도 모조리 알 수 있다는 것이다. 그러니 이런 결정론이 사태에 맞고, 사태를 밝혀낼 만큼 장차 자연과학이 발달한다면 더 이상 역사학이나 사회과학의 대상은 없게 될 것이다. 아니, 인간에 관한 모든 탐구는 자연과학으로 수렴될 것이다.

이에 자연과학주의에 경도된 어떤 이들은 이러한 결정론을 뇌과학에 끌어들여 인간의 의식과 행위를 다음처럼 설명하고자 한다:

(1) 뇌는 정신을 만들며 뇌는 물리적 개체이다. (2) 물리적 세계는 결정되어 있다. 따라서 뇌 역시 결정되어 있다. (3) 뇌가 결정되어 있고 뇌가 정신의 필요조건이자 충분조건이라면 정신에서 나온 사고 역시 결정되어 있다고 믿어야 한다. (4) 그러므로 자유의지는 환상이며 우리가 각자의 행동에 개인적 책임이 있다는 자유의지의 개념은 수정되어야 한다. 다르게 말하면 '자유의지'라는 개념은 의미가 없다. 자유의지라는 개념은 뇌가 작용하는 방식에 관한 이 모든 지식을 알기 전에 나타난 것이므로 이제 우리는 자유의지라는 개념을 버려야 한다.[1]

그런데 이러한 논변에서 과연 (1)이 사실명제인지는 자연과학자들 사이에서도 여전히 검토 사안이며, 설령 이런 추론에서 (1)을 받아들인다 해도 (2)는 불확실하고, (3)은 상당히 회의적이다. 그러므로 이를 근거로 (4)를 주장한다는 것은 무리이다.

물리세계를 구성하는 인자인 양자들이 보편적인 운동법칙을 따르지 않는다는 이른바 '불확정성 원리'가 (2)를 불확실한 것으로, (3)에 대해서 회의하게 만드는 것은 아니다. 불확정성도 어디까지나 물리세계 내의 현상을 표현하고 있는 것으로, 경우에 따라서는 인간의 물리적 측정의 한계를 뜻하는 것일 뿐이기 때문이다. 불확정성 원리는 기껏해야 물리적 결정론에 대한 어떤 제한 점을 제시하고 있을 따름이라고 볼 수 있다. 그것보다는 오히려 뇌의 신경계운동과 정신 내지 의식과의 관계를 '결정적'인 것으로 설명한다는 것이 현재의 과학 수준으로는 가능하지 않기 때문이다.

그럼에도 최근의 '획기적'인 뇌과학의 발달과 함께, 인간의 '마음' 내지 '정신'이 몸 또는 신체의 한 부분인 두뇌의 생리적 활동이라고 보는 이들은 그 증거로 두뇌의 어떤 부분의 손상이 마음의 어떤 변화를 가져온다는 사실을 댄다.

인간 뇌의 특정 회로의 교란은 종종 기이한 결과를 낳는다. 대뇌피질의 옆면과 뒷면을 차지하고 있는 두정엽(頭頂葉, prietal lobe)과 후두엽(後頭葉, occipital lobe) 밑면의 특정 부위가 손상되면 실인증(失認症, prosopagnosia)이라고 불리는 희귀한 증상이 나타난다. 실인증 환자는 사람의 얼굴을 보고 그 사람을 알아보지는 못하지만 목소리를 들으면 그 사람을 기억할 수 있다. 또 특이하게

도 그 환자는 얼굴이 아닌 다른 대상들을 시각적으로 인식하는 데 문제가 없다.[2]

자유의지를 생성하고 지각할 때 활성화되는 뇌의 중추가 있을 수도 있다. 지금까지 알려진 바로는 전방 대상 고랑(anterior cingulate sulcus) 내부나 적어도 그 근처에 있는 것처럼 보인다. 그 부위에 손상을 입은 환자들은 자기 자신의 복지에 대한 주도권과 관심을 잃는다. 그들은 매 순간 집중하지는 못하지만 압력을 받을 때에는 생각하고 반응한다.[3]

그러나 '두뇌의 어떤 부분의 손상이 마음의 어떤 변화를 가져온다는 사실'이 곧바로 마음이 두뇌작용에 불과함을 뜻하는 것은 아니다. 사령관의 작전은 휘하 장졸에 의해 수행되는 것이고, 이때 장졸의 손상은 작전 수행에 변화를 가져오지만, 그렇다고 장졸의 조직이나 활동이 바로 작전 활동의 전부는 아닌 경우에서 보듯, 마음의 표현은 두뇌활동을 매개로 해서만 드러나지만, 그렇다고 마음이 곧 두뇌활동이라고 단정할 수는 없기 때문이다. 두뇌 외에 또는 몸 외에 그 활동의 주재자가 있을 가능성은 충분하다. 두뇌작용의 현상과 마음 현상의 일치가 두뇌가 곧 '자동기계'임을 말하는 것은 아니다.

의식(또는 무의식)의 활동이 모조리 물리적일 수밖에 없다 하여, 물리적인 것만이라고 단정할 수는 없다. 모든 의식활동에는 반드시 물리적 작용이 대응한다 해도 그 물리적 작용이 전적으로 '자동적'이지는 않을 수 있기 때문이다.

인간을 물리학적으로 설명하려는 이들뿐만 아니라, 생물학적으로 설명하는 현대의 유전학자들 또한 "오직 물질적인 측면에만 주목"하고, "오직 논리적이고 분석적인 방법으로 유전자를 인과인자로서만 이해하려 한다. 하지만 유전자는 또한 형태인자이기도 하다. 유전자가 지닌 미적 요소는 바로 이와 같은 형태 개념을 통해서 드러난다. 이때 우리는 유전자가 자연을 형성할 뿐만 아니라 자연 또한 유전자를 형성한다고 말할 수 있다. 마찬가지로 유전자가 인간을 탄생시킬 뿐만 아니라 인간 또한 유전자를 탄생시킨다."[4]

한 개체의 발생은 자연법칙에 맞추어 규칙적으로 이루어진다. 하지만 그렇다고 프로그래밍된 것은 아니다. 세계와 생명은 수많은 규칙적인 과정을 감추고 있다. 이 과정들은 아무런 프로그램도 없이 진행된다. 그러므로 컴퓨터의 세계에서 온 이 개념은 폐기되어야 한다. [⋯] 세포와 유전자의 발생을 프로그래밍된 과정으로 파악하는 것은 그다지 의미가 없다. [⋯] 배아는 성장하고, 세포는 분열하고 변형하면서 자신의 특성을 스스로 찾아 나간다.[5]

유전자는 그 어떤 프로그램도 따르지 않는다. 정반대로 유전자의 활동은 대단히 창조적으로 이루어진다. 전체 유전자(게놈)는 창조력을 지니고 있다. 창조력의 개념을 생물학에 도입하는 것은 물론 위험한 일이다. 그럼에도 이 개념을 받아들여야 할 타당한 이유가 있다. 그 이유란 다른 것이 아니라 유전자의 작용으로 만들어진 형태이다. 우리는 항상 그 아름다움, 즉 자연의 아름다움에 대해서 말한다. 하나의 개체가 스스로를 완성시켰을 […] 때 그것은 단순한 유기적 반응장치가 아니라 살아 있는 아름다운 형체이다.[6]

　이러한 논란을 지켜보면서 사람들은 인간의 의식과 행위를 결정하는 것이 자연본성(nature)인지 생활환경(nurture)인지 하는 오래된 물음에, 교과서적으로 쉽게 또는 중도적으로 "자연본성과 생활환경의 상호작용"이라고 답한다. 그러나 일찍이 라이프니츠가 그 비율을 1 : 3이라고 말한 바 있듯이[7], 인간의 '자연본성'에 '이성성'도 있고, '동물성'도 있다면, 어느 성격이 주도하느냐에 따라 인간의 의식도 행위도 판이하게 나타날 수 있다. 인간이 오로지 자연존재자라면 '이성성'도 결국엔 '동물성'의 한 요소이겠지만, 인간 문화의 자취에는 인간의 동물성을 끊임없이 통제하고자 하는 이성성의 노고가 적지 않게 보이며, 인간 문화사는 생활환경의 개조와 변혁의 도정으로 보인다.

　인간 역사의 주체는 자유로운 의지를 가진 인간일 수밖에 없다. 기실 민주주의의 정신도 그 외형과는 달리 자유로운 의지의 주체로서의 인간을 통해서만 구현될 수 있는 것이다.
　이제 누가 그 자유의지조차도 자연의 한 요소라고 말하고 싶어한다 해도, 자연현상에는 두 가지 방식의 인과관계, 즉 기계적인 인과관계와 자유에 의한 인과관계가 있음을 부인하지 못할 터이다. 그것은 제아무리 사실이 누적되어도 결코 당위의 근거가 될 수 없는데, 인간은 당위의 표상에 따라서도 행위한다는 '사실'이 있기 때문이다. 이러한 사실은 인간 문화의 특징 중의 특징인 도덕 체계, 그리고 그를 형성하는 자유와 의무(책임), 인격의 개념은 물리적 입자와 생물의 분자 운동만으로는 설명될 수 없음을 뒷받침한다.

/ 2 /

'정신' 없는 물리주의적 세계

일찍이 라메트리(J. O. de La Mettrie, 1709~1751)는 데카르트에 대한 비판으로 『인간기계론(*L'homme machine*)』(1748)과 『인간식물론(*L'homme plante*)』(1748)을 폈다. 그는 사람이나 동물이나 식물이나 모두 기계적인 운동만을 한다고 보았다. 인간의 의식 활동 일체도 물리적 자극과 육체적 과정의 산물이라는 것이다. 그는 인간의 의식이란 물질적 기계 운동의 특수한 부산물일 뿐으로, 실체로서의 정신은—인간적인 것이든 신적인 것이든—존재하지 않는다고 주장했다.

랑게(F. A. Lange, 1828~1875)는 "영혼 없는 영혼론", 곧 "마음 없는 심리학(Psychologie [Seelenlehre] ohne Seele)"을 발설했고,[8] 20세기 중반을 넘자 마침내 플레이스(U. T. Place, 1924~2000)는 "의식은 두뇌 과정"이라는 물리주의적 원칙을 주창하였다.[9] 이래로 심리철학의

3장 | 자연 존재자로서의 인간과 반성 **253**

대세는 물질주의적이다. 근래에는 이곳저곳에서 "우리는 우리의 뇌이다."[10]라고 말한다.

어떤 사람들은 심리 현상에 대한 용어들이 물리적 현상 외에 아무런 것도 지시하는 바가 없기 때문에 마땅히 제거되어야 하고, 실제로 과학의 발달에 의해 마침내 사라질 것이라고 본다(제거적 유물론, Eliminative Materialism). 정신 내지 심리 현상의 정체는 오로지 신경과학(neuro science)을 통해서만 밝혀질 수 있다고 보는 것이다. 이에 어떤 사람들은 모든 유형의 심리 상태는 그것에 상응하는 일정한 물질적 상태, 곧 두뇌 신경 상태가 있으며, 양자는 존재적으로는 동일한 것이라고 주장한다(유형 동일론, Type-Type Identity Theory 또는 환원적 유물론, Reductive Materialism). 가령, '사랑'이란 오른쪽 1, 2, 3, 4, 5번 뇌세포가 활발하게 운동한 상태이고, '미움'이란 왼쪽 1, 3, 5, 7, 9번 뇌세포가 격렬하게 운동한 상태라는 것이다.

이 같은 사조에 따라 대부분의 '현대인'들은 '정신', '영혼', '마음[心]', '자아', '인격', '의식' 따위는 물리적 언어로 번역되지 않는 한 지시하는 바가 없는 것으로 치부한다. 이런 유물론적·물질주의적 주의 주장들은 학자들 사이의 갑론을박을 거치면서 점점 세밀화 내지 교묘화해가고 있는 중이므로, 아직도 이론적으로 완성된 것은 아니다. 그러나 현재까지의 상황만으로도 '정신' 없는 물리주의가 인간 세계에 미친 파장은 결코 작지 않으며, 인간 세계의 질서 원리를 새로이 모색하도록 촉구하고 있다.

물리주의, 다시 말해 세상 만물의 이치를 물리적 내지는 물리학적이라고 보는 견해는 의당 '정신'의 존재를 승인하지 않고, 인간에게서도 자기 원인(causa sui)적인 자유(自由)를 인정하지 않으며, 그래서 사람들 사이의 관계에서도 당위(Sollen)를 허용하지 않음으로써 무엇보다도 결국 인간 사회의 질서 원리인 도덕이 설 자리를 없애버린다. 물리적 법칙에 따라 만물은 운동하는 것이고, 바위와 소나무 사이에, 사과나무와 까치 사이에, 개와 개 사이에 당위가 없고 윤리가 없는데, 아무런 자유로운 의지나 의사(意思) 없이 똑같은 자연법칙의 지배 아래에 있는 사람들 사이에 어떤 종류의 당위, 윤리가 있겠는가?

근대 계몽주의 시대에 데카르트가 새삼스럽게 정신과 물체 이원론을 내놓았던 것은, 사실 세계의 진리는 승인하되, 당위적 도덕과 희망적인 성스러움을 여전히 인간 세계에 남겨두려는 간절하고도 진지한 노력의 일환이라고 평가할 수 있다. 그러나 가치의 세계에서는 진리보다는 선함과 성스러움이 으레 우위를 차지하는 법이니, 정신과 물체의 공존이란 사실상 여전히 물체가 정신에 종속함을 의미하는 것이고, 그래서 어떤 식으로든 정신이 있다고 받아들여지는 한 모든 사회질서의 권위는 '고귀한 영혼'에 있을 수밖에 없다. 그러므로 영혼의 본거지를 타파하지 않고서는 감성의 '독자성'이나 감각의 '자유로움'은 비천함을 면하기 어렵다. 인간을 철두철미 감성적 · 신체적 존재자로 파악한 마르크스가 종교(기독교)는 "민중의 아편"[11]이라고 규정한 것이나, 니체(F. Nietzsche, 1844~1900)가 "신은 죽었다."[12]라고 외친 것은, 신을 정점으로 하는 정신 체계의 본거지에 대한 감성적 공격이다. 이에 비해 20세기 후반 미국 철학의 주류를 이루고 있는 물리주의는 동일한 주의, 주장의 이성적 변형이다. 물리주의는 이성의 옷을 입은 니체주의인 것이다.

이성적인 논증과 과학적인 사실 입증을 '토대로' 정신 존재를 '확인할 수 없다'고 천명함으로써 사실상 신의 존재와 인간이 정신적 존재임을 부정하고 나면, 선의 관념 자체가 원천을 잃게 되는 것이고, 결국 사람들 사이의 관계는 자연 물리적 사물들의 관계이거나 아니면 감성적 욕구의 교환, 곧 이해(利害) 관계로 환원될 따름이다. 신도 이성도 없는 곳에서 사람이 사람답게 사는 길, 곧 '정도(正道)'를 거론할 때 사람들이 기댈 수 있는 것은 오로지 상호 역학 관계를 맺고 있는 운동체들인 사람들 사이의 힘의 균형밖에는 없다. 이 판국에서 '정도'를 제시하는 것은 하느님도 아니고, 이성을 대변하는 탁월한 현자(賢者)도 아니고, 오직 힘 있는 '다수'일 따름이다.

그런데 잦은 이합집산 중에 형성되는 '다수'는 변덕쟁이이다. 그래서 아침나절의 '정도'는 저녁나절에는 이미 '정도'가 아니기도 하고, 오늘의 정도는 내일이면 벌써 '사도(邪道)'일 수 있으며, 동쪽에서의 '정도'는 서쪽에서는 '헛소리'일 수 있고, 그 반대일 수도 있다. 그래서 모든 가치는 상대적인 것이 되고, 말할 것도 없이 윤리적 가치 또한 상대화되고, 이름하여 도덕 '상대주의'가 득세한다. 도덕의 상대성이란 결국 무도덕성 이상도 이하도 아니다. 나에게는 선한 것이지만 너에게는 그렇지 않을 수 있고, 그들에게는 선한 것일지라도 우리에게는 악한 것임을 승인하게 되면, 한 행위가 보는 이에 따라서, 그 입장과 처지에 따라서 선하기도 하고 악하기도 하고 이것도 저것도 아니기도 할 수 있다는 말이 되는데, 이 상황에서 어떤 윤리적 척도가 제구실을 할 수 있겠는가!

오늘날 세상에서 자신을 신체적 존재자라고 공공연하게 받아들이는 사람들의 신체적 삶의 질은 십중팔구 사람들의 영리한 계산능력 곧 지능에 따라 결정된다. 그럼에도 불구하고 사람들은 차라리 "지능이 좀 낮다."라는 평가는 감내할망정 "도덕적으로 악질이다."라는 평은 사람이라면 누구나 못 견뎌한다. 그런 사람들에게 '도덕적 가치어'들을 무의미하게 만드는 이론은 그야말로 '복음'이다. 형이상학적 명제들과 함께 윤리적 판단들이 무의미한 것으로 확인된 마당에 윤리적 강령들은 어떤 본부에서 발령이 되든 어떠한 권위도 얻지 못한다. 물리주의는 사람들을 도덕의 굴레로부터 해방시키는 '복음'인 것이다. 그렇게 '해방된' 인간은 그래서 하나의 물체가 된다. 물체에게 분명 도덕적 가치어들은 무의미한 것이다.

우리가 보통 '인간의 존엄성'을 이야기하는 것은 인간이 여타의 생명체보다 지능이 뛰어나고, 여러 가지 방법을 동원하여 온갖 사물을 부릴 능력을 갖고 있기 때문이 아니다. 만약 그런 것이라면, 사람 중에서도 가장 존엄한 사람은 가장 지능이 높고 온갖 꾀로 뭇사람을 지배하는 사람이라 해야 할 것이다. 우리가 사람은 그 자체로 존엄하다고 말하는 것은, 무엇엔가 쓸모가 있어서 가치가 있는, 그러니까 수단적 가치를 갖는 물건과 달리 사람은 누구나 그 자체로 가치 있는, 그러니까 목적적 가치를 가진 존재자로 간주하기 때문이며, 우리가 인간을 스스로 이렇게 높여 보는 것은, 만물 가운데서 사람만이 유독 윤리적 당위 질서에 자신을 복종시킬 줄 알고, 바로 그런 한에서 신성하다고 보기 때문이다. 이제 정말이지 물리주의의 주장이 사실이고, 그것이 사실이기 때문에 우리가 사실에 근거해서 '도덕의 세계'를 무의미한 것으로 치부해야 한다면, '인간의 존엄성' 역시 물리적인 의미밖에는 얻지 못할 것이다. 그렇게 되면 사람 위에 사람 있고, 사람 밑에 사람 있는 사회도 얼마든지 정당화될 수 있을 것이다. 인간 만사는 기껏해야 물리적—생리적—심리적으로 설명될 것이니 말이다.

그뿐만 아니라 기본적으로는 윤리 도덕에 그 정당성의 뿌리를 두고 있던 국가사회의 법령들의 권위도 물리주의적 사회에서는 한낱 물리적 힘에 의존하고 있는 것이 된다. 물리주의적 사회에서는, 우리가 남의 담장 너머까지 가지를 뻗친 감나무에게 책임을 물을 수 없고, 남의 집 처마 밑에 둥지를 튼 제비에게 책임을 물을 수 없듯이, 3일을 굶어 배고픈 나머지 남의 과수원에서 사과 몇 개 따 먹는 사람에게도 책임을 물을 수 없다. 책임은 스스로 행위한 자에게나 물을 수 있는 것이지, 물리—생리—심리적 인과 연관에서 기계적으로 운동한 사물에게 물을 수 있는 것이 아니니 말이다. 물리주의적 사회에서는 이른바 '범죄자'란 단지 대개의 사람들과는 다른 방식으로 운동한 자를 지칭할 터이니, 범죄자는 더 이상 처벌의 대상일 수가 없고, 오직 치료의 대상이거나 수리(修理)의 대상일 따름이다. 톱니가 손상돼 빨리 내닫는 시계는 톱니를 좋은 것으로 바꿔주거나 쓰레기로 버리듯이, 아비가 없어 굶주리다 남의 담장을 넘은 자에게는 부유한 아비를 만들어주고, 정서가 불안정하여 남에게 행패를 부린 자에게는 적절한 치료를 해주거나 그래도 쓸모가 없으면, 또는 수리비가 효용보다 더 들 것 같으면, 내다 버리는 것이 물리주의적 처리 방식이다.

물리주의적 세계에는 기껏해야 '물격(物格)'과 그것의 등급인 '물품(物品)'이 있을 뿐 '인격(人格)', '인품(人品)'의 자리는 없다. 그런 곳에서 이른바 '선비 정신'이란 선비라고 일컬어지는 사람들의 생리-심리적 운동 규칙 이상을 의미할 수가 없는 것이며, "현대인들은 정신적 가치보다는 물질적 가치를 더 추구한다."라는 따위의 말은 애당초부터 무의미한 말일 수밖에 없다. ─ 싸움이 벌어지면 무조건 내가 또는 나의 편이 이겨야 한다는 것만이 행동의 방향이고, 그래서 자기편을 독려하기 위해 스스로 '개떼'라고 번연히 자칭하는 집단도 횡행하는 세태가 생긴다. '부끄러움'이니 '염치'니 하는 것은 인격의 한 품성이니, 개떼들에게는 무의미한 것이겠다. ("우리가[인간이] '우리'와 '그들'을 구분하고, 아주 작은 도발에도 '그들'을 비인간적으로 대하는 습관이 굳어져 있다는 풍부한 심리학적인 증거들이 있다."[13]라고 하니, 이러한 세태 또한 그러려니 해야 할까….)

부끄러움을 알고, 자신의 존엄성을 높이기 위해 덕성을 기르는 '인간'의 이념은 한낱 관성적 허위의식인가, 신인류 또는 후인류의 추세에 대한 현인류의 저항인가, 아니면 인간의 정도(正道)의 지향인가? 이에 대해 곧장 답할 수 없는 상황에서 인간의 문제는 그저 '존재함(Sein)'이 아니라 '존립(Bestehen)해 내야 함'이며, 그것은 실상(Realität)의 문제가 아니라 지향(Intentionalität)의 문제이다. 인간이 이제 맞닥뜨린 문제는 한낱 존재 문제가 아니라, 동시에 어떻게 존재해나가야 하는가의 당위 문제이다. ─ 인간은 무엇인가? 아니, 인간은 무엇이어야 하는가?

/ 3 /

지능과 지성의 분별
그리고 인간

물리주의가 횡행하다 보니, 인공지능을 인간의 두뇌에 대치시키는 한편, 인간의 마음은 다름 아닌 두뇌라 한다. 바야흐로 인공지능과 인간의 마음이 동일한 것이거나 동격이 된다는 관념이 시류를 형성한다. 과연 지능이 인간을 대표하는 본질속성일까? 아니 먼저, 이렇게 묻고 무어라고 답변하려 할 때 사람들은 '지능'으로 무엇을 뜻하는가?

'지능(intelligence)'이란 보통 "지식과 기량을 획득하고 응용하는 능력"[14], 또는 "새로운 대상이나 상황에 부딪혔을 때, 그 의미를 이해하고 합리적인 적응 방법을 알아내는 능력"[15]을 지칭한다. 이와 관련하여 '인공지능(AI)'은 그 용어 형성 초에는 "인간에 의해 수행되었다면 지능을 필요로 할 기능들을 수행하는, 기계들을 창조하는 기술"[16]이라고 정의되었거니와, 오늘날은 보통 "시각 지각, 언어

인지, 의사 결정 및 언어 간의 통역과 같이 통상적으로 인간의 지능을 필요로 하는 과업을 수행할 수 있는 컴퓨터 시스템의 이론과 개발"[17] 또는 "인간의 사고구조를 연구하고 이를 컴퓨터에 이전시키려 시도하는 정보과학 분야"[18]를 일컫는다.

그런데 생명을 '자기 설계 능력'으로서 "자신의 복잡성을 유지하고 복제하는 과정"[19]으로, 지능을 "지식과 기술을 습득하고 적용하는 능력"이라고 규정하면서 동시에 "복잡한 목표를 달성하는 능력"[20]으로 이해한다거나, "자기복제를 위한 의사결정 과정"[21]으로 이해하는 한편, 이러한 자기복제 과정 자체를 '생명'으로 이해한다면, '인공지능'이 자기복제 능력이 없는 한, 생명체는 아니라 하겠다. 그럴 경우 이른바 '인공지능'은 정확히 말해 '지능'이라 할 수는 없고, 이를테면 '유사지능'이라 하겠다. 인공지능의 '지능'은 자기 생명의 보존을 위한 작동이라는 자연 지능의 중요한 요소를 결하고 있다는 점에서, 엄밀히 말하면 '지능'이 아니기 때문이다. 그러나 인공지능이 자연 지능과 유사한 기능을 갖는 어떤 점에만 초점을 맞춰 인공지능을 "생명이 아닌 지능"[22]으로 규정하는 이도 있기는 하다.

그런데 사람들은 인간의 역량에 관해서 '지능'뿐만 아니라 '지성'을 이야기한다. 인간에서 '지성(intellect)'이란 일반적으로 "(특히 추상적인 문제에 관해) 추론하고 객관적으로 이해하는 능력"[23]을 말하며, 보통 "상위의 지능"[24]으로 이해된다. 라틴어 어원상으로는 '지성(intellectus)'과 '지능(지적 능력: intelligentia)'은 굳이 구별하여 사용하지 않아도 좋을 만큼 유사한 의미를 지니고 있고, 가령 '지능'을 "생각하고 공감하고 꿈꾸고 개념을 생산하는 전반적인 지적 능력"[25] 내지 "다양한 환경에서 복잡한 의사결정의 문제를 해결하는 능력"[26] 이라고 규정한다면, '지능'은 '지성'과 교환가능한 말로 볼 수도 있다. 그러나 '지성적'에 비해 '지능적'은 흔히 지성 능력 가운데서도 획득한 지식정보를 가장 효과적으로 (또는 교묘하게) 활용하는 능력, 복잡한 상황에서의 기민한 문제 해결 능력 내지는 상황에 대한 민첩한 대응능력이나 계산능력만을 지칭 ─ 그래서 지능 담당 부서에 해당하는 영어 'intelligence bureau'는 정보국이나 첩보부서를 일컫고, 미국 중앙정보국의 명칭은 'Central Intelligence Agency[CIA]'이다 ─ 하는 것으로 쓰인다. 그런 점에서 '지성적'이 대개 긍정적 의미를 지니고 있는 데 비해, '지능적'은 때로는 오히려 부정적인 의미를 띤다. "철수는 지성적이다."와 "철수는 지능적이다."라는 어법에서 보듯이 말이다. '지능'과 마찬가지로 '인공지능' 역시 이러한 연관에서 유용성에 대한 기대와 함께 유해성에 대한 우려를 불러일으키고 있다. 인공지능이 지능적일수록 사람의 통제를 벗어나, 이미 사람의 물건이 되지 않을 것이라는 우려 말이다.

자연과 타인에 대한 지배를 추구하는 세태에서 사람들의 그러한 경향성에 잘 부응하는 '지식만이 참된 힘'이라는 가치 관념이 생긴 이래, 유능한 인간이란 유용한 지식, 곧 "의사결정 과정에서 선택된 행동의 결과를 예측하기 위해 사용될 수 있는 정보"[27]와 그를 활용할 수 있는 과학기술을 습득해 있는 자, 그래서 주어진 문제를 신속하게 해결하는 능력자를 의미한다. 근세 이래 이러한 자가 '참된' 인간의 대명사가 되어가는 추세에, 그와 같은 역량을 탁월하게 보이는

'인공지능'이 출현하자, '인공지능'도 일종의 인간이라는 논변들이 펼쳐지고 있다. 심지어는 인공지능을 이런저런 조건을 붙여 "윤리적 행위자(ethical agent)"[28] 또는 "인공적 도덕 행위자(artificial moral agent)"[29]라고 하는 이마저 있다. (그러나 좀 더 살펴보아야겠지만, 이렇게 말할 때의 '행위자'란 '대행자' 정도를 의미하겠다.)

과연 인공지능이 일종의 인간으로 간주될 수 있는가? 도덕적 또는 법적 행위자로 볼 수 있는가? 이 물음에 대한 답의 실마리는 인공지능의 성격을 인간의 인간임의 요소와 대조해봄으로써 얻을 수 있을 것이다. '인공지능'의 개발 취지가 인간의 자연 지능을 보완하거나 보조하는 데에 그치지 않고, 인간 지능을 공학적으로 구현하여 개선 또는 대체하는 데 있다면, '인간의 본질속성'을 앞에 놓고 인간 지능과 인공지능의 유사성 내지 대체 가능성 여부를 살펴보는 것이 한 방법이겠다.

/ 4 /

인공지능과 '인격성' 문제

앞에서 헤아려본 인간임의 요소들을 자연인간(human)의 최소한의 특성으로 꼽을 수 있다면, 자연인(natural person) 외의 무엇인가를, 가령 어떤 인공지능 내지 지능적 인공물을 인간과 동일한 또는 대등한 위격(person)을 가진 존재자로 간주하기 위해서는, 최소한 다음의 세 가지 물음에 대해 '그렇다'라는 답을 얻어야 할 것이다.

첫째, 인공지능 시스템은 '도덕적 행위자'일 수 있는가?

인공지능 시스템(AI system)이 "자율적"이고, "지향적" 행동을 하고, "책임질 위상"을 갖는다면 "도덕적 행위자"로 볼 수 있다.[30] 이와 관련해 인공지능 시스템을 작동시키는 "프로그램이 윤리적 이론을 존중하고, 그 이론을 현실에 적용하도록 만드는 것이 전적으로 가능하므로, 기계도 옳고 그름을 알고 도덕적인 결정을 내릴 수 있다는 논리가 성립한다."[31]라는 논변이 있다.

도덕적 행위를 동기나 인과관계를 도외시하고 결과적으로 옳음이나 선을 낳은 행위로 이해할 때는, 어떤 프로그램에 따라 작동한 기계의 운동에 대해서도 '도덕적'이라는 평가를 할 수도 있기는 하겠다. 그러나 프로그램에 따라 작동하는 기계가 설령 인간의 관점에서 결과적으로 옳음을 실행하고 그름을 피하며, 도덕적으로 작동한 것처럼 보이는 결과를 낳는다고 해서, 그것이 '도덕적 결정'을 내렸다거나 도덕적 행위자라고 할 수는 없다. 도덕은 기본적으로 내재하는 심리적-생리적 경향성을 물리치고 '선함' 또는 '옳음'이라는 이념을 실현하기 위해 자신을 다스리는, 자기의 자연본성을 다듬는 힘, 곧 이성(理性)에서 성립하는 것이지, 그 외면적 행태에 있는 것이 아니기 때문이다. ─ 우리는 그럴듯하게 '도덕적'으로 행동하는 자들 가운데서 얼마나 많은 악한을 발견하는가! ─ 도덕적 행위자란 일차적으로 자율적 행위자, 그러니까 타자에 의해 만들어진 프로그램에 따라 ─ 설령 기계학습을 통해 프로그래머조차도 예상할 수 없는 방식이라 해도 ─ 움직이는 자가 아니라 스스로 입법하여 자기 행동을 규제하는 자를 일컫는다.

"무엇이든 할 수 있는 이는 전혀 악한 짓을 하지 않는다."[32] 전능한 터에 무엇 때문에 악행을 저지르겠는가! 그렇기에 가령 '전지전능한 신'은 그 본질상 완전한 선인 것이다. 그래서 신의 세계에는 선악의 분별이 무의미하고, 바로 그런 까닭으로 도덕의 문제가 없다. 반면에 기실 인간이 빈번하게 악에 빠지는 것은, 결여 많은 생명체로서 '자기사랑'이라는 자기보존의 욕구를 가지고 있으되, 그에 상응하는 충분한 능력이 없음에서 오는 것이다. 뭇 동물도 그러한 처지일 것이지만, 동물의 세계에도 역시 인간의 윤리의 문제 같은 것은 없다. 왜냐하면, 동물들에게는 인간과 같은 윤리에 대한 의식, 선악에 대한 분별력이 없기 때문이다. 잘 길들인 개가 흡사 사람처럼 예절 바르게 행동하고, 반대로 어떤 개가 사람에게 포악한 짓을 한다 해도, 그러한 개들을 인간의 윤리적 개념으로 판단할 수는 없는 것이다. 인간의 세계에만 도덕의 문제가 있는 것은 인간의 "이성 (raison)만이 우리에게 선과 악을 인식하는 법을 가르쳐주기"[33] 때문이다. 인간의 세계에서도 어린아이들의 행동에 대해서는 굳이 도덕성을 따지지 않는데, 그것은 이성이 나이가 들어가면서 비로소 발달하는 것이라 보기 때문일 것이다. ― '이성적 동물'인 인간은 가능성으로 품수한 이성을 차츰 현실화해간다. 그것을 성장이라 일컫는다. 인간은 가능태로 태어나 성장 과정을 거쳐 완전태로의 길로 나간다. ― 이로써 윤리 도덕이 문제가 되는 주체가 무엇인지가 분명하게 드러난다. 윤리는 본질적으로 생명 보존을 욕구하면서도 능력이 제한되어 있어 자기 욕구 충족을 위해 오히려 늘 자신과 타인의 생명에 위해(危害)를 끼칠 수 있는 자, 그러면서도 시비선악 곡직(曲直)의 개념을 가지고서 자기 행위를 규제할 수 있는 자, 곧 이성적 동물인 인간만이 그 주체일 수 있는 것이다.

이를 기준으로 말하자면, 그러므로 인공지능이 자기 욕구 즉 결여의식이 있고 그것을 충족하기 위해 자신이나 타자를 해칠 수도 있으며, 그러한 짓이 악하다는 선악의 개념이 있어서, 스스로 규범을 만들어 자신의 행동거지를 규제할 수 있는 경우에, 인공지능도 도덕적 행위자라 할 수 있겠다. 그런데 어떤 기계지능 개발자는, 비생물학적 두뇌가 생물학적 두뇌 못지않은 또는 그 이상의 능력을 갖게 되면 "우리는 그것들의 도덕교육을 고려할 필요가 생길 것이다. 교육을 시작할 훌륭한 지점은 우리의 종교적 전통에서 내려오는 오래된 관념, 즉 황금률일 것이다."[34]라고 말하고 있다. 그러나 인간한테 교육을 받은 인공지능이 설령 준수하는 윤리 규범을 가지고 있다 해도, 그것이 스스로 수립한 규범이 아니라면, 그것은 인공지능이 결코 '자율적'이지 않음을 말하는 것이고, 그런 한에서 그러한 인공지능은 '인격' 곧 책임 주체라 할 수 없으며, 그러니까—사람이든 인공지능이든 남이 가르쳐준 대로 따라서만 한다면 그야말로 '로봇'으로서—존엄성 또한 없다 하겠다.[35] 설령 겉보기에 윤리적이라 하더라도, 지정된 프로그램에 따라서 작동하는 것은 행위의 주체, 그러니까 윤리적 행위의 주체라 할 수 없다.

둘째, 인공지능 시스템은 '인(人, person)'일 수 있는가?

법인(corporation)이 법적인 (민형사상의) 책임을 질 수 있듯이 인공지능 시스템도 법적 책임을 질 수 있는가? 법적 책임을 질 수 있는 자를 '인(person)'이라 일컬으므로, 법인(corporation)을 '법인(legal[juristic] person)'이라 하는 것인데, 인공지능 시스템도 이에 유비할 수 있다면, 인공지능 시스템 역시 하나의 '인'이라 할 수 있겠고, 이것이야말로 "법인=인공인(artificial person[36])"이라 하겠다.

그런데 법인이나 인공지능 시스템이 민사상 책임을 질 경우 그로 인한 재산상의 득실은 최종적으로 그 법인이나 인공지능 시스템의 소유자(투자자, 운영자)인 자연인에게 귀속하는 것이며, 형사상의 책임을 진다면, 가령 그 양태가 폐지 내지 폐기이든 일정 기간 업무 정지 내지 운행 정지이든, 벌금 부과이든 간에 그에 따른 손실 역시 궁극적으로는 법인을 구성하거나 소유하는 자연인에게 귀속한다. 그러나 양자 사이에 의사결정이나 행위 방식은 다르다. 법인의 경우에 의사결정이나 행위는 법인 관련 법률에 따라 법인을 구성하는 자연인(또는 인공인)이 하는 데 반해, 인공지능 시스템의 경우에는 (설령 인공지능 시스템의 제작자에 의해 미리 설정된 프로그램에 따른 것이라 하더라도) 인공지능 시스템 자신이 한다. 법인의 경우에는 법인을 구성하는 자연인이 관련 법률을 잘못 해석하거나 위반하여 의사결정을 하거나 행위를 했을 때는 법인뿐만 아니라 당해 자연인이, 경우에 따라서는 법인이 아니라 자연인이 그 과실에 대한 책임을 진다. 그런데 인공지능 시스템의 경우에는 의사결정도 행위도 인공지능 시스템 자신이 하므로, 사정이 다르다. 만약 과실이나 범죄가 사전에 충분하게 대비하지 못한 또는 잘못된 프로그램이나 운행 중의 예기치 못한 고장이나 외부 간섭에 의해 발생한 것이라면 어떻게 할 것인가? 법인의 경우 '잘못된 프로그램'이란 '부당한 법률'이 될 것인데, 경우에 따라서 그 법률이 위헌 판정을 받아 무효가 될 수는 있어도 법률 제정자 곧 의회가 책임을 지는 경우는 없다. 그런데 인공지능 시스템의 과실이 '잘못된 프로그램' 탓으로 밝혀지면, 그 프로그램이 폐기되는 것이야 당연할 것이며, 아마도 그 인공지능 시스템의 과실을 그 프로그램의 설계자에게 추궁할 공산이 크다. 법률 제정자는 국가권력이고, 프로그램 설계자는 사인(私人)이라서 그러한가?

아니면, 애초부터 인공지능 시스템은 법인과 같은 인공인이 아니라, 한낱 인공 기계이기 때문인가?

이제 만약 인공지능 시스템을 하나의 '인'으로 간주한다면, 그것은 종래의 '자연인'이나 '법인'과는 다른 종류의, 새로운 '인'의 개념을 도입하는 일이다. 그러나 '인공지능 시스템'이 형태와 규모 면에서 천차만별일 뿐만 아니라 기술 발달과 함께 매우 가변적일 것을 생각하면, '하나의' 시스템을 규정하는 일에서부터 난관에 부딪칠 공산이 크다.

셋째, 인공지능 시스템의 '자기결정'을 어디까지 용인할 수 있는가?

다른 한편, 사람이 제정한 법규는 철칙이 아니다. 그래서 우리는 "최고의 법은 최고의 불의이다(summum ius summa iniuria)."[37]라는 명제를 납득할 수 있는 것이다. "잔디밭에 들어가지 마시오!"라는 규칙이나 "중앙선을 침범하지 말라."라는 규범을 어겼음에도, 우리는 그러한 행위가 이러한 규범을 지키는 것 이상의 '가치'를 지키기 위한 것으로 여겨질 경우에는 관용한다. 오히려 우리는 그 이상의 가치가 있음에도 불구하고 저러한 규범에 얽매여 그 규범만을 '문자 그대로' 준수하면 그런 행위를 '기계적'이라 폄하한다. 인격체는 상황에 맞게, 신축성 있게 자기결정을 할 수 있고, 그에 뒤따르는 공과에 대해서도 책임을 진다. 그런데 이러한 '도량(度量)'이나 '시중(時中)'까지를 인공지능 시스템, 예컨대 자율주행차에 프로그램화할 수 있을까? 또 기술적으로 프로그램화할 수 있어서 실현될 때, 사람들이 그러한 자율주행차의 작동을 사람이 행한 것처럼 받아들일 수 있을까? 자기결정에 따라 때때로 교통법규를 위반하는 '자율주행차'를 용인할 수 있을까? 또, 유연한 자기결정에 따른 공과가 있을 때 자율주행차가 어떤 책임을 질 수 있을까?

이상의 세 물음에 대해서 긍정적인 답변을 할 수 없는 한, 인공지능을 '인격'으로 간주할 수는 없다.

그리고 이렇게 과연 인공지능이 인격성을 갖는지를 검토해봄으로써 우리는 '인격'이 무엇을 의미하는지를 더욱 분명하게 알 수 있다.

/ 5 /

'인공지능 윤리'에 대한 성찰

사람에 의해 만들어졌지만 인간보다 훨씬 빨리 달리는 자동차도, 인간은 날 수 없는 창공을 나는 비행기도, 인간보다 신속하고 정확하게 셈하는 계산기도, 인간이 대응할 수 없는 바둑의 수를 찾아두는 알파고도 이미 작동하고 있다. '인공지능'이라는 것이 개발 당초부터 인간의 지능으로 수행할 수 있는 일을 대신하거나 더 잘 하게 하려는 의도에 따라 등장한 것인 만큼, 기술이 가속도적으로 진보하면 인간의 지능에 근접하는 또는 훨씬 뛰어넘는 범용인공지능(AGI) 또한 출현하리라 기대할 수 있겠다. 그리고 아마도 인공지능 시스템이 인간의 지능과 더 이상 유사하지 않게 될 때에 인공지능은 더 우수한 기능을 발휘하게 될 것이다. 인간은 다른 요소에서도 그러하듯이 지능의 면에서도 많은 결함을 가지고 있으니 말이다.

그러나 인간이 가진 어떤 신체적 기능이나 정신적 기능을 인간보다 탁월하게 수행하는 사물이 있다 해도, 그것이 유한한 생명성, 자기산출성, 자율적 주체성이 없으면 '인간' 즉 '이성적 동물'은 아니다. 즉 그러한 것은 인간의 위격을 가질 수 없다. 인공지능이 지능적 또는 정서적 측면에서 인간의 행태를 보인다 하더라도—인간에 대해 행태주의 관점을 가진 이들은 '범용인공지능'이 출현하면 '인간지능'과 '인공지능'은 구별할 수 없으니, 한가지라 할 것이다. '튜링 테스트(Turing Test)'라는 발상도 이러한 행태주의의 한 전형이다—, 앞서 우리가 인간임의 요소를 성찰할 때 예시한 인간의 본질적 특성을 갖추지 못하는 한, 인간의 종에 속할 수는 없다. 그러한 것은 엄밀한 의미에서 '인격'으로 간주될 수 없다. 그러므로 가령 '인공지능의 윤리'라는 것이 있다면 그것은 인공지능 시스템을 다루는 사람의 윤리라고 보아야 할 것이고, 인공지능 시스템, 예컨대 자율주행차의 운용 중에 일어나는 사고 또한 결국은 관련한 자연인이나 법인들이 책임질 일로서 자율주행차가 최종적인 책임의 주체가 될 수는 없다.

그러므로 누가 '인공지능의 윤리'를 말한다면, 그것은 어떤 상황에서 '도덕적' 인간이라면 그렇게 했을 행위와 똑같이 행위하는 인공지능 시스템을 설계하고 운용하는 사람의 윤리를 지칭하는 것이겠고, 그 국면에서 도덕적 행위자가 있다면 그것은 도덕적인 인간일 것이며, 그러니까 이른바 '인공적 도덕 행위자(AMA: Artificial Moral Agent)'란 본래적 의미의 '행위자(agens, actor)'라기보다는 도덕적 인간의 인공적(즉 기계) '대행자(agent)'이겠다. 그러므로 인공지능 시스템은 당연히 도덕적으로 작동하도록 설계되고 운용되어야 하며, 그렇기에 비록 그 자체가 주체적인 도덕 '행위자'는 아니더라도, 도덕 주체인 인간의 '대행자'로서 "도덕적 중요성 내지 도덕적 성격을 갖는"[38] 것이 당연하다. 그리고 이때 '도덕적' 행위에 대해서 어떤 현실적 책임을 묻는 평가가 뒤따른다면, 그 행위는 한낱 느슨하게 책임을 묻는 '윤리적' 행위를 넘어, 엄격하게 책임을 묻는 '적법한' 행위를 지칭하는 것이겠다. 엄밀한 의미에서 윤리가 행위의 외면(행태, 결과)이 아니라 행위의 내면(양심, 동기)에 있는 것이라 한다면, 법리(적법함)는 행위의 외면만으로도 판단할 수 있다는 점에서 더욱더 그렇다. 그러나 도덕적 대행자인 지능 기계에게 물을 수 있는 것은 민법상 상법상 지위를 얻은 범위 내에서 "변상책무(accountability)"[39]나 배상책임(liability) 정도이고, 그러한 제한적인 의미에서 지능 기계를 '법인(legal person)'에 준해 취급할 수도 있을 것이나, 진정한 의미에서 '책임(responsibility)'은 그 기계를 제작하고 운용한 자연인이나 법인에게 귀속하겠다. 이에서 더 나아가 만약 행태의 면만을 보아, 가령 튜링 테스트를 통과한, 기계 지능(시스템)을 자연인과 대등하게 간주하고, 자연인과 같은 수준의 책임을 지게 한다면, 그러한 책임에 상응하는 권리, 예컨대 시장을 선출하고 시장에 취임할 수도 있는 시민의 권리를 부여해야 하는 것도 당연한 이치이겠다. ─ 기계 지능이 이러한 권리를 갖지 못한다면 '자율성'과 '인격성'을 인정받지 못한 것이다. (사람들이 말하는 '로봇세'가 로봇의 운영자가 내는 세금이 아니라, 문자 그대로 '로봇이 내는 세금'이라면, 그 세금의 용처를 결정하는 의회에 로봇 대의원을 내보내는 로봇의 참정권도 인정해야 합당할 것이다. 또한 로봇이 기한 내에 세금을 납부하지 못하거나 끝내 탈세할 경우에는, 로봇이 상응하는 처벌을 받아야 하고, 그 처벌에서 고통을 받아야 한다. '처벌'을 받기는 받았는데 그에 대해 아무런 고통을 느끼지 않는다면, 그러한 것은 처벌로서 아무런 효력이 없다. 이러한 발상이 터무니없다면, 로봇은 인격이 아니다. 다시 말해 로봇은 실제로는 전혀 책임지는 자가 아니다.)

　개념 정리를 어떻게 하든, 인공지능 로봇이 인격이든 아니든, 로봇이 국가시민의 일원이든 아니든, 행태의 면에서 여느 인간과 유사하게, 또는 인간이 선호하는 기능의 면에서 인간에 버금가거나 인간을 능가하는 인공지능 내지 지능적 인공물이 출현하면, 자연인간 중심 사회의 변화는 불가피하다. 또는 당초에는 인간의 손에 의해, 인간의 도구로 제작된 인공지능이 진보를 거듭하여 형태와 행태의 면에서 인간과 전혀 다르더라도, 인간의 제반 능력을 뛰어넘어 인간을 힘으로 압도 지배하게 되는 국면이 도래할 수도 있다. 그리고 그러한 국면에서도 만약 '기계 지능의 윤리'라는 것이 있다면, 그것은 인간이 수립해 가르쳐줄 수 있는 것이 아니라, 기계 지능 스스로 수립할 것이다. —인간보다 탁월한 어떤 존재자가 인간의 '윤리(倫理)'에 종속할 리가 없으니 말이다. —그런데 만약 기계 지능이 자기의 윤리와 법률체제를 세워 갖는다면, 그 기계 지능 또한 '자율적'이라 해야 할 것이다. 그러나 그때 그 자율적 존재자는 더 이상 '인공'적인 것이 아닐 것이다. 그 존재자는 이미 인간의 기술(art)을 멀리 넘어가 있을 것이니까 말이다. 그 반면에 기계 지능이 '인공적'인 한에서는 결코 '자율적'일 수 없고, 따라서 '도덕 주체'일 수 없으며, '인격'일 수 없다.

　또한, 만약 누구 말대로 "지능폭발"[40] 같은 것이 일어나 인간의 지능을 뛰어넘는 존재자가 발생한다 해도, 그 존재자가 동물성을 가지고 있지 않다면, 설령 그러한 존재자에게 자기규범이 있다 해도 그 내용은 인간의 것과는 판이할 것이고, 따라서 인간적 의미의 '도덕'을 가질 리도 없을 것이다. 인간의 윤리 도덕은 본시 자신의 동물성을 다스리는 데 의의가 있는 것이니 말이다. 그러니까 아마도 비동물적인 '초지능(ultraintelligent) 존재자'는 당연히 인간적 의미의 도덕 행위자일 리가 없고, 따라서 '인격'일 수 없다. 아니, '인격'일 리가 없다.

'인공적'–'자연적', '인공인간'–'자연인간'의 구별이 의미가 있고, '자연인간'이 현생 인류를 지칭하는 한, 자율성은 궁극적으로 자연인간의 속성이고, 그렇기에 자연인간만이 도덕의 주체일 수 있고, 도덕의 문제를 갖는다. 여타 모든 행위에 있어서와 마찬가지로 인간은 인공지능도 윤리 규범에 맞게 개발하고 운용해야 한다. '인공지능'은 마땅히 인간의 윤리 규범 내에서 작동해야 하고, 그 범위를 넘어서면 더 이상 '인공'지능이라 할 수 없다. —'인공지능의 윤리'는 인간의 윤리이다. '동물 윤리'나 '환경 윤리'가 인간의 윤리이듯이 말이다.

4장

포스트휴먼 사회의
도래와
인간의 과제

인본주의 원칙

인류 문명사가 윤리의 외연 확대의 역사라 함은 곧 '인간' 개념의 외연 확대의 역사임을 뜻한다. 노예로 전락한 고대의 수많은 피정복민들, 침략해 들어온 외지인들에게 인간이 아니라고 규정되고 짐승처럼 내몰렸던 아메리카 원주민들, 아직은 사람 아닌 것으로 취급되었던 태아들이 누구와도 동등한 '인간'임은 이미 오래전부터 자명하다. 죄수나 전쟁 포로들에게도 '인권'이 있음 또한 납득된 지 오래이고, 짐승들, 식물들, 생명 가진 모든 것들에 생명윤리가 보편적으로 적용되어야 함 또한 점점 분명해져가고 있다. 이제 발생 방식은 인간과 다르지만, 인간과 유사한 활동을 하고, 경우에 따라서는 인간의 어떤 능력을 훨씬 뛰어넘는 유사 인종, 포스트휴먼에게 과연 '인권'에 상응하는 권리 그리고 그것에 짝이 되는 의무를 인정할 것인지, 일반화하여 인간의 윤리 도덕이 포스트휴먼에게도 타당한지가 숙려의 대상이 되고 있다.

그런데 인간의 '인간임', 인간의 존엄성은 그의 자율로서의 자유의 힘에 의거하는 것이니, 인간의 존엄성이 누구나의 존엄성을 뜻하는 한, 각자는 무엇보다도 똑같이 의사의 자유를 가진 것으로 간주된다. 그래서 인간 사회에서 "법의 보편적 원리"는 "행위가 또는 그 행위의 준칙에 따른 각자의 의사의 자유가 보편적 법칙에 따라 어느 누구의 자유와도 공존할 수 있는 각 행위는 법적이다/권리가 있다/정당하다/옳다(recht)."[1]라는 것이다. 이러한 보편적인 법 원리에 따른 "보편적 법법칙"은 "너의 의사의 자유로운 사용이 보편적 법칙에 따라 어느 누구의 자유와도 공존할 수 있도록, 그렇게 행위하라."[2]라고 표현될 수 있다. 그러니까 우리가 사회 여건에 따라 어떠한 법규범을 제정하더라도 제정된 법규범이 저 원칙에 저촉되어서는 안 된다.

인간의 권리와 의무의 보편성은 상호성을 바탕에 두고 있다. 인간 사회의 윤리 도덕 또한 솔선수범을 미덕으로 내세우기는 하지만, 상호성을 당연한 것으로 전제하고 있다. "너희는 남에게 바라는 대로 남에게 해주어라."[3]라는 기독교의 '황금률'이나 "자기가 하고 싶지 않은 바는 남에게 시키지 말 일"[4]이고, "자기가 서고자 하면 남을 세워주고, 자기가 도달하고자 하면 남을 도달하게 해줄 일"[5]이라는 유교의 혈구지도(絜矩之道)는 내가 먼저 베풀면 남도 그렇게 할 것이라는 기대와 함께, 반대로 남이 먼저 그렇게 하면 나도 그렇게 하지 않을 수 없다는 마음씨를 담고 있다. 타자에 대한 의식, 곧 사회의식에서 윤리 도덕은 비롯하는 것이니, "타자야말로 인간 도덕성의 근원이자 목적"[6]이다.

타자에 대한 의식과 상호성의 원리가 유효하게 작동하기 때문에 인간 사회의 제 규범이 그 규범성을 유지하고 있는 것이다. 그리고 이러한 상호성이 사람들 사이뿐 아니라 인간과 유정(有情) 생명체 사이에도 어느 정도 있다고 보기 때문에, 인간을 넘어서 인간의 윤리 규범을 확대하고자 하는 논의가 일어나고 있다 하겠다. 인간과 여타 유정 생명체 사이에 윤리가 성립한다는 것은 유정 생명체들이 인간 활동의 한낱 수단이 아니며, 따라서 만약 그렇게 대한다면 그것은 '비윤리적'임을 말하는 것이다. 만약 인간과 포스트휴먼 사이에서도 이러한 상호성의 원리가 작동한다면, 휴먼-포스트휴먼 윤리 규범도 인간의 윤리 규범에 준해서 논의될 수 있을 것이다. 그러나 인간과 포스트휴먼 사이에는 저러한 상호성이 성립하지 않는다 하면, '포스트휴먼의 규범'은 인간이 포스트휴먼을 다루는 규범이거나, 포스트휴먼이 인간과는 독립적으로 갖는 자치(自治) 규범일 것이다.

모든 윤리는 인간적 삶의 규범인 만큼 그 중심에는 '인간'이 있어야 한다. 포스트휴먼 사회에서 휴먼과 포스트휴먼의 공존보다 우선적으로 구현되어야 할 것은 휴먼들 간의 아름다운 공존이다. (그것은 동물윤리나 환경윤리를 논의하는 마당에서도 마찬가지이다. 동물권을 운운하는 곳에서 인권이 소홀히 되고, 한 마리 반려견보다도 천시받는 이웃 인간이 있다거나, 자연보호를 외치면서 이웃 인간을 소나무 한 그루보다 더 소홀히 대한다면, 그것은 '윤리(倫理: 인간종의 공존의 이치)'의 본래 뜻에 전혀 맞지 않는 사태이다.) 그리고 휴먼과 포스트휴먼의 지혜로운 공존은 휴먼들의 영속적인 공존을 위한 수단이어야 한다. 휴먼은 휴먼으로서 개선을 지향해야지 트랜스휴먼이 된다거나 포스트휴먼에 자리를 내어주고 소멸하는 길로 나아갈 수는 없다. 그것이 휴머니즘이다. 휴머니즘은 트랜스휴머니즘을 우려하며, 포스트휴머니즘을 경계한다.[7]

어느 시대이든 사회 규범은 인간의 존엄성을 고양시키기 위한 것이어야 한다. 어떠한 과학기술이나 그 산출물이라도 인간의 존엄성을 훼손할 경우에는 즉각 폐기되어야 하며, 그러할 우려가 있을 때는 중단되어야 한다.

과학기술의 급진에 따른
인간적 사회의 2대 과제

2011년 독일에서 공표한 "인더스트리 4.0(Industry 4.0)"(Hannover Fair, 2011. 4)과 2016년 다보스에서 열린 '세계경제포럼'이 주제로 택한 "제4차 산업혁명"[8]으로 인해 다수의 산업계 종사자와 각국 정부의 정책입안자들은 21세기에는 새로운 산업 양태가 나타날 것으로 예상하면서 상응하는 전략과 정책을 세우고 있다. 스마트공장(smart factories) 또는 3D 프린팅에 의한 맞춤생산(customization), 이러한 생산소비양식으로부터 파생할 주문형경제(on-demand economy) 모델, 다품종 소량 생산체제가 종전의 대량 생산체제를 대신할 것으로 예견되고, 무인운송수단(자율주행차, 드론, 항공기, 보트)의 상용화와 인공지능 내지 기계학습(machine learning)의 범용화, 만물환지능통신 (AICE: Ambient Intelligence Commnuications of Everything)까지 실현되면, 바야흐로 디지털 초연결 사회(hyper-connected society)가 도래할 것이라 한다.

이러한 생산체제와 사회 운영에 필수적인 것은 정치와 경제, 정부와 민간, 대기업과 중소기업, 제조업과 유통업, 사업장과 사업장, 생산직과 경영진, 생산자와 소비자 사이의 거의 실시간적인 협조와 유연한 대응이다. 연결과정은 점차로 자동기계화하면서도 인간관계는 더욱더 긴밀해지길 요구하는 것이다. 또한 필수적인 과학기술 간의 유연한 결합을 위해서는 예컨대 자연과학과 공학, 물리학과 생물학의 분야 이질성을 뛰어넘는 동질성이 확보되어야 하고, 그 결합에 인문적 가치가 함께 스며들어야 한다. 디지털 네트워크의 플랫폼(platform)인 스마트공장은 다름 아닌 인간과 인간, 인간과 사물, 사물과 사물을 연결 융합하는 자리인 만큼 원활한 소통 방식의 구축에 그 성패가 달려 있다.

그래서 예를 들면 독일의 제4차 산업혁명 주관 기구(Industrie 4.0)는 제4차 산업혁명의 의의를 다음과 같이 규정한다.

제4차 산업혁명(Die vierte industrielle Revolution)은 제품의 전 생애주기에 걸쳐 전체 가치 연쇄 창출을 조절하고 조직에서 새로운 차원이 펼쳐짐을 말한다. 점증하는 개인화된 고객의 수요를 고려하고, 하나의 제품을 기획, 생산, 운송, 재활용하는 과정에서 최종 고객의 주문과 이에 연결된 서비스에 대한 아이디어를 포함하는 모든 활동이 제4차 산업혁명의 영향을 받는다. 제4차 산업혁명에서는 중요한 모든 정보를 실시간으로 확보하고, 가치 창출에 참여하는 모든 단위들이 서로 연결되어 있으며, 언제든지 수집된 데이터에서 최적의 의사결정을 내릴 수 있는 능력을 가진다. 사람과 객체, 시스템의 연결을 통해 동적이고, 실시간으로 최적화하여, 스스로를 조직하고, 기업의 경계를 넘어서는 가치 창출 네트워크가 가능해진다. 또한 생산 비용, 준비상태, 자원이용 등 다양한 평가기준을 만족시키는 최적화된 의사결정이 가능해진다.[9]

그렇지만 만약 '제4차 산업혁명'이 생산과 유통과정의 이러한 플랫폼화만을 지시한다면, 그것은 '제3차 산업혁명'의 심화된 형태라 볼 수도 있을 것이다. 이러한 진척은 실상 정보통신기술(ICT) 산업의 연장 선상에 있는 것이니 말이다.[10] 그러나 이제 '제4차 산업혁명'―이것이 실로 '혁명'으로 일어난다면―은 그 생산-소비 양식뿐만 아니라 과학기술의 활용 내용을 주목해야 하며, 의생명과학기술 분야에서 더욱 그러하다. 그 분야 종사자들이 2030년대로 예상하는 바처럼, 물리학, 컴퓨터과학기술, 합성생물학(synthetic biology)이 더욱 진보하고 상호 융합하여 바이오프린팅(bioprinting)(생체조직프린팅), 자가변형(self-altering)기기(4D 프린팅)가 등장하고, 그것이 사이보그(cyborg: self-regulating organism)까지 출현시키면, 그 양상은 한낱 '산업혁명'이 아닌 '인류 문명의 변형'이 될 것이기 때문이다.

종전의 제3차 산업혁명까지는 산업 분야에서 일어난 '혁명'이 인간의 삶의 질과 양식을 전반적으로 급격하게 변혁 개선했음을 뜻했다면, 의생명과학기술을 또 하나의 축으로 갖는 제4차 산업혁명에서 '혁명'은 인간 개념 자체를 본질적으로 뒤흔들 가능성이 높다. 생명공학은 필시 인간 능력의 증강이라는 의도 아래 인체에 대한 각종 시술을 감행함으로써, 인체를 '인공적'으로 변형시키고, 과학기술 능력이 미치는 한 심지어는 자연적 발생이 아닌 인공적 방식으로 인간과 유사한 종을 산출해낼 것이다. 인간의 변형과 함께 이렇게 해서 발생한 유사 인종이 공존하는 국면을 우리가 '포스트휴먼 사회'라고 일컫는다면, 제4차 산업혁명의 주요 구성인자인 인공지능과 합성생물학은 그러한 사회의 도래를 재촉할 것이다.

포스트휴먼 사회의 도래[11]는 자칫 인간 존엄성의 근간을 뒤흔들어놓을 수가 있다. 그러한 사회에서는 자연지능이 내재해 있다는 점에서 좀 특별하기는 하지만 인간도 본질적으로는 다를 것이 없는 '하나의 생각하는 기계'로서 간주되어, 여느 기계나 동물처럼 각종 조작과 시술의 대상이 됨으로써 그 존엄성이 부정될 것이기 때문이다. 이제까지 인간 존엄성의 근거는 그 인격성, 다시 말해 생명성·자율성·자기동일성·대체불가능성이었는데, 이러한 인격성이 깊은 회의에 휩싸일 것이다. 인간 문명의 발달이 인간의 인간임의 고양에 그 의의가 있다면, 이러한 상황은 발달이 아니라 인간 문명의 함몰로 이어질 수 있으므로, 새로운 사회에 알맞은 규범에 대한 각별한 숙고와 성찰이 절실하다.

'제4차 산업혁명'과 그로 인한 인간 문명의 변환은 수많은 사회적 물음을 제기하거니와, 이러한 물음들에는 어떻게든 해결하지 않으면 안 되는 윤리적 문제들이 동반한다. 그 가운데서도 인간의 삶의 양상에 가장 심대하게 영향을 미칠 문제를 꼽자면 무엇보다도 다음의 두 가지일 것이다. 하나는, 인공지능의 진보에 힘입어 고도화된 로봇이 다양한 방식으로 인간 사회에 진입함으로써 이제까지의 노동 기반 사회의 구조가 와해됨에 따른 소득구조 재편성의 문제이고, 또 다른 하나는, 의생명과학기술의 진보가 인간의 생명과 인체에 관여함으로써 일어날 인간 변이의 문제이다.

1) 노동기반소득체제의 와해와
소득구조 재편의 문제

산업사회와 노동기반소득체제

산업(産業)이란 인간이 생존을 위해 필요한 물자를 생산하고 유통하는 제반 활동과 용역을 일컫는다. 인간의 산업적 활동을 노동이라 하고, 인간은 노동을 통해 소득을 올려 일용하고 남는 소득으로 재산을 형성한다. 소득은 인간 삶의 물적 기반이며, 재산은 소유자의 시민적 독립성의 기초가 된다. 그래서 산업사회가 이룩되면서 인간은 비로소 시민사회에 접어들었다고 평가하는 것이다.

오늘날 '산업'이라는 말의 어원인 라틴어 '인두스트리아(industria)'는 본래 근면/재간/노련함/면밀함을 뜻한다. 이는 산업의 형태보다는 산업 속에 간직된 정신을 표현하고 있다 하겠다. 정신이란 산업 자체보다는 산업 종사자에서 드러나는 것이니, 어원을 살펴 말하자면, 산업 종사자는 근면하고 노련하고 주도면밀함을 속성으로 갖는 것이 '산업'의 본래적 의미에 부합한다 하겠다. 그러나 이러한 근면과 노련함과 면밀함은 단지 산업 경영에서가 아니라, 인간 사회 문화 일반에서 더 분명하게 드러나야 한다. 인간 문화의 한 형태인 산업의 발전이 곧 인간 문화의 본질적 향상, 곧 인간의 존엄성 제고로 이어져야 함은 당연하며, '산업혁명'은 인간을 가치의 중심에 둔 휴머니즘의 증진에 획기적으로 기여할 때만 그 '혁명'의 의미를 갖는다 할 것이다. 어느 시기, 어떤 종류의 '산업혁명'이든 그것이 변란이나 괴변이 아니고 혁명이라면, '좋은 시민사회'를 위한 자양분이기 때문이 아니겠는가.

그러한 기여를 하기 위해서는, 특히 자칫 '제4차 산업혁명' 과정에서 급진하는 의생명과학기술이 빚을지도 모를 인간 생명의 조작 및 인체의 플랫폼화를 방지하는 한편, 인공지능 로봇의 범용화로 인한 종전의 노동 기반 사회의 기반 변천에 의한 시민 생활 체제의 변동에 적절히 대응할 사회제도가 마련[12]되어야 할 뿐만 아니라, 인간의 내면적인 자기 개선이 있어야 한다. 오랫동안 인간 공동체는 노동 기반 사회였다 해도 과언이 아니다. 그러나 '노동(勞動, labor, travail, Arbeit)'을 뜻하는 각 언어의 낱말들이 하나같이 고통과 고달픔과 시달림을 기본적인 의미 요소로 갖는 바에서도 드러나듯이, 노동은 노역이며, '노동자의 삶'이란 언제 어디서나 지난한 모습으로 표상되고 있다.

한자 '勞動'은 고달프고 고단한 운동을 일컫는다. 라틴어 'labor' 역시 고생, 간난신고, 재난이나 환란(tribulatio)을 뜻했다. 프랑스어 'travail'는 라틴어 tripalus(세 기둥/말뚝)에서 유래했으니, 그것은 호되게 채찍질할 말을 묶는 장치였다. 노동은 체형과 다름없는 고통을 수반한다.

독일어 'Arbeit'는 라틴어 arvum/arva(경작지, 밭, 땅)에서 유래했으니, 원시적 도구로 밭을 일구는 뼛골 빠지는 노고와 고통을 뜻한다. 척박한 땅을 형편없는 농기구로 일구던 중세 독일 농가의 모습을 묘사한 속담이 있다: "아비는 일하다 지쳐서 죽고, 아들은 여전히 곤궁을 겪고, 비로소 손자 때가 되어서야 빵을 얻는다.(Der Vater arbeitet sich zu Tode, der Sohn leidet immer noch Elend, erst der Enkel findet sein Brot.)" 그러나 그렇게 해서 얻은 빵도 일반 노동자의 경우에는 겨우 반쪽이었으니, 반쪽은 지주에게 바쳐야만 했기 때문이다.

유일한 일터가 농토였을 시절에 '일하다'는 곧 '농사짓다'였기에, 처음으로 산업혁명을 일으킨 서양 사회에서, 이전 중세 사회를 구성한 세 부류의 사람들 곧 '일하는 이들(laboratores)', '싸우는 이들(bellatores)', '기도하는 이들(oratores)' 가운데 '일하는 이들'이란 다름 아닌 농민이었다. 근대에 접어들어 기술이 발전되면서 각종 전문가가 생겨나 이제 노동자의 일부는 기술자였고, 그로써 더 이상 땅과 지주에 매이지 않은 자유인이 등장하였다. 이를 계기로 자기 노동으로 생산한 것은 '자기 것'이라는 소유 이론이 폭넓게 납득되었다.

로크는 인간의 시민적 생활의 기반인 재산을 당초에 사람이 "대지를 생활에 이익이 되도록 개량하여 그 위에 그 자신의 것인 어떤 것, 즉 노동을 가함"[13]으로써 취득하기 시작한 것으로 보았다. 이렇게 해서 "근면함의 상이한 정도에 따라 사람들은 상이한 비율의 재산"을 사유하게 되었고, 화폐가 생김으로써 자기 재산을 지속적으로 안전하게 확장할 수 있게 된 것이며,[14] 그러므로 소유의 "자격에 대한 쟁론을 벌여야 할 이유도, 노동이 부여한 소유의 크기에 대해서 의심해야 할"[15] 이유도 없다 한다. 그리고 노동에 기초한 이러한 소유권 논변이 널리 받아들여졌다.

그러나 사유재산제를 근간으로 하는 자유시장 사회에서는 어디서나 '생산에 기여한 만큼 분배받는다.'라는 분배 윤리 원칙 자체의 합당성이 문제로 등장한다. 생산성에 따른 소득 분배는 불가불 사회 구성원 사이의 소득불균등을 가져오기 마련이고, 더구나 이 소득불균등이 원천적으로 차이가 나는 생산능력에서 비롯하는 경우에는 더욱더 어려운 윤리적 문제를 야기한다. 생산능력은 타고난 재능이나 소양에 기초하기도 하고 후천적으로 교육된 기술에 기초하기도 하며 기왕에 소유한 자원에 기초하기도 하는데, 자연 우연성의 결과나 사회 우연성의 결과나 그것을 온전히 특정인에게 귀속시키는 것을 정당화하기는 쉽지 않기 때문이다.

물론 근래에도 자본주의제도가 소득과 부의 상당한 불균형을 가져오는 것은 사실이지만, 자본주의제도의 확장과 개발이 불균등의 정도를 반드시 심화시키는 것은 아니라는 것을 사례를 들어 노동 기반 사회의 우월성을 입론하는 이가 없지 않았다.

> 자본주의화가 심화될수록 자본이라고 간주되는 것에 대한 분배분은 적어지고 노동에 대한 분배분은 점점 커진다. 인도·이집트 등과 같은 저개발국가에서는 총소득의 절반 정도가 재산소득이다. 미국에서는 대략 $\frac{1}{5}$ 정도가 재산소득이다. [⋯]

일반적인 개념과는 상반되는 또 하나의 특징적 사실이 있는데 그것은 자본주의가 다른 제도보다 불균등을 감소시켰으며, 자본주의의 발전이 불균등의 정도를 많이 감소시켜왔다는 것이다. 시공간에 걸친 여러 비교들이 똑같이 이 견해를 뒷받침해주고 있다. 스칸디나비아 국가들, 프랑스, 영국, 미국 등과 같은 서구 자본주의국가에서는 인도와 같은 신분사회나 이집트와 같은 후진국가에서보다 불균등도가 훨씬 덜한 것이 확실하다. […] 서구 국가들만을 비교하면 자본주의 정도가 더 높은 국가일수록 불균등도는 더 낮은 것으로 나타나 있다.[16]

그러나 이러한 주장은 이른바 제3차 산업혁명 이전까지나 어느 정도 유효했다. 1970년대 이래 이른바 선진 자본주의 국가들에서 빈부의 차이는 확대일로에 있고, 그로 인해 '양극화'라는 새로운 용어까지 회자하게 되었다. 많은 부분의 소득이 더 이상 본인의 노동에 의해서 발생하지 않는 경우가 급증했기 때문이다. "근로 빈곤층의 부상"[17]과 "비근로 부유층의 부상"[18]이 나날이 확연해지고 있다. ―어린아이들마저 장래의 희망을 '건물주'라고 공공연히 말하는 세태이다. 사람들은 다시금 '렌트(rent)'를 받는 자와 내는 자로 구별되는 세상으로 되돌아가려는가….

노동자가 자본으로 대체되어 노동현장의 주역이 더 이상 사람이 아니라 인공지능 시스템이고, 소득이 노동 아닌 활동이나 기존 자산에서 발생하는 비율이 더 높아짐으로써 우리는 더 이상 "노동 기반 사회(a labor-based society)"[19]에서 살고 있지 않다.

인공지능이 발달해감에 따라 종내는 사람이 할 일, 사람만이 할 수 있는 일은 거의 사라질 것이고, 비록 새로운 일거리가 생긴다 해도 그 역시 인공지능 시스템이 맡아 하게 될 것이다. 그렇게 되면 종전처럼 거의 대부분의 사람들이 정규의 일자리에서 노동을 하고, 그 노동의 질과 양에 따라 소득을 올리며, 그 소득을 바탕으로 국가사회의 공적 사업을 위해 세금을 납부하던 사회 운영 방식이 유지될 수 없을 터이다. 인공지능 로봇의 활약이 확산되어감에 따라 이제까지의 노동 기반 경제 사회는 그 '기반'의 붕괴가 가속화할 터이다. 이는 장차 시민적 삶의 토대를 더 이상 시민의 노동에 둘 수가 없으며, 새로운 소득 분배의 제도를 수립해야 함을 함의한다.

노동기반소득체제의 와해와 문제 상황

1920년 체코 극작가 카렐 차페크(Karel Čapek, 1890~1938)의 희곡[20]에 최초로 등장할 당시부터, '로봇(robot)'은 1세기가 지난 오늘날에도 사람들이 기대하고 상상하는 그대로의 모습을 가지고 있었다. 차페크의 로봇은 인간에 의해 인간을 닮은, 그러나 인간의 고된 노동을 대신할 기계로 만들어졌으나, 인간처럼 되고 싶어했고, 폭동을 일으켜 인간들을 몰살했으며, 마침내는 또 다른 생명체로서 세상의 주역이 될 터였다. 연극 무대에서뿐만 아니라 이미 현실에서도 로봇이 활동하는 일차적 공간은 노동 분야이고, 그러므로 로봇은 어디에서보다 노동현장에서 인간과 공존하고, 인간의 역할을 대신하며, 발달 수준에 따라 차츰 노동현장에서 인간을 밀쳐낸다.

초기에 인공지능 로봇이 투입될 분야는 사람이 하기에는 너무 위험하거나 비용이 너무 많이 소요되는 일일 것이다. 자동차 공장에서의 용접이나 조립 노동을 맡아 한 지는 오래이고, 해저 광산물 채취나 우주 탐사에 활용되면서 그 가치를 더욱 높이고 있다. 이제 완구, 가사 도우미, 말벗, 비서, 계산원, 세무사, 의료보조원, 법무사로 역할을 넓히고, 군사 분야에서도 더 많은 역할을 담당하게 될 것이다.[21] 이렇게 해서 인공지능 로봇은 점차로 종전에 사람이 하던 거의 대부분의 일뿐만 아니라, 난이도나 위험성의 정도에서 사람으로서는 엄두도 내지 못하던 일까지 해낼 것이다.

자본과 새로운 과학기술에 의한 고도의 인공지능 시스템이나 로봇이 노동현장에 등장한다는 것은 노동현장의 주역 교체와 함께 사람의 일자리 감소가 뒤따를 것이고, 이는 이제까지의 '노동 기반 사회'의 형태를 근본적으로 변화시킴으로써 여러 가지 사회 문제를 유발하지 않을 수 없다.

생산시스템 전체가 "합성지성(synthetic intellect)"에 의한 "가상노동자(forged laborer)"[22]에 의해 운용된다면 공장 노동은 더 이상 많은 수의 자연인간 노동자를 필요로 하지 않을 것이다. 과거에는 신기술이 특정 부문의 노동자를 대체하면 노동 구조에 일시적 혼란이 발생한다 해도, 이내 새로운 산업 분야가 생겨 대체된 노동력을 흡수할 뿐만 아니라 새로운 일자리까지 파생하여 과학기술의 진보와 함께 오히려 더 많은 일자리가 창출되었다. 농업 기계화로 인한 잔여 노동자는 제조업이 흡수하였고, 제조업의 하이테크화로 인한 노동자 잉여 문제는 서비스업이 확장됨으로써 해소되었다. 그러나 서비스업, 오락 산업에서까지 주력 노동력이 인공지능 로봇으로 채워질

제4차 산업혁명 이후의 노동 구조는 소수의 고급과학기술자와 주력 로봇 노동자, 그리고 로봇의 보조 역할이나 자투리 일을 하게 될 하급 자연인간 노동자 계층으로 이루어질 공산이 크다. 결국 중간층 노동자의 일자리는 거의 사라질 것[23]이고, 이는 이제까지의 노동 기반 소득 사회에서의 기반이 허물어짐을 말한다.

노동은 이미 오랫동안 소득과 사유재산의 원천으로 여겨졌다. '내 것'와 '네 것'은 누가 노동을 했는지에 따라 가름이 되는 것으로 보았고, 내가 노동하여 타인보다 많은 소득을 얻더라도 만약 그것이 공익 증진에 기여한다면, 사유재산은 정당성을 얻는 것으로 이해되었다. 그러나 사회적 부가 사람의 노동보다도 인공지능 시스템의 작업과 그 작업이 낳은 이윤의 축적으로 인한 자본에서 더 많이 발생하는 국면이 되면 노동 기반 소득체제는 더 이상 유지될 수 없다. 노동은 더 이상 적절한 부의 분배 통로가 아니다. 이미 제3차 산업혁명 과정을 지나면서 드러난 것은 "노동은 최저 생활 임금을 확보하기 위한 몸부림이며, 그 몸부림은 기술이 발전하면서 점점 더 처절해져 가고 있을 뿐"[24]이라는 사실이다. 소득과 노동의 비례 정도가 희박해질수록, 노동 외 소득에 대한 합리적 재분배 방법이 강구되지 않을 수 없다.

근대 시민사회의 발전을 견인한 것은 시민들의 시민권과 재산권이었다. 국민주권 제도가 확립되면서 시민권은 강화되었고, 재산권의 확보는 자유 시장경제 체제를 통해 달성되어 왔다. 그러나 제3차 산업혁명이 진행되면서 중산층이 약화되고 경제적 양극화가 심화되면서,[25] 자유경쟁에 의한 사유재산의 취득 원칙은 점차로 제한받는 상황에 이르러 있다. 이른바 정보화 시대에 들어서 대부분의 선진국에서 국내총생산(GDP) 중 자본 대 노동의 비율은 증가해가고 있고,[26] 게다가 자본 분배의 불평등[27]과 노동자들 사이의 소득의 불균형 또한 심화되어가고 있다.

노동자가 점차 자본으로 대체되어 노동현장의 주역이 더 이상 사람이 아니라 인공지능 시스템이며, 소득이 노동 외 활동이나 기존 자산(토지자본, 부동산자본, 금융자본)에서 발생하는 비율이 눈에 띄게 높아지고 있다. 국가 소득의 많은 부분이 근로 소득에 의해서 발생하지 않는 경우가 점증하고 있는 것이다. "1990년에 미국 국민소득에서 노동소득이 차지하는 비율은 63퍼센트였지만, 2011년 중반에는 58퍼센트까지 떨어졌다."[28] 이러한 경향은 대부분의 선진국에서 비슷한 양상을 보이고, 그 추세는 갈수록 심화하고 있다. 그런 가운데 고도 산업사회의 표본으로 여겨지는 미국의 경우 최고 소득자는 주로 금융에서 부를 취하고 있는데, 2007년에는 "헤지 펀드 최고 소득자 스물다섯 명의 수입이 S&P 500지수에 속하는 모든 기업의 CEO가 벌어들인 수입을 합한 것보다도 많았다."[29]

여기에 노동에 의한 소득마저도 매우 큰 불균형을 보이고 있는 바, 임금만 보더라도 미국의 사례 보고에 의하면 "1970년에 대기업의 CEO 평균임금은 노동자 평균임금보다 약 40배 많았다. […] 그런데 1998년에는 CEO 평균임금이 노동자 평균임금보다 1천 배 이상 높았다."[30] 다른 조사에 따르면, 일반 근로자와 대기업 CEO 두 집단이 받는 급여 "비율은 1965년 20 대 1에서 1978년 30 대 1, 1995년 123 대 1, 2013년 296 대 1, 2015년 300 대 1 이상으로 해마다 벌어졌다. 전반적으로 CEO의 급여는 1978년부터 2013년까지 937% 상승했지만 일반 근로자의 급여는 10.2% 증가했을 뿐이다."³¹ 이에 더해 우리는 '슈퍼스타'나 '슈퍼경영자'의 몫이 폭증하고 있는 사례들을 목도하고 있다. 현재의 최상위 임금 소득자는 이전 시기보다 쓰고 남는 부 곧 자본을 훨씬 더 많이 증대시킬 수 있을 것이다. "소득과 재산에 대한 누진과세가 이 새로운 현상을 상쇄하지 않는다면, 부와 자본소득의 불평등은 다음 몇십 년 동안 급격히 증대될 것임이 틀림없다."³²

전반적으로 이미 소득의 양극화 현상은 날이 갈수록 두드러지고 있다. 미국의 경우 2010년에 "최상위 10%가 미국 국부의 70%를, 최상위 1%가 35%를 차지했다."³³ 한국의 경우는 '세계의 부와 소득 자료원(WID.world)'의 보고서(World Wealth & Income Database)에 따르면, [⋯] 상위 10%는 2012년 현재 전체 소득의 45%를 차지하고 나머지 90%가 전체 소득의 55%를 나눠 갖는다. 상위 5%와 상위 1%는 각각 전체 소득의 30.1%, 12.2%를 가져간다. [⋯] 상위 1%는 1995년을 기점으로 상승세를 보여 2012년까지 소득집중도를 거의 두 배나 올린다."³⁴ (물론 한국에서 1990년 이래의 소득 '양극화'는 비단 소득 방식의 차이에서뿐만 아니라, "중화학공업과 경공업의 양극화, 수출과 내수의 양극화, 그리고 대기업과 중소기업의 양극화"³⁵ 등의 복합적인 요인에 의한 것이기는 하다.)

'내 것과 네 것' 곧 사적 재산이 오로지 노동을 통해 취득된다는 노동 기반 사회에서조차, 지성인 로크가 볼 때 소유는 "이성에 의해 정해진 한계 내에서"³⁶ 이루어졌다. 자연은 인간에게 노동의 한계와 함께 소비의 한계도 주었기 때문이다. 어떤 사람도 무한한 노동력을 갖지 못하고, 일신을 위해 소비할 수 있는 것도 한계가 있으니 말이다. 이러한 관점에서는 자신의 노동력이 미치지 못하는 것을 탐한다거나 자신이 소비할 수 있는 것 이상을 탐하는 것은 이미 타인의 것을 침해하는 것이다. "인간이 자기가 필요로 하는 것보다 더 많은 것을 가지려는 욕망을 갖게 되면, 단지 인간 생활을 위한 유용성에 의해서만 결정되는 사물들의 본래의 가치가 변질되고 만다."[37] 그렇기에 욕구를 필수적 수요에 국한할 때라야만 사물들의 본래적 가치가 왜곡되는 것을 방지할 수 있다.

이러한 이치에도 불구하고, 만약 종래와 똑같은 제도와 방식으로 사회 운영이 이루어진다면 '제4차 산업혁명'에서 그 과실(果實)은 물적 · 지적 자본을 제공함으로써 산업을 주도하는 자들, 곧 기업 혁신자, 투자자, 인공지능 · 로봇 · 의생명공학 기술자들에게 더욱더 편중될 것이다. 이대로 가면 발전된 기술은 새로운 방식으로 노동을 자본으로 대체하고, 그렇게 해서 새로 창출되는 부는 이미 부유한 사람들에게 몇 곱절로 덧붙여져 대물림되거나 그들의 자의대로 처분될 것이 분명하다. 특히 현재도 세계에서 로봇 밀도가 가장 높고 — "세계 평균의 무려 일곱 배 이상이다"[38] —, 노동자의 노동조합 가입률이 상대적으로 낮은 한국에서는 퇴직 노동자들을 로봇으로 대체하는 속도가 유난히 빠를 것으로 예상되고, 그렇게 해서 얻은 과실은 대부분 자본가와 고급기술자의 차지가 될 것이다. 기업이 성장해도 고용은 늘지 않으며, 고용된 하급 노동자의 소득마저도 더 감소할 것이다.

게다가 앞으로 노동자가 통상 한 직장에서 반평생을 근무하고 정년퇴직하는 고용방식은 유지되기 어려울 것으로 보인다. '제4차 산업혁명'에서 주축이 될 인공지능 로봇의 기술은 급속도로 발전할 것이고, 그 발전 속도를 따르지 못하는 노동자는 더 이상 같은 자리에 남아 있을 수가 없을 것이기 때문이다. 이는 한 자리에 장기 근무하는 것이 오히려 일의 적합도가 더 낮을 수 있으며, 따라서 연공(年功)서열의 급여체계 또한 의미가 없음을 함의한다.[39] 이러한 상황에서 종전 방식의 일자리 배분 방식을 고수한다면 실업률이 지속적으로 점점 높아지고, 급여체제를 종전 방식으로 유지하면 노동 보상 체계의 왜곡은 점점 심화할 것이다.

사실상 '정규직'이 소수이고, 대다수가 '비정규직'인 상황에서는 대다수는 그 직을 얻기 위해서 지속적인 재교육과 신교육을 받지 않을 수 없을 것이다. 이는 종전의 교육제도나 교육과정이 개편되어야 함을 함축한다. 일정 기간의 보편적 교양교육 과정 후에 평생에 걸쳐 전문교육이 수시로 시행될 수 있는 제도가 구축되어야 할 상황이 도래하였다. 구직자에게는 새로운 일자리 환경에 맞는 재교육이 제때에 제공되어야 하고, 그에 맞춰 일자리는 지속적으로 재분배되지 않으면 안 된다. 그러한 노력에도 불구하고 고용 불안정은 상시적인 현상이 될 것인 만큼, 전 국민을 위한 최소한의 생활 안정 방안의 강구가 불가피하다.

또한, 이미 제3차 산업혁명의 결과로서 새로운 과학기술에 의해 창출된 부가 편중됨으로써 거부(巨富)들이 생겨나, 이미 웬만한 나라의 국부 전체보다도 더 많은 부를 쌓은 국제적인 부자들이 등장해 있다. 이제 "좋든 싫든, 21세기 과학은 국가적 우선순위나 공공의 심의에 따르기보다는 거대 자본을 소유한 개인들의 선호에 따라 형성"[40]될 판국이다. 대부분의 자본 투자가 공론을 거쳐 공익 증대를 위해 이루어지는 것이 아니라, 개인 투자자나 기업의 의사에 따라 사적 이익 창출을 위해 이루어지면, 설령 총생산량이 증가한다 해도 소득의 양극화가 심화될 뿐만 아니라, 오히려 문화의 균형 발전을 저해할 수도 있다. 심지어는 거부들이 기부라는 명목으로 자기 생각에 따라 특정 과학기술의 진흥을 유도하고, 그 성과물을 선취하며, 임의로 특정 지역이나 특정인에게 편중 지원함으로써 공존공영을 해칠 수 있다는 점 또한 주목해야 한다. 조화로운 개인별 소득 상한제를 실시함으로써 필요 이상의 부가 특정인의 사유가 되어 임의로 처분하면서 사물의 가치를 왜곡하고, 대중을 조종하고 인간 가치를 퇴락시키는 사태를 방지해야 한다.

> 사유재산이 있는 한, 그리고 돈이 모든 것의 척도인 한, 어떤 국가(commonwealth)가 정의롭고 유복하기란 거의 불가능하다. 가장 좋은 것들이 가장 나쁜 시민들 수중에 있는 한 정의는 존재할 수가 없다. 삶에서 좋은 것들[재산]이 아주 소수의 사람들 사이에서만 나뉘어져 있는 곳, 그 소수마저 늘 불편해하고, 나머지 다수는 완전히 비참에 빠져 있는 곳에서 행복은 있을 수 없다.[41]

과제는 자본과 과학기술자들의 지력에 기초한 제4차 산업혁명에 의해 노동자의 손을 거의 거치지 않는 '혁명적'인 방식으로 얻어질 재화가 인류의 공동 자산이 되고 시민 전체의 삶의 질을 향상시킬 수 있는 사회제도를 수립하는 일이다. 재화가 공익 증대에 기여할 때라야만 그 재화의 소유는 합당성을 얻는다. 무엇에 의한 것이든, 누구 소유의 것이든 재화가 공익을 훼손할 경우에는 사회성을 상실하는 것으로, 그러한 사유 재화는 시민사회에서 허용되어서는 안 된다.

어떻게 할 것인가

국민 기본소득제도의 수립

인공지능 시스템 곧 고도기술과 자본이 노동현장에서 광범위하게 작동하게 되면, 대부분 노동소득에 의지해 있던 '중산층'의 기반이 사라지고, 사회 양극화는 더욱 심화할 터이다. "최상부에는 큰 성공을 거둔 부유한 계층이, 그 밑에는 수적으로 훨씬 더 많으며 부유층을 위해 로봇으로 대체할 수 없는 작업을 수행하는 근로 계층이 자리 잡을 것이다."[42] 그나마 대우받는 근로자는 "수학 능력과 분석 기술이 좋은 사람, 컴퓨터의 작동원리를 알고 수월하게 작업하는 사람, 그 외에 마케팅 등 테크놀로지와 직무 관련성이 적은 영역에서 컴퓨터를 직관적으로 활용할 줄 아는 사람"[43] 정도일 것이다. 게다가 로봇기술이 지속적으로 발전하는 판국에서는 '정규직' 근로자 수 또한 지속적으로 감소할 것이고, 제때에 신기술을 습득하지 못하는 장기 근속자는 작업과정에 오히려 장애가 될 수도 있다. 그러니까 앞으로 갈수록 노동현장은 '정규직'을 대체할 로봇 시스템과 이를 운용할 소수의 정규직, 그리고 로봇 시스템에게 일임하기가 부적합한 가변적인 업무를 맡아 할 비정규직(파트 타임, 마이크로 일자리 또는 프리랜서) 근무자로 구성되는 것이 더 합리적일 가능성이 높다. 이러한 노동현장의 추세에도 불구하고 여전히 정규직 위주의 노동 시간에 기초한 노동 보상 체계를 시민 생활의 토대로 삼는다면, 대다수 시민들의 소득은 더더욱 감소해가고, 사회적 부의 대부분은 극소수의 거대 자본가와 최첨단 과학기술 관계자에 귀속할 것이다. 그런 국면에 이르면 정치사회는 민주주의마저 자본에 흡수되는 파국을 피할 수 없을 터이다. 그 때문에 사회보장제도가 미비한 국가사회에서는 국민 기본소득제도가 이제 선택사항이라기보다는 필수사항이다.

가상노동자와 로봇 체계 등 새로운 생산시스템에 의한 생산성 향상의 결과를 소수의 특정인만이 아니고 전체 사회 구성원이 공유 내지 향유함이 사회 정의이자 휴머니즘의 정신이다. 인공지능 시스템 곧 자본에 의거해 소수가 적은 시간의 노동만을 함에도 불구하고 전체 생산량은 증가할 것이므로, 그로 인해 발생하는 부(富)를 재원으로 전 국민 기본소득제도를 마련해야 한다. 그러한 부가 '사회적'으로 배분되어야 함은, 부는 공익성을 가질 때만 사유(私有)될 수 있는 것이기 때문이고, 또한 첨단 과학기술에 의해 산출된 부일수록 그것이 특정 노동자들이나 투자자들에 의해서 창출된 것이라기보다는 인류가 긴 세월을 거쳐 일궈온 고도기술사회의 사회적 제도의 과실이기 때문이다.

생산과정에 가상노동자나 로봇을 투입하여 제고된 생산성에 의해 추가되는 과실을 신기술 운용자나 투자자가 독차지한다면, 그것은 합당한 일도 바람직한 일도 아니다. 새로운 기술개발은 이미 오랜 기간 축적된 기술을 바탕으로 해서 이루어지는 만큼 신기술 개발과 운용에 최종적으로 기여한 자라 해서 그가 전체 과실을 독차지하는 것은 그 공적을 초과하는 것이다. (릴레이 경주에서 우승한 팀의 최종 주자가 상금을 독차지한다면, ─ 그런 일이 일어날 리 만무하지만 ─ 그것은 전혀 이치에 맞지 않은 일이다.)

로봇의 노동에 의해 산출된 부가 합당한 방식으로 시민 전체를 위한 복지 사회의 기반이 되면, 이제 사람은 의식주 문제를 해결하기 위한 노동의 고난에서 벗어나 창의를 발산하기 위하여 일하며, 일하는 중에 놀이하고 놀이하는 중에 일하는 삶의 방식을 얻게 될 수 있다. 과거의 일꾼 노예는 일부의 선택받은 사람들(지주, 귀족)에게 자유를 주었지만, 새로운 일꾼 로봇은 모든 시민에게 자유를 주어야 마땅하다. 과학기술의 발전이 '놀이하듯 일하고, 일하면서 놀이하기' 방식을 가능하게 할 때라야, 과학기술을 휴머니즘의 초석이라 하겠다.

'제4차 산업혁명'의 대의는 '일하는 동물(animal laborans)'을 '유희하는 인간(Homo ludens)'으로 전환시키는 데에 있다. 이제까지는 노동을 통한 자기 발현과 소득이 인간의 행복한 삶에서 큰 몫을 차지했다면, 장차는 놀이를 통한 자기 발휘와 유쾌함이 인간의 품격 있고 행복한 삶의 주요 요소가 될 것이다. 노동 향상을 이끄는 것이 지식과 기술이라면, 놀이의 격조를 뒷받침하는 것은 교양과 예술이다.[44] 예술은 그 독창성에 최고의 가치가 있는 것이니, 작가마다 서로 다르게 산출해내는 창작품이 하나의 완성품으로서 그대로 이용되거나 (묻히거나) ─ 현재도 예술품의 생산과 유통의 형태는 대개 그러하다 ─ 또는 하나의 부품으로서 그 역시 어쩌면 1인에 의해 운영되는 스마트 팩토리를 통해 다양하게 조립되고 제품화될 것이다. 긴 교육과정과 연수를 마친 시민들의 일부는 여전히 정부기구나 몇몇 대형 회사에 고용되어 ─ 가령 주당 20시간 정도 ─ 일하기는 할 것이지만, 상당수는 자기가 자신을 고용하는 형식의 일터에서 일할 것이다. 그래서 '1인 1사(一人一社)'의 형태가 점증할 것이고,[45] 고용주와 고용자가 동일인인 국면에서 '일'이란 분명 '놀이'이기도 할 것이다. 그리고 놀이로 하는 일이 ─ 현재의 예술인이나 학술인의 분야에서 그러하듯이 ─ 그 일의 성격에 더 부합할 것이고, 아마도 더 '효율적'일 것이다.

그러나 현재의 예술인이나 학술인의 '창작'품의 수용양상에서 보듯 수많은 창작품 가운데 정작 사람들에게 선호되는 것은 소수에 불과하고, 그래서 대부분은 그야말로 '놀이'의 부수물이 된다. 그래서 일이라면 응당 거두어야 할 '소득'은 발생하지 않을 것이고, 오히려 놀이 비용만 들어갈 것이므로, 만약에 자신의 일을 통해서 자기의 일용 양식을 조달하는 재래 방식의 사회 형태가 지속된다면, '놀기만 한 자'는 일용할 양식마저 얻지 못할 것이다. 그렇지만 수많은 놀이의 부수물이야말로 빼어난 예술품의 토양인 것이니, 그 가치를 결코 과소평가해서는 안 된다. 세상의 모든 화가가 피카소나 김환기일 수는 없으며, 마티스나 천경자가 될 깜냥이 아니면 아예 붓을 들지

말라 할 수는 없는 것이다. 그림 놀이에 빠져 있는 수많은 화가들이
있다 보면, 고흐도 나오고 이중섭도 나오는 것이니, '수많은 무명화
가들'이야말로 김홍도나 세잔이 나오는 토양이다. 그러므로 그 토양
은 김홍도나 세잔의 소득으로써 일구는 것이 합당한 일이다. 김홍도
나 세잔의 소득이 오로지 그들에게만 귀속한다면, 토양은 누가 무엇
으로 일굴 것인가? (창의성이 생명이되, 그 성과[창작물]의 가치가 당대인들
의 ─심미적 판단력에 의해서라기보다는─ 취향 또는 유행에 따라 정해지는 분
야의 일들은 사정이 대개 이러할 것이다.)

  인공지능 로봇이 범용화된 사회에서는 '자기 사업'을 하는 사람뿐
만 아니라 어떤 기관에 고용되어 있는 사람도 소수의 '정규직' 외에
대부분은 사실상 부분 취업 상태일 것이므로, 그들 역시 나머지 시
간은 놀이터를 가져야 한다. 그리되면 사회는 종일 놀이터에서 활동
하는 사람들과 반나절은 일터에서 나머지 반나절은 놀이터에서 활
동하는 사람들로 이루어질 것인데, 이러한 국면에서도 노동시간에
비례하는 소득 제도가 지속된다면 시민사회의 파국은 불가피할 터
이다.
  그렇기에 제4차 산업혁명의 결과로 시민들 사이의 빈부 격차가
더욱 심화되는 비인도적 사회가 초래되는 것을 피하고, 기술자 사회
가 예술가 사회로 전환 격상될 것을 기대한다면, 예술가 시민의 전
반적인 의식주 지원 제도, 곧 보편적인 국민 복지제도가 수립되어야
한다. 전 국민의 주택, 교육, 의료비는 공동체가 담당하고, 기타 일용
할 비용은 국민기본소득(평균 국민소득의 $\frac{1}{3}$ 정도)으로 국민 개개인에

게 매월 현금 배분함이 합당하다.[46]

그 재원의 상당 부분은 제4차 산업혁명에 의해 새로운 방식으로 얻어지는 재화로 충당하는 방안이 강구되어야 한다. 인공지능 로봇이 생산 역군이 되는 상황에서 사람 근로자가 부담하는 '소득세'는 점차 축소될 것이므로, 예컨대 생산량이나 유통량 비례로 생산자나 유통자가 부담하는 '생산세'나 '유통세' 같은 것이 도입되어야 한다. 이것은 생산성 향상에 의해서 증가하는 부가 특정인의 소득으로 되기(사유화) 이전 단계에서 공유분을 확보하는 방안이다. 제4차 산업혁명의 주도자 내지 기관들은 그 '혁명'을 통해 소수의 부를 '혁명적'으로 증대시킬 일이 아니라, 공유재산을 혁명적으로 증진시키는 일에서 그 위대함을 보여야 한다.

제4차 산업혁명의 요인이자 요소는 과학기술의 기하급수적인 진보와 제3차 산업혁명에 의해 축적된 자본의 집중 투자이다. 인류의 오랜 노고의 결실인 이러한 획기적인 과학기술과 자본의 결합에도 불구하고 그를 통해 다수 시민의 삶의 질이 향상되지 않는다면, 혁신적 산업 체제는 오히려 시민들의 소외 체제가 될 뿐만 아니라, 다수 시민의 소비능력이 미약하게 되어 결국엔 산업의 지속적 발전도 기대할 수 없다. 국민 기본소득제도는 시민들의 생활권 보장책이면서 동시에 지속적인 경제 활성화를 위한 주요한 방책 중의 하나이기도 하다. 또한 그것은 휴머니즘의 증진 방안이자 사회 발전을 지속적으로 가능하게 할 경제 원리인 것이다.

국민 기본소득제도의 기조는 최소한의 휴머니즘이다. 기본소득의 재원이 자연인간 노동자의 노고에서 나오는 것이 아닌 만큼 이

제도에 의해 누군가가 "다른 어떤 이의 노동으로부터 부당한 이익을 취득"[47]한다는 도덕적 논쟁 자체가 성립하지 않는다. 또한 이 제도는 맹목적 평등주의나 공산주의 논란과도 별 상관이 없다. 모든 국민이 평균소득의 $\frac{1}{3}$ 정도를 매월 현금으로 분배받는다고 해서 전 국민의 경제 수준이 똑같아지는 것도 아니고, 전 국민이 국가 재산이나 생산수단을 공유하는 것도 아니다. 기본소득제도는 인류가 역사적으로 공동체적으로 공유한 자산을 활용하여 개개 시민의 인간으로서의 필수적인 물적 소비 기반을 안정화시킴으로써, 인간의 존엄성이 허구가 되는 것을 방지하는 한편, 소비를 일정 수준 이상으로 유지함으로써 경제 순환 생태계가 파괴되는 것을 방지하는 최소한의 방책일 따름이다.

이러한 취지의 국민 기본소득제도는 최근에 구미 여러 나라, 자치단체에서 실험하고 시행하고 있지만,[48] 역사상 유사한 사례를 찾자면 아마도 고대 중국에서부터 여러 사람들이 여러 가지 방식으로 주창해온 정전제(井田制)나 균전제(均田制)일 것이다. 정전제와 같은 것은 유일한 생산수단이 토지이고, 토지세 외에 사실상 여타의 조세가 없는 상황에서 국가가 전체 국민의 기초생활 안정 방안으로 생각할 만한 방안의 하나였다. 그 때문에 조선 중기 이후 실학자들도 여러 가지 방식으로 정전제 시행을 모색 주창했다.[49]

> 왕정(王政)이 토지의 경계를 바르게 하는 데로 귀결하지 않으면,
> 모든 게 구차할 뿐이다. 빈부(貧富)가 고르지 못하고, 강약(强弱)
> 의 형세가 다르면, 어떻게 나라를 공평하게 다스릴 수 있겠는가.

내가 전에 균전론(均田論)을 지었는데,[50] 그 대략은 다음과 같다. 농지의 일정 크기를 한계로 정하여 한 농부의 영업전(永業田)을 만든다. 농지를 많이 가진 자의 것을 빼앗지 않고, 농지가 [그 이상] 없는 자를 추궁하지 않는다. 영업전으로 정한 농지 이외에는 마음대로 사고팔게 한다. 단, 농지를 많이 가진 자가 남의 영업전을 취해 가지고 있을 경우에는 그 문권(文券)을 빼앗아 불사른다. […] 농지를 파는 자는 필시 가난한 집이다. 가난하지만 자기의 농토를 팔 수 없게 하면 겸병(兼幷)하는 것도 마음대로 할 수 없을 것이다. 가난한 농부가 영업전을 경작하여 수입이 있고 지출이 없으면, 가난한 집이 재산을 탕진하지는 않을 것이다. […] 영업전은 [정전제(井田制)의] 공전(公田)의 정신에 비추어 만든 것이니, 이를 벗어나면 이내 농지가 없는 집이 생긴다는 사실을 미루어 알 수 있다.[51]

정전(井田)이란 전가(田家)의 황종척(黃鐘尺)이다. 황종척을 만들지 않으면 음악 소리를 바르게 잡을 수가 없고, 정전을 만들지 않으면 전제(田制)를 정할 수가 없다.[52]

점증하는 양극화와 그것의 시민사회 파괴 위험을 방지하기 위해서는 국민 기본소득제도 외에도, 가령 "어느 누구도 국민평균소득의 10배를 초과해서 사적 소득을 취할 수 없다."와 같은 소득 격차의 상한 원칙을 정해야 한다. 누가 평균보다도 10배 이상 부유하게 살 만큼 인류에 대한 공적이 있다는 말인가! "물 들어올 때 노 저어라."

라는 말이 회자되고, 누군가는 절정기에서 많은 소득을 올려 비축해 두어야 남은 생을 편안히 살 수 있을 것 아닌가 하는 의견을 가질 수 있겠지만, 어느 상황에서나 누구에게나 필수적인 주택, 교육, 의료비는 공공이 부담하고, 개인적으로도 상당한 기본소득이 보장되는 상황에서 몇몇이 비축할 수 있는 거대 자본은 오히려 사회의 합리성을 왜곡시킬 수 있다. 이미 1873년에 미국의 한 재판관은 사기업의 확장 행태를 보면서 다음과 같이 우려를 표명한 바 있다.

> 무엇이 사회를 지배할 것인가 — 부(富)인가 사람인가? 무엇이 사회를 이끌 것인가 — 돈인가 지성인가? 누가 공직을 채울 것인가 — 교육받은 애국적인 자유인인가 아니면 기업 자본의 봉건제적 농노들인가?[53]

전 국민의 주택, 교육, 의료비를 국가가 부담하고 그에 더하여 국민평균소득의 $\frac{1}{3}$ 을 국민 기본소득으로 현금 분배하는 사회가 이룩되면 아마도 일부 시민은 전혀 아무런 일도 하지 않을 가능성이 있다. 그러나 결코 모든 시민이 그런 삶의 방식을 선택하지 않을 것임은 지금까지 우리가 가진 인간에 대한 경험에서 분명하다.[54] 틀림없이 적지 않은 이들은 (설령 10배 이내의 것일망정) 증가분의 소득으로 다른 즐거움을 누리기 위해 열심히 일할 것이다.

아마도 사회는 쾌락주의적이고 가난한 '히피들'과 자기 일에 몰두하는 야망 많은 '여피들'로 나뉘겠지만, 그래도 과거 어느 때

일어났던 것처럼 일자리를 유지하려고 필사적으로 매달리는 사람들과 소리 없이 굶어 죽는 사람들로 양분되는 것보다는 나을 것이다.[55]

또한 일하는 보람이 소득으로만 보상받는 것도 아니고, 그렇게 되어서도 안 된다. 노동을 거부하는 사람들 중 다수는 노동 자체를 거부한다기보다는 생존해가기 위한 급여를 대가로 받기 위해 노동에 매달리는 것을 거부한다. 노동은 놀이와 더불어 인간의 삶의 본질적 요소이다. 그래서 만약에 노동의 대가로서가 아니라, 인간의 존엄성을 유지할 수 있는 기본소득이 다른 방식으로 주어진다면, 적지 않은 이들이 개인 소득과 무관하지만 공공이나 이웃에 도움이 되는 일에 종사하면서 자신을 표현하고 생의 보람을 충분히 느끼고자 할 터이다.

기본소득제가 전 세계적으로 시행되면 개개인이 가정 안에서, 국가 안에서, 국제적으로도 독립적 지위를 얻을 것이고, 그것은 인권의 초석이 될 것이다. 사실 이제까지 노동 기반 사회에서 노동이란 한편으로는 생활비를 벌고, 사회적 신분을 확보하는 기본적인 수단이었지만, 다른 한편으로는 일정한 사회 체제 안에 개개인을 가두어놓는 통제의 방편이기도 했다. 사람이 반드시 노동하지 않아도 살 수 있는 사회가 된다는 것은 개개인이 특정한 사회 체제에 묶이지 않고 진정으로 독립적 지위를 누릴 수 있는 사회를 이룩한다는 뜻이기도 하다.

이미 더 큰 부가 노동 외적 요인에 의해 발생하는 사회에서 근로 대중에게만 오로지 노동에 대한 보상으로 소득이 주어지는 제도를 존속시킬 수는 없다. 사회구조와 사회적 제도에 의해 근로 외적 요인으로 발생한 부는 일차적으로 '사회적 부'에 속하는 것인 만큼, 이를 재원으로 국민 기본소득제도나 그에 상응하는 새로운 제도를 수립 시행해야 한다.

　"기본소득은 모든 사람에게 개인을 기본으로 하여 무조건적으로, 자산 심사나 노동의 요구 없이 정기적으로 현금으로 교부되는 급여"[56]를 말한다. 사람이 고안해낸 어떤 제도이든 부수하는 문제점이 없는 것이 없듯이, 이러한 국민 기본소득제 역시, 특히 시행 초기에는 막대한 문제점을 동반할 것이다. 기본소득제도에 의해 국민 모두에게 최소한의 생계 수단이 보장될 경우, 한편으로는 무엇보다도 국민들 상당수가, 어쩌면 대다수가 그 '기본소득'에 의지하게 됨으로써 아예 그 이상의 소득을 얻을 수 있는 기회를 얻으려 하지 않고, 다른 한편으로는 국가나 시민사회도 이미 전 국민에게 최소한의 생계 보장을 한 것으로 충분하다고 보아, 자칫 그러한 상황을 방임할 수도 있는 우려 또한 없지 않다. 그렇게 되면 기본소득제도를 시행하는 사회는 이내 기본소득뿐인 계층과 기본소득의 몇 배 몇천 배 소득을 올리는 계층으로 나누어질 가능성이 높다. 만약 이러한 우려가 현실이 된다면, 그러한 현실 사회는 기본소득제도가 없는 사회에 비해 결코 사회적 문제가 적다 할 수 없을 것이다. 그러므로 기본소득제도의 시행과 함께 일자리 분배와 시민의 자기교화 등의 지속적인 보완책이 강구되어야 한다. ─개선된 사람들만이 개선된 사회를 가질 수 있음은 만고불변의 이치이다.

    그러나 이미 각종 사회보장제도가 시행되고 있는 사회에서 새로운 '국민 기본소득제도'가 정착하기 위해서는 장기적이고 거시적인 계획과 단계별 실행이 필수적이다. 국민적 합의 과정과 시행 절차를 마련하는 데도 수년이 걸릴 것이고, 그럴듯한 모습을 갖추는 데 최소한 20년은 소요될 것이다. 기본소득제도는 국가 재정의 틀을 '혁명적으로' 개편할 것을 요구하고, 그것의 시행은 당장 기존의 여러 공적 연금제도와 생활 지원금 배분 방식의 흡수 통합뿐만 아니라 의료보험 체제의 재편을 전제하는데, 이것은 이해 관계자들 사이에 큰 다툼을 야기할 것이기 때문이다.

    세상의 일이 모두 그러하듯이 '국민 기본소득제도' 또한 적지 않은 취약점을 내포하고 있으므로, 그만큼 섬세한 준비작업이 필요하다. 그것은 어느 일방이 우격다짐해서 끌고 갈 일이 아니라 국민의 합심 노력을 통해 수반할 많은 부작용을 최소화해가는 한편, 다양한 놀이 문화의 진흥 정도, 노동 시간 단축과 노동시장 유연화의 진행 속도에 맞춰 점진적으로 실행에 옮겨져야 한다. '국민 기본소득제도'는 결코 정략적으로 졸속으로, 한 번 시도해보고 잘 안 되면 그만두어도 좋은 그러한 제도가 아니다. 시행 초기에는 장점보다 단점이 오히려 더 크게 부상될 수 있는 만큼 휴머니즘의 원칙에 따라 무진장한 인내를 가지고 이상(理想)을 실천해나가야 할 것이다. ─인간의 기초 생활방식에 대한 인류 역사상 최대의 변혁일 것인데, 그것이 어떻게 어느 한 정파의 독단으로써, 단시일 내에, 아무런 부작용 없이 성취될 수 있겠는가.

일자리 조정과 공공 재원에 의한 일자리 증대

인공지능 로봇의 활동 범위가 확대됨으로써 인간은 어렵고 위험한 일에서 벗어날 것이고, 일자리와 일하는 시간이 줄어들 것이며, 반면에 놀이 시간은 늘어날 것이다.[57] 많은 경우 놀이와 일의 구별이 모호해지기도 할 것이나, 또한 일터가 새로운 과학기술로 발전하는 것에 맞춰 거의 모든 근로자는 주기적인 신기술 습득을 위한 재교육을 받아야 할 것이다. 이 상황에서 우선 1) 줄어드는 일자리를 어떻게 분배할 것인지, 2) 근로자와 일터의 관계를 어떻게 설정하는 것이 합리적인지 하는 문제가 현안이 될 것이다. 또한 3) 사회 활동의 주요 축이 되어갈 소득을 기대하지 않는 노동(예컨대 봉사 활동)의 즐거움을 어떻게 공유할 것인지, 거기에 더하여 4) 놀이 시간을 어떻게 모두가 유쾌하게 지낼 것인지도 과제가 될 것이다. (바야흐로 노는 것도 일거리가 되겠다.)

단순히 국민 기본소득제도에 의해 국민 모두에게 최소한의 생계 수단을 보장하는 것만으로 '인간적인' 사회를 만들 수는 없다. 인간에게는 물적 보상 못지않게 일하는 즐거움의 의미가 크기 때문이다. 그러므로 기본소득제도의 시행과 함께 일자리 분배를 위한 시민들의 우애적 협력과 이에 기초한 사회적 조정안 마련이 지속적으로 마련되어야 한다.

우선적으로 공공이 해야 할 일은 작은 일자리라도 많이 만들어 시민들에게 최소한의 일터를 제공하는 것이다. 예컨대 공공은 대규모 첨단 산업에 대한 투자 못지않게, 다량의 소규모 생활 편익 사업을 지원함으로써 큰 효과를 거둘 수 있을 것이다. '미래 100년의 먹거리 창출'을 지향하는 첨단 과학기술 개발이 설령 결과적으로는 고부가가치를 창출한다 해도 막대한 비용의 투입이 필요하고, 그 과실의 대부분은 자칫 그러한 투자를 할 수 있는 소수에게 귀속될 수 있을 뿐만 아니라, 대부분의 노동은 가상노동자가 할 것이므로, 규모에 비해 제공하는 일자리는 그다지 많지 않다. 그 반면에 일상생활의 편의를 위한 과학기술 개발은 투자자에게 그렇게 큰 수익을 가져다주지는 못할지라도, 적은 투자로도 다수의 생활에 질적인 향상을 가져올 수 있고, 더 많은 작은 일자리들을 제공할 수 있다. 그러므로 우선 적어도 공공의 재원은 이를 위한 과제들에도 균형 있게 지원되어야 한다. 현재의 삶이 10년, 100년 후 삶에 비해 결코 덜 중요한 것이 아니니 말이다.

놀이 문화의 진작

인공지능 로봇이 중추적 일꾼이 되고, 국민 기본소득제도가 자리를 잡아가면 자연인간은 더 많은 자유 시간을 얻게 될 것이다. 자유 시간은 노는 시간이다. 자유 시간이 늘어날수록 놀이 문화는 발전하는 것이 이치이다. 놀이는 자유와 창의의 모판이자 인간성 고양의 발판이니 놀이(Spiel)가 문자 그대로 '재창조[recreation]'가 되는 사회 환경을 조성하는 방책들이 마련되어야 한다.

동물들은 놀 수 있다. 그러므로 동물들은 이미 기계적 사물 이상
이다. 우리 인간은 놀며, 논다는 사실을 안다. 그러므로 우리는
한갓된 이성적 존재자 이상이다. 왜냐하면 놀이는 비이성적인
것이니까.[58]

기계들은 작동하거나 멈춰 서 있다. 노는 동물은 놀이로써 한갓된
기계가 아님을 증명하고, 놀이하는 인간(Homo ludens)은 인간이 이
성적 동물에 그치지 않고 '웃는 동물(animal ridens)'임을 입증한다.
놀이는 계산대로 움직이지 않는다는 점에서는 비이성적이지만, 놀
이에 규칙 없다면 난동이 된다는 점에서 놀이는 합법칙적이고, 그런
한에서 인간의 놀이는 동물적임과 동시에 지성적이다.

그리스어 어원에서 보듯 놀이(παιδία)는 '아이(παῖς) 짓함(παίζω)'
이다. 이렇게 생각해온 것은 놀이는 어떤 것을 목표로 하는 생산 활
동이 아니고, 사실 연관성도 없으며, 어떤 책무성을 갖는 활동도 아
니기 때문일 것이다. 그리고 놀이가 존재 연관성이 없다고들 말하는
것은, 놀이에서 어떤 것의 존재나 진실이 드러나지 않는다는 뜻이겠
다. 물론 놀이는 존재에서 시작하고 촉발된다. 다만 놀이는 존재에
머무르지 않고, 적당한 긴장 속에서 유쾌함과 재미를 얻으며, 멋과
아름다움에 이른다. 놀이는 "그 자신만으로 쾌적한 작업"[59]이다. 사
람들이 지정된 일을 부지런히 하는 것은 노는 시간을 얻기 위해서이
다. 일 마치자마자 달려가는 곳은 놀이터이다. 놀이는 유쾌하고 재
미있기 때문이다.

놀이가 주는 쾌적함은 상상력의 산물이다. 놀이는 상상력에 의한

형상화와 의미부여에서 성립한다. 자유로운 "상상력의 놀이[유희]"가 독창성[원본성]을 낳는다.[60] 그러니까 놀이를 이끄는 것은 자유와 창의이다. 놀이가 강제된다면 그것은 더 이상 놀이가 아니다. 그렇다고 놀이가 무질서하거나 무법칙적이지는 않다. 자유와 창의가 법칙성과 만나는 곳에 유쾌한 놀이가 있다. 곧 상상력과 지성이 합치하는 지점이 유쾌한 놀이의 자리이며, 바로 그 지점이 아름다움의 자리이기도 하기에 멋있는 놀이, 아름다운 놀이가 생긴다.

인간만이 아름답게 놀이할 수 있다. 아름다운 놀이야말로 인간을 온전한 인간으로 만드는 인간 활동이다. 의식주 문제를 해결하기 위한 활동―인간의 경우 그것을 바로 '노동'이라고 일컫거니와―은 뭇 동물도 한다. 무법칙적인 놀이야 개도 하고 고양이도 한다 할 것이다. 합법칙적인 아름다운 놀이는 기예이자 예술로 전화한다. 인간의 놀이는 예술을 낳는 것이다. 인간만이 예술을 갖고 있다.

물론 기계지능도 인간의 예술품과 식별할 수 없는, 또는 이미 어떤 자연산물이 그러하듯이, 인간의 작품보다 더 아름답고 정치(精緻)한 '예술품'―복제품이든 창작품이든―을 산출할 수 있을 것이다. 여기서 새롭게 깨우치게 되는 것은, 예술에서 '인간적임'은 예술작품에 있다기보다는 예술작품을 산출해내는 기예와 미감 그리고 예술작품의 감상에서의 미감에 있다는 점이다. 「자화상」의 시인들은 각자의 자의식에 각자의 미감을 담는다. 그것을 읽고 공감하는 인간 독자 또한 공감하며 미감을 느낀다. 옆집 강아지 몽실이는 아마도 9할 넘게 바람이 키우고 있는 듯한데, 그는 그것에 대한 자의식이 있을까, 또 개울에 비친 제 모습에 대해 어떤 미적 감각을 가질까? 자신을 때로는 미워하고, 때로는 그리워할까?

'AI 김광석'이 설령 인간 김광석처럼 〈서른 즈음에〉를 부른다[부르는 것처럼 보인다] 해서, 그가 그 노래에 인간 김광석과 같이 안타까운 미적 감정을 담고 있을까? ─ 자의식과 미감에서 인간은 한낱 동물이 아니고, 기계도 아님이 잘 드러난다.)

이제 실물과의 노동을 로봇에게 맡기게 되면 인간은 노동자로서의 삶에서 벗어나 예술가로서의 삶을 살 수 있다. ─ "문명은 놀이에서 그리고 놀이로서 생겨나고 전개된다."[61]

'제4차 산업혁명'이 인간에게 새로운 놀이 문화를 일으킨다면, 그것이야말로 휴머니즘의 진흥이 될 것이다. 그것은 이제까지의 노동자 인간, 일하는 동물(animal laborans)이 유희하는 인간, 곧 예술가 인간으로 전환하는 터전을 제공할 것이니 말이다.

그러나 어디까지나 놀이는 일과 병행할 때만 놀이로서의 유쾌함을 준다. 노동 후의 휴식만이 진짜 휴식의 맛을 주듯이 말이다. 인간이 더 이상 할 일이 없어 매일 놀이만 한다면 그것은 이미 놀이가 아니다. 그것은 오히려 고문일 것이다. 놀이란 일과 일 사이에서만 즐거움과 재창조의 원천이 된다. 놀이의 연속은 권태를 낳고, 그것은 점차 더 큰 자극적 쾌락으로 사람을 내몰아 자멸에 이르게 하거나, 무위도식자로서 생에 대한 욕구 자체를 잃게 할 것이다. 그렇기에 놀이 문화의 진작은 당연히 일의 적절한 분배를 전제한다.

자연 그대로의 상태를 수용하여 단지 연명(延命)하는 것에 만족하지 않고, 오히려 자연을 개작하고, 자연을 분식(粉飾)하는 삶을 영위하는 인간은 단순한 생존을 넘어 여유를 찾고, 놀이하는 자로서 유쾌한 삶을 그리고 장엄한 죽음을 추구하는데, 그로부터 문화의 또 다른 중요한 부분인 유희(遊戲), 즉 게임, 연예 오락과 예술, 종교의식들이 파생한다.

내 세상 뜨면 풍장시켜다오.

섭섭하지 않게

옷은 입은 채로 전자시계는 가는 채로

손목에 달아놓고

아주 춥지는 않게

가죽가방에 넣어 전세 택시에 싣고

군산에 가서

검색이 심하면

곰소쯤에 가서

통통배에 옮겨 실어다오.

가방 속에서 다리 오그리고

그러나 편안히 누워 있다가

선유도 지나 통통 소리 지나

배가 육지에 허리 대는 기척에

잠시 정신을 잃고

가방 벗기우고 옷 벗기우고

무인도의 늦가을 차가운 햇빛 속에

구두와 양말도 벗기우고

손목시계 부서질 때

남몰래 시간을 떨어뜨리고

바람 속에 익은 붉은 열매에서 툭툭 튀기는 씨들을

무연히 안 보이듯 바라보며

살을 말리게 해다오.

어금니에 박혀 녹스는 백금 조각도

바람 속에 빛나게 해다오.

바람을 이불처럼 덮고

화장(化粧)도 해탈(解脫)도 없이

이불 여미듯 바람을 여미고

마지막으로 몸의 피가 다 마를 때까지

바람과 놀게 해다오.

(황동규, 「풍장 1」)

삶의 시작부터 그리고 인생을 마친 후에조차도 인간은 놀이를 즐긴다. 주검도 의식(儀式)을 갖춰 거두고, 시인은 마지막 "피가 다 마를 때까지 바람과 놀고" 싶어한다. 인간은 단지 노동하고 사고만 하는 것이 아니고, 웃고 운다. 기뻐하고 슬퍼하며 감동하고 탐닉하며, 음미하고 경배한다. 진지한 인간도 한편으로는 '놀고 있다.' 경우에 따라서는 '놀고 있음'을 통해 엄숙함을 극대화시키기도 한다. '놀고 있음'으로서의 유희는 단지 인간 문화의 일면이라기보다는 오히려 인간 문화의 요체이자 종장(終章)이다.

2) 의생명과학기술의 진보와 생명 윤리 문제

인간의 생로병사가 오로지 자연대로 진행되지 않는 상황에서는 이에 관여하는 의술 내지 의생명과학기술의 '합당한' 사용에 대한 규범, 곧 의생명과학기술 내지 의생명공학 윤리 또는 법률의 문제가 있어왔다. '생명윤리(Bioethics)'라는 말이 처음 등장했을 때(1971)[62]만 하더라도 과제는 낙태, 연명 치료, 뇌사, 안락사, 존엄사, 자비사, 대리모, 인공 수정, 장기 이식, 유전자 치료, 유전자 검사 정도였다. 그러나 그 후 급속하게 발전하는 의생명과학기술이 유전자 조작, 생명 복제 등을 가능하게 하고, 심지어는 인공생명(artificial life)마저 생산해낼 단계에 다가섬으로써 더욱더 어려운 규범적 문제들이 부상했다. 이에 한국만 하더라도 기존의 「의료법」(1951) 외에 새로운 사회 환경에 대응하는 「생명공학육성법」(1983), 「보건의료기술진흥법」(1995), 「장기 등 이식에 관한 법률」(1999), 「의료기기법」(2003), 「생명윤리 및 안전에 관한 법률」(2004), 「생명연구자원의 확보 · 관리 및 활용에 관한 법률」(2009) 등 다수의 법률 들을 제정하여 시행하면서 또한 이를 빈번하게 개정해가고 있다. 그것은 관련되는 '규범적' 상황이 매우 가변적임을 말하고, 이런 경우 법 제정이나 개정에 있어서 직접적 이해관계가 큰 사람이나 집단의 의사가 더 크게 반영되기 십상이어서 시민사회의 더 많은 관심과 의사 표시가 요청

된다.

문제 상황

「대한민국 헌법」은 과학기술의 개발을 일차적으로 국민경제 발전의 관점에서 규정하고 있다.

> "國家는 科學技術의 革新과 情報 및 人力의 開發을 통하여 國民經濟의 발전에 노력해야 한다."(제127조 ①)

이러한 헌법 규정에 부응해서 "생명공학연구의 기반을 조성하여 생명공학을 보다 효율적으로 육성·발전시키고 그 개발기술의 산업화를 촉진하여 국민경제의 건전한 발전에 기여하게 함을 목적"(「생명공학육성법」 제1조)으로 「생명공학육성법」이 제정된 것이다. 이 법은 '생명공학'을 "산업적으로 유용한 생산물을 만들거나 생산공정을 개선할 목적으로 생물학적 시스템, 생체, 유전체 또는 그들로부터 유래되는 물질을 연구·활용하는 학문과 기술"(제2조)이라고 정의하고서, 인간의 생명과 관련한 여러 가지 과학기술의 산업적 활용을 겨냥하고 있다.[63]

이 법이 "생명공학의 연구와 이의 산업화 과정에서 예견될 수 있는 생물학적 위험성, 환경에 미치는 악영향 및 윤리적 문제 발생의 사전 방지에 필요한 조치가 강구되어야 하며, 유전적으로 변형된 생물체의 이전·취급·사용에 대한 안전 기준이 마련되어야 한다."(「생명공학육성법」 제15조 ②)라고 규정하고 있고, 관련법 중 하나인 「생명윤리 및 안전에 관한 법률」 또한 "인간과 인체유래물 등을 연구하거나, 배아나 유전자 등을 취급할 때 인간의 존엄과 가치를 침해하거나 인체에 위해(危害)를 끼치는 것을 방지함으로써 생명윤리 및 안전을 확보하고 국민의 건강과 삶의 질 향상에 이바지"(제1조)할 것을 원칙으로 내세우고는 있으나, 모두가 헌법 수준의 포괄적 선언적 규정들일 뿐, 실상 관련법들의 제정 취지는 관련 과학기술을 '개발'하고, '육성'하고 촉진하는 데 초점이 맞춰져 있다.

"인간의 존엄과 가치를 침해하거나 인체에 위해(危害)를 끼치는 것을 방지"하고, "생명윤리 및 안전을 확보"하기 위해서는 '선언'만으로는 충분하지 않고, 문제가 되는 사안별로 실행 방안과 조처 기준이 마련되어야 한다.

우선적인 사안을 예거하면 아래와 같다.

장기이식

① 뇌사자 장기 활용

뇌사자 장기 활용에 앞서 '뇌사'의 개념이 엄밀하게 규정되어야 하고, '뇌사 판정'이 내려져서 장기적출을 할 수 있는 것이 아니라, 장기적출을 하기 위해 뇌사 판정을 내리고 있는 현황에 대한 치열한 논의가 필요하다.

「장기 등 이식에 관한 법률」은 "제17조(뇌사자의 사망 원인) 뇌사자가 이 법에 의한 장기 등의 적출로 사망한 때에는 뇌사의 원인이 된 질병 또는 행위로 인하여 사망한 것으로 본다."라고 규정하고 있는데, 이는 사실로(de facto)는 "장기 등의 적출로 사망"한 것인데, 법률적으로(de jure)는 "뇌사의 원인이 된 질병 또는 행위로 인하여 사망한 것으로 본다."라는 뜻이다. 이 규정은 우선 '뇌사'는 아직 사망이 아니며, 그러니까 장기 적출 전에는 아직 사망 상태가 아니고, 직접적인 사망의 원인이 장기 적출임을 인정하면서도, 아직 사망하지 않은 사람에게 장기이식의 편의를 위해 뇌사 판정을 내리고 장기 적출을 허용하되, 사망의 원인은 장기 적출 행위가 아니라, 당초 뇌사를 유발한 질병이나 행위에 소급시킨다는 것이다.[64]

이러한 장기이식 절차의 합당성 문제는, 과학기술 발전을 위해 필요하고 개인이 기꺼이 동의하면 어떤 개인을 의생명과학기술의 실험 재료로 사용해도 무방한가, 또 동의 능력이 없는 사람을 또는 그 신체 일부를 다른 사람을 위해 또는 연구 목적으로 이용해도 무방한가 하는 생명 윤리의 보편적 문제와 함께 집중 검토한 후 의견을 모아 시행 규칙을 다듬어야 한다. 이는 생체이식과도 직결되는 문제이다.

② 생체이식

생체이식을 위해서는 장기 기증이나 장기 매매가 선행해야 할 것이다. 장기 기증의 경우에는 그것이 만에 하나라도 심리적 또는 사회적 압박에 의해 이루어진다거나, 표면상 그러한 압박이 없다 하더라도 사안에 대한 충분한 지식이 없거나, 설령 본인의 자발적 의사가 있다 하더라도 기증자의 건강에 적지 않은 위해(危害) 가능성이 있다면 마땅히 제재되어야 한다. 장기 매매는 더 큰 사회적 문제를 야기할 수 있는 일인 만큼 정상적인 생체이식의 경우에 포함시키기 어려울 것이므로, 법적으로 금지함이 당연하다.

③ 낙태된 태아의 세포 사용

발달된 생명과학기술은 태아의 세포 또는 뇌세포를 활용할 수 있는 수준에 이르러 있고, 이와 관련해서 자연 유산된 태아의 세포 활용은 무방하지 않은가 하는 의견들도 있지만, 이를 허용할 경우 낙태 목적으로 임신한 후 (자연)유산을 유도할 가능성도 배제할 수 없기 때문에 이에 관한 논의의 심화가 절실하다.

④ 이종 간 이식

그러나 어떤 경우의 문제보다도 더 심각한 것은 이미 기술적으로는 거의 가능한 단계에 와 있는 이종 간 이식이다. 동물의 신체 일부를 인간의 신체의 특정 부분에 대체 이식할 수 있을 때, 그 허용 여부 및 허용 범위 문제 말이다. 이는 자칫 변종 인간 내지 잡종 인간의 발생의 단초가 될 수도 있는 사안이다.

체세포 복제

체세포 복제는 보통 우량 동물의 대량 복제를 의도하고 있다. 유전자 조작도 보통 유전적으로 향상된 제품 생산을 목적으로 삼는다. 만약 이러한 과학기술이 인간에도 적용되면, 그것은 결국 소망하는 기능이 탁월한 '맞춤 인간' 생산을 지향하게 될 것이다. 이는 인간이 더 이상 태어나는 것이 아니라, 바야흐로 여느 공산품처럼 제작·제조된다는 것을 의미한다.

인간의 복제에 관해서는 이미 많은 논의가 진행되어 있다.[65]

주로 인간복제가 허용되어서는 안 되는 이유로 꼽히는 것을 예거하면 아래와 같다.

인간복제는 1) 비자연적이고, 2) 유전적으로 유일하게 될 권리 또는 유전적으로 간섭받지 않을 권리를 침해하며, 3) 개인의 특성을 상실하게 하는 결과를 초래하고, 4) 생명 가치의 상품화를 초래하며, 5) 프라이버시를 보호받을 권리를 침해한다. 그리고 인간 복제는 6) 인간의 유전자 풀의 다양성을 감소시켜 인류의 생존 가능성을 감소시킬 수 있고, 7) 남녀의 인격적 교제와 상호 의존적 관계가 아닌 한 사람의 체세포를 통해 인간을 탄생시킴으로써 인간의 상호 의존성을 파괴한다는 것과, 8) 복제될 인간은 그가 태어날 환경에 적응하지 못할 수 있으며, 9) 복제 기술을 인간에게 적용시키는 행위는 인간 생명의 소중함을 저버리는 행위이고, 10) 인간복제는 자칫 성비의 불균형을 야기할 수 있으며, 11) 인간복제로 인해 가족 관계가 파괴되거나 부모 자식의 관계나 형제의 개념이 무너질 우려가 크다는 것이다.

그러나 뭐니 뭐니 해도 인간복제는 인간의 제품화를 뜻하는 것으로서, 무릇 그러한 제품화는 인간 생산과정의 산업화를 포함하지 않을 수 없다. 그것은 결국 '인간' 또한 하나의 '물건'이고, 이제 '인품'이라는 것도 하나의 '물품'이며, 그러니까 거래가 가능한 '상품'이 되는 것을 말하는 것이다. 이러한 국면이 도래하면 생명과학기술이 각종 특허와 지적재산권의 쟁탈장이 될 소지가 크다. 이를 방지해야 한다면, 우선적 조치는 인간 생명에 대한 공학적 접근이 가능한 사항에 관련해서는 지적재산권을 최소한으로만 인정하고, 산업화를 결코 허용하지 않는 일이다.

생식세포 발달과정에서의 조작

그뿐만 아니라 인간의 생명 조작에 적용될 수 있는 일체의 연구 과정과 성과는 특정한 개인 혹은 집단이나 기관 혹은 국가의 전유가 되어서는 안 되고, 인류가 공유하도록 해야 한다. 인간 생명의 조작은 한 건에서 출발한다 해도 결국은 인류의 생존 방식을 결정하게될 것이기 때문이다. 이와 관련한 적절한 조처가 강구되지 않으면 인간 생명 윤리와 인간의 존엄성 개념을 와해시킬 복합적인 일이 일어날 것이다.

이미 '맞춤형 아기'는 출현해 있다. 이 추세로 나아가면 인간과 동물의 유전자 배합에 의한 잡종도 출현할 것이다. 생식세포의 발달과정에서 조작이 기술적으로 가능하게 된 마당에 그것을 어느 선까지 허용할 것인가는 현안 중의 현안이다.

배세포 유전자 치료를 허용할 것인가, 이미 태어난 자녀의 유전적 병을 치료하기 위해 정상적인 가임 부부가 시험관에서 배아를 키워 줄기세포를 취득해도 좋은가? 개인의 소망, 건강, 이익에 관계되는 일로서 비용을 해당 개인이 모두 부담하기만 한다면 의생명과학기술적으로 가능한 시술은 무엇이나 행해도 되는가?[66] — 기술진보와 함께 난제가 연이을 것이고, 그에 대한 지성계의 고찰과 응답이 더욱더 절실하다.

우선해야 할 일

의생명과학기술의 지적재산권의 제한

생명윤리는 인간이 사회생활을 시작한 이래 이미 숱한 과제들을 포함하고 있었지만, 과학기술의 발전으로 이른바 '생명공학'이 대두하면서부터 더욱더 심사숙고하지 않으면 안 될 사안들을 포함하게 되었다. 무릇 윤리라는 것이 '사람이 사람과 함께 살면서 마땅히 행하여야 할 도리', '똑같은 존엄성을 갖는 사람들이 더불어 사는 사회에서 사람들의 사람으로서의 도리'라 한다면, 생명윤리란 '인간의 생명과 관련하여 사람들이 사회에서 마땅히 행해야 할 도리'라고 규정할 수 있겠다. '윤리(倫理)'가 풍습화(風習化)를 통해 규범성을 얻는 것이라면, 생명윤리 또한 일반 시민들의 규범 의식화를 통해 보편성을 획득할 수 있고, 그 바탕 위에서 법제도가 정비되는 것이 순리일 것이다. 그리고 규범 의식화는 사안에 대한 폭넓은 공론화가 첩경이다. 따라서 의생명과학기술의 개발 내용은 신속하게 공개되고 그 기술은 독점되지 않도록 해야 할 것이다.

흔히 과학과 과학기술이 '가치중립적'이라고 하지만, 과학과 과학기술은 과학자나 과학기술자에 의해 연구되고 개발되는바, 과학자나 과학기술자는 결코 가치중립적이지 않고, 가치중립적일 수도 없다. 그들은 대형 연구과제를 주도하는 정부의 정책이나 연구비 제공 기관의 의도에 부응하는 것이 상례이다. 여기서 공적 재원에 의한 과제는 공적 토의를 거쳐 채택 추진되기 때문에 그나마 공공성이 어느 정도는 확보된다. 그러나 이미 국가에 버금가는 또는 그보다도 많은 연구개발비를 지원할 수 있는 사적 기관들이 생겨난 마당에서는 최소한의 공적 토의의 장조차 거치지 않은 채로 (은밀하게) 연구개발이 진행되고, 그 결과물이 지적재산권이라는 안전장치 아래서 사유화될 수 있다. 그러므로 새로운 과학기술의 영향이나 파장이 예상하기 어려운 만큼, 특히 인체나 인간 생명을 조작하는 데 활용될 가능성이 큰 신과학기술의 산물에 관련해서는 지적재산권을 제한하고 사유화를 최소화함으로써 개발속도를 조정하고, 그것이 인간의 생명 구조의 변경과 관련이 있는 것일 경우에는 반드시 '기술 시민권(technological citizenship)'이 확보되어야 한다.[67]

그런데 과학기술 개발은 전 세계적으로 진행되고 그 여파 또한 온 인류에게 미치는 것인 만큼 지적재산권 제한 조치 같은 것이 어느 특정 국가 안에서 이루어진다 하여 과학기술 개발이 제한되지는 않는다. 그러므로 이 사안과 관련하여 인류의 장기적인 복지 기반을 조성하기 위해서는 국제적인 공동 규범이 제정되어 준수되고, '국제원자력기구(International Atomic Energy Agency[IAEA])'와 유사한 '국제 의생명과학 기구(International Biomedical Science Agency[IBSA])'에 의해 그 준수 여부가 감시되어야 한다. 의생명공학기술은 핵무기 사용 통제 이상의 엄정한 국제적 규범 질서 안에서 연구 개발되어야 할 것이다.

포스트휴먼 사회에서의
휴머니즘 증진 요점

이상의 논의를 통해 인식한바, 포스트휴먼 사회에서의 휴머니즘의 증진을 위해 인간(휴먼)이 우선적으로 해야 할 일은 다음과 같이 정리할 수 있겠다.

1) 무엇보다도 급진하는 과학기술이 인체를 변조하고, 인간 자체를 기술의 대상으로 삼는 일이 일어나지 않도록 인류 차원의 통제 규범을 만들고, 규범 준수를 위해 국제적 기구를 설립해야 한다. 그리고 그에 맞춰 국가별로, 자치단체별로 '의생명과학기술 위원회'를 설치하여 맞춤형 아기 생산, 인체 변형, 인간 수명 조정 등 생명윤리에 관한 개별적 사안을 검토하여 합당성을 판정하고, 의료(醫療)가 '병을 고치는 일'을 넘어서지 않도록 경계해야 한다.

2) 인공지능 로봇의 군사적 사용에 관한 국제 규범 제정을 서두르고, 이의 관리를 위한 국제감시기구를 설치해야 한다. 군사 로봇(인

공지능 무기)은 핵무기나 화학무기 못지않게 무자비한 살상 무기이고, 전장(戰場)을 무제한으로 확대할 가능성을 내포하고 있다. 기계 병사가 자연인간 병사를 살상하고, 도처에 무시로 출몰하여 온 세상을 전장으로 만드는 일이 일어나지 않도록, 로봇 병사의 활약을 엄격히 제한하는 국제적 규제책을 마련해야 한다.

3) 사람의 일을 전적으로 기계에 넘길 수 없는 상황에서 과학기술이 고도화하면 할수록 그러한 과학기술의 개발과 운용에 참여할 수 있는 자본가와 고급 과학기술자, 탁월한 아이디어를 가진 경영자들은 더욱더 득세하고, 그 밖의 사람들은 현상 유지도 힘들 것이다.

"노동수단으로서의 기계는 곧장 노동자 자신의 경쟁자가 된다."[68] 산업 현장에서는 제조업을 비롯해서 다수의 노동자가 유사한 작업을 반복적으로 하는 일자리부터 스마트 머신(smart machine)으로 대체되어갈 것이고, 스마트 머신을 제작 운용하는 것과 같은 기계에게 맡길 수 없는 업무 종사자 외의 사람들은 허드렛일이나 임시적인 일이 주어짐으로써 역할의 비중과 함께 소득 또한 감소할 것이다. 설령 일자리가 숫자상으로는 감소하지 않는다 해도, 품질 면에서 노동시장의 양극화는 갈수록 심화할 것이다. 일자리, 노동소득과 상관없이 자본가들은 첨단 산업의 투자로 더 많은 소득을 올릴 것이고, 소수의 고숙련 일자리 종사자와 절대 다수의 중숙련(middle-skil) 이하의 일자리 종사자 사이의 소득의 격차는 점점 더 커질 것이므로, 사회의 부의 총체가 설령 증가한다 해도 사회구성원 대부분의 삶의 질은 전혀 개선되지 못하거나 악화될 것이다.

이러한 사회 변동은 시민사회의 건전한 발전에 위협이 될 것이 분명하다. 진보하는 과학기술과 고도화된 기계가 사회 공동의 부를 증대하고, 만인을 고된 노동에서 해방시켜, 만인의 향상된 복지 사회를 구현하는 수단이어야지, 소수의 사람들이 자연과 다수의 사람들을 지배하는 도구가 되어서는 안 될 일이다.

인간 문화의 한 형태인 산업의 발전이 곧 인간 문화의 본질적 향상, 곧 인간의 존엄성 제고로 이어져야 함은 당연하며, '산업의 발전'은 인간을 가치의 중심에 둔 휴머니즘의 증진에 상응하는 기여를 할 때라야 그 '발전'의 의미를 갖는다 할 것이다. 산업의 발전이 보편적 인간의 심성을 파괴하고, 시민의 공공복지를 해친다면, 그것을 어떻게 '발전'이라고 하겠는가? 기술과 경영의 수월성이 곧 인간 문화의 발전은 아니다. 그것들이 '좋은 시민사회'를 위한 자양분일 경우에만 발전의 요소라 할 수 있을 것이다.

4) 우리의 교육, 과학기술의 진흥, 생산-소비 체제, 정치체제를 "인간은 어떤 모습으로 살아야 하며, 어떤 사회 형태를 가질 때, 최선의 인간이 될 수 있을까"에, 즉 이상적인 인간상에 맞춰 발전시켜 나가야지, "자연인간들이 보통 어떻게 살고 있는지"에, 즉 인간의 실상에 맞춰 이끌어가서는 안 된다. 인간은 마땅히 도덕적으로 훌륭하게 살아가야 하며, 그러하기 위해서는 인간의 내면적인 끊임없는 자기 개선이 필요하다. 인간 상호 간의 비교 우위를 점하려는 경쟁심과 자신의 한정적인 역량을 보충하고 보완하려는 완성 심리가 인간 문명 향상의 동력이지만, 이것이 또한 인간의 불화의 요인이며 인간 문명의 파멸의 불씨가 될 수 있는 것 역시 분명하다. 인간 문화는 교화된 인간들에 의해서만 지속될 수 있다. 인간 사회는 개개인

의 자기교화를 상호 격려하는 풍토를 조성해야 한다.

5) '출산율 저하', '인구 절벽' 같은 표현을 사용하면서 인구의 감소를 걱정하는 사람들이 있다. 그런데 출산율 저하가 진정으로 사회문제가 된다면, 그 해결책은 가임 연령층에 있는 시민이 너도나도 다투어 아이들을 낳을 수 있는 사회 환경을 가꾸어가면 될 일이다. 태어난 아이는 누구의 소생이 되었든 균질하게 양호한 양육과 교육을 받고, 일생을 유쾌하게 살 수 있는 사회적 여건을 만드는 일 말이다. 사회 구성원 누구에게나 기량을 배양할 기회가 제공되어야 하고, 닦은 기량을 마음껏 발휘한 후, 봉사와 자기교화의 시간을 가질 수 있는 사회 체제를 만들면 더불어 삶을 함께 누릴 이웃 사람이 충분히 많이 태어날 것이다. 사람이 성인도 되기 전부터 계층으로 나뉘는 '인류의 역사'는 종식되어야 한다. 인간은 자기 책임으로 돌릴 수 있는 인품 밖의 요소로 인해 구별되고, 차별화되어서는 안 된다. 진보하는 과학기술이 인간의 외적 요소들을 변화시켜 인간의 차별화를 더 심화시키지 않도록, 필요한 조치들이 전 인류 차원에서 강구되어야 한다.

6) 도대체가 사람 중 누구는 부리는 자로 누구는 부림을 당하는 자로 태어나는 것이 아니다. 더구나 사람이 일터에서 언제든지 대체가 가능한 생산을 위한 개체로 취급받는다면, 그 사람은 더 이상 '인간'이 아니라 물리적 생산수단일 뿐이다. 그런 경우 인간은 로봇 일꾼과 동렬에 세워지거나 혹은 그 부속물로 전락한다.

노동현장에서의 양극화 추세는 하위직 노동자의 위상을 더욱 약화시켜 상사가 지정한 목표에 순응하는 자들만이 그나마 잡은 일자리를 유지할 가능성이 높다. 그러나 이러한 일터의 모습은 인간성을 마모시킬 것이다. 인간성과 인간의 존엄함은 그의 자유와 타인들과의 평등함에서 출발한다.

기계 일꾼의 공급은 인간의 일자리를 대체하려는 것이 목적인 만큼, 기계 일꾼의 증가는 당연히 사람의 일자리 축소를 가져올 것이다. 더구나 여러 사람이 나누어 하던 동일한 내용의 일은 이내 기계화될 것이므로, 장차는 결국 그 사람이 아니면 누구도 할 수 없는 일만 사람의 일거리로 남을 것이다. 그것은 이른바 창의적인 사람에게만 일자리가 생긴다는 것을 뜻하고, 이는 산업계의 주축이 대규모 기계 생산시설과 소규모 '1인 1사(一人一社)' 체제가 되리라는 것을 예상하게 한다. 대부분의 사람은 남에게 고용되는 것이 아니라, 자신이 자기를 고용해야 하고, 고용된다 해도 장기 정규직보다는 일시적이고 유동적인 직무를 얻게 될 것이다.

재래 방식의 일자리는 축소되어가는데 사회 체제는 그대로이면, 일자리를 얻기 위한 경쟁은 심화할 것이고, 자칫 그 경쟁이 소수의 승자와 다수의 패자로 귀결되면, 주인과 노예 관계의 야만 사회가 내내 지속될 것이다.

사람의 의식주를 위한 전통적인 일자리는 한정적인 만큼 사람들의 근로 시간을 단축하여 일자리 나눔을 꾀해야 한다. '일'은 소득의 원천일 뿐만 아니라 생의 보람 원천이기도 한 만큼, 근로 시간 단축으로 인해 발생할 수도 있는 소득 감소는 기계 일꾼에 의한 사회적 부를 재원으로 하는 국민 기본소득제로 보충하고, 국민 모두가 일하는 보람을 향유하도록 사회제도를 변화시켜나가야 하며, 교육과정에는 '1인 1사 사회'를 대비한 창의 교육과 그 '1인'들이 고립되지 않고 협력 체제를 구축할 수 있는 협동 정신 함양 교육이 포함되어야 한다.

7) 포스트휴먼 사회는 인간과 인간의 공존 사회를 넘어서 또한 인간과 유사 인종의 공존 사회이다. 그런 만큼 재래의 인간 윤리 못지않게 유사 인종과의 공존 윤리가 정립되어나가야 한다.

인류 문명의 진보와 함께 인간의 존엄성 개념은 인간에서 유정(有情) 동물로, 더 나아가 생명체 일반으로 확산되어가고 있다. 이제 이와 같은 가치관은 만약 '감성 기계(sentient machine)'가 출현하면 그것에까지도 미치지 않을 수 없을 것이다.

'정동적 기계(affective machine)', 이른바 감정 로봇이 등장하면 그 등장 초기부터, (세련화가 진보하여 사람과 구별할 수 없을 정도의 감정 표현에 이르기 전에도) 인간과 로봇 사이의 새로운 관계 방식이 생길 것이다. 그때는 '로봇 규범'이 로봇이 인간과의 관계에서 어떻게 제작되고 운영되어야 하는가의 문제뿐만 아니라, 인간이 로봇을 어떻게 대해야 하는가, 또 로봇끼리는 서로 어떻게 응대해야 하는가의 문제들까지도 포함하지 않을 수 없기 때문이다.

또한 우리가 이미 반려동물과의 감정 교류로 인해 충분히 목도하고 있듯이, 만약 '정동적 기계'가 인간 생활 안에 들어오게 되면 일반 생활환경의 변화뿐만 아니라, 아마도 충격적인 인간관계의 변화가 일어날 것이다. 어떤 자연인간은 다른 자연인간과의 교류는 전혀 없이, 반려동물과 정동적 기계와의 교류만으로 일상생활을 운위할 수도 있을 것이고, 그것은 이제까지의 인간의 사회생활 방식을 파괴할 것이다. 인간들 사이의 교류는 양방향적인 것이 상례인데, 기계와의 일방적 교류방식에 젖은 사람이라면 다른 사람과의 교류에 적응하기가 쉽지 않을 것이고, 그러다 보면 더욱더 사람들과의 관계를 회피하고 정동적 기계들과의 생활에만 빠져들 수 있다. 무릇 기계에 감정을 접합하는 일은, 또는 감정이 있는 듯이 작동하는 기계 제작은, 설령 그러한 기술이 가능하다고 하더라도, 참으로 많은 논의와 숙고가 필요한 일이다.

로봇 규범은 로봇의 개발, 제작, 사용의 전(全) 과정에 타당한 것이어야 하고, 휴먼과 트랜스휴먼 또는 포스트휴먼 간의, 또 트랜스휴먼이나 포스트휴먼 간의 관계 규정을 포함해야 한다.

요컨대 기계지능과학기술과 의생명과학기술이 진보해감에 따라 자연인간과 인공지능 내지 기계지능 로봇, 자연인간과 증강인간 내지 사이보그 사이의 경쟁과 함께 강한 사람과 약한 사람 사이의 사회적 격차가 더욱 커질 우려가 있다. 이러한 우려의 증대에 비례해서 '증강'이라는 명분 아래 인체 조작의 유혹 또한 증가할 것이다. 아마도 그 결과는 우선은 단지 사람들의 사회적 격차를 더욱 크게 만들 것이지만, 종내는 '인간' 개념을 변질시키고, 인간 존엄성을 말살할 것이며, 결국 인간의 문명사회 자체를 와해시킬 것이다.

휴머니즘이란 하늘과 땅의 중심에 동물이되 이성적인 존재자인 인간이 있으며, 그러한 인간 위에 인간 없고, 그러한 인간 아래 인간 없다는 정신에 기초한다. 포스트휴먼 사회가 탈인간 사회 또는 초인간 사회가 아니라 진보한 인간 사회이려면, 개개인은 자신의 교화에 힘쓰고, 사회는 동등한 사람들의 화합의 장이 될 수 있는 제도를 끊임없이 강구하고 구축해나가야 한다.

5장

인간은 무엇이어야 하는가

이제 다시 우리는 자문(自問)한다: 인간은 무엇이어야 하는가? 그리고 우리는 자답(自答)한다: 존재자의 구별은 그 본질속성에 따른 것이고, 하나의 존재자는 그 본성으로 인한 것이다. 무릇 자연인간(human)은 이성적 동물이다. 인간은 이성적 동물로서 그 이성성과 동물성이 조화하도록 부단히 힘써야 한다. 인간은 신이 아니지만, 한낱 동물도 아니며, 물론 기계도 아니다. 인간은 한낱 동물이나 기계일 수 없다. 인간은 인간이어야 한다.

이성적 자연존재자로서 인간은 교육과 교화를 통해 그 이성성을 더욱 숙련하고, 그 동물성을 도야해나가야 한다. 끊임없이 애씀으로써 한낱 동물임을 벗어나되, 기계화되지 않도록 정감 또한 섬세화해야 한다. 가능한 한 많은 언어를 익혀 인류 공동의 유산을 폭넓게 계승하고, 수학 공부를 열심히 하여 수리적 사고력과 생활 터전인 자연을 이해하기 위한 기초 능력을 함양하는 한편, 시를 짓고 읊으며, 정원을 가꾸고 그림을 그리며 미감을 깊게 하고, 노래를 즐겨듣고 악곡 연주에서 흡족함을 얻어 감성을 풍성하게 해야 한다. 이를 토대로 가까운 이웃과는 친애(親愛)하고 먼 이웃과는 화친(和親)하는 온유와 관대함의 미덕을 함께 기르는 것, 그것이 인간으로서 인간이 걸어야 할 길이다. 이미 수많은 선현들이 깨닫고 일러준 바로 그 길이 앞으로도 인간이 걸어야 할 길이다.

자연인간은 비록 완벽하지는 않아도 그 자율의 힘으로 자기완성을 향하여 전진하는 지속성을 이미 보여주었다. 인간 문명은 인간 자신의 절차탁마의 과정이다. 그 과정은 이미 인간이 어떻게 참인간이 될 수 있는지를 충분히 보여주었다. 비록 어떤 문명 형태가 선악의 요소를 함께 수반한다 할지라도, 그렇다고 기계적 조작을 통해 인간을 개조할 것이 아니라, 자연인간이되 교양함으로써 선함을 증대시켜나가, 마침내 윤리적 공동체에 이르는 것이 인간의 길이다.

/ 1 /

지성 함양

　획기적인 인공지능의 기술 발달과 그에 따른 산업 구조의 변화가 시민사회에 미치는 파장은 가히 '혁명적'일 것이다. 이러한 혁명적 상황에서 사람은 여전히 '사람으로 살기' 위해서 실로 무엇에 힘써야 할까?

　첫째로, 인공지능 시스템에 의해 생산체제가 스마트해지고, 인간이 중노동에서 해방되어 놀이를 더 많이 향유하게 될 때, 인간의 실존 방식은 고유성과 유쾌함에 의해 결정될 것이다. 고유성은 타인과의 '차이'에서, 유쾌함은 새로운 규칙성 곧 창의성에서 얻어진다. 생산 역군으로서 로봇 노동자가 증가하면 증가할수록 사람은 각자의 고유성과 창의성을 배양해나감으로써만 차별성과 함께 스스로 존재 이유를 얻을 수 있다.

　무릇 의식주의 필수품을 위한 노동 시간이 점차 감소하고, 그러한 것과는 직접적으로 상관이 없는 활동, 곧 놀이의 시간이 증가함에 따라 놀이가 한낱 오락이나 도락이 아니라, 그야말로 '재창조[recreation]'의 유희가 될 놀이방식들이 다양하게 개발되고, 또한 저마다 자기에게 알맞은 일의 방식을 찾듯이 자기 식의 놀이방식도 찾아야 할 것이다. 그렇지 못할 경우에는 적지 않은 사람들이 하는 일 없이 배분받은 기본소득이나 의식주 보급품에 의지해서 자기 생의 의미도 찾지 못하고, 명색은 놀이이나 실제로는 나태 속에서 매일매일 무료하게 목숨을 이어가는 삶을 살게 될 것이다. 그리고 그러한 삶은 온갖 패악의 유혹을 이겨내지 못할 것이다. 진보하는 고도의 과학기술 사회는 앞에서는 더없이 아름다운 풍광을 향유하면서 인간적 삶을 누릴 수 있는 안전한 평원인 듯 보이지만, 뒤편에는 깎아지른 천 길 절벽을 가진 좁다란 봉우리이다. ― 인간의 매사는 늘 명암이 있다. 밝음을 고르게 하여 후미진 곳까지 비춰 어둠과 그늘을 없게 하는 일이 사람이 사람으로서 사는 길이다.

둘째로, 연결사회가 진보해갈수록 시민사회는 협력적 소비(collaboative consumption) 또는 공유경제(sharing economy) 방식이 확산되어갈 것으로 예상된다. 비교적 내구성이 있으면서 드물게 사용하는 물품을 여럿이서 필요할 때 나누어 사용하는 소비 방식이 합리적인 만큼, 협동조합이나 렌트 사업이 활성화할 것이다. 이러한 사회에서는 물품 못지않게 긴요한 것이 인품이다. '공유재의 비극'이 초래되지 않으려면 협력 예절과 공공의식이 높아야 할 것이니 말이다.

셋째로, 인공지능의 역량이 점차 향상되어가고, 사람이 지능의 기능을 그만큼 더 인공지능에 의존해나가면, 자연인간(Homo sapiens

1.0)의 지능은 오히려 퇴보할 수도 있다. 그래서 아마도 이를 방지하기 위한 지능 훈련법의 개발이 모색될 것이고, 새로운 의생명과학기술은 증강지능 시술을 통해 증강인간(Homo sapiens 2.0)을 구현할 수도 있겠다. 이런 식으로 해서 로봇의 팔다리보다 더 강한 팔다리를 가진 인간, 여느 인공지능보다 월등한 지력을 갖춘 인간, 현생 자연 인간보다 10배나 더 장수하는 (아니, 영생하는) 인간이 될 수도 있을 것이다. 그런데 과연 참다운 인간의 모습이 팔뚝 힘이 세고, 지능이 뛰어나며 오래오래 사는 인간에서 드러날까?

인간은 생명체로서 개체적으로는 유한하되 그 유(類)적 가능성은 교육과 노동에 의해 부단히 증대하고, 자율 자치 능력이 있어 그 위에 개인적 존엄성과 함께 시민적 공동체를 이룩할 수 있으며, 종족별로 고유한 언어를 가지고 있으면서도 만인이 보편적인 논리 위에서 사고를 한다. 이러한 기본적인 특성 외에도 수많은 요소들이 어우러져 인간(human)의 인간임(humanity), 인문성(人文性), 인성(人性)을 이루고 있다. 다만 이러한 요소들은 소질로서 각자에게 단지 배아가 주어져 있는 것일 뿐이기에, 인간은 각자 이를 배양하여 완성해나가야 하는 것이다. 그래서 인간이 인간으로 되는 데는 교육과 교양과 교화가 필수적이다. 그런데 인간이 자율적인 한에서, 이것들은 타자 곧 외부에 의해서 촉발된다 할지라도 결국은 자기의 부응 곧 내응(內應)이 있지 않으면 효과를 기대하기 어렵다. 인간의 교화(教化)는 근본적으로는 자기교화(自己教化)이며, 그 핵심은 지성의 함양이다. 이성적 동물로서의 인간의 지반은 그의 지성에 있기 때문이다.

어떠한 상황에서나 적절한 분별과 슬기로운 대응이 필요한 만큼, 인간은 무엇보다도 균형 잡힌 통찰력, 온화한 지성을 갖춰야 한다. 이러한 지성(intelletus)은 한낱 기민한 지능과는 달리 냉철한 머리와 따뜻한 가슴의 화합에서 온다.

> 지성(intelligence)은 믿음이나 평가, 행위의 좋은 것들에 적용되어 동의나 주장을 공유 가능한 의미들의 자유로운 소통으로 바꾸고, 느낌[감정]을 질서 있고 개방적인 인식으로 바꾸고, 반작용을 응답으로 바꿈으로써 더 자유롭고 더 안전하게 좋은 것들을 구성하기 위한 비판적 방법이다. 그래서 지성은 우리의 가장 깊은 믿음과 신뢰의 대상이며, 모든 합당한 희망의 버팀줄이자 지지대이다.[1]

/ 2 /

자기교화와 교양

제아무리 의식주를 위한 물적 기반이 잘 놓인다 해도 그것만으로써 인간이 바로 '인간'이 될 수 있는 것은 아니다. 의식주를 위한 물적 기반은 인간이 기껏해야 동물적 삶의 굴레에서 벗어나 인간적 삶의 길로 들어설 수 있는 채비일 뿐이다. 궁극적으로 인간의 존엄성은 인간의 자기교화, 자기 도야에 의해서만 확보될 수 있다. 한 인간을 '인간'으로 만들 수 있는 것은 결국엔 그 자신뿐이다.

인간의 진정한 복락의 원천은 자기 교양, 자기교화의 능력에 있다. 인간은 이성적으로 될 수 있는 동물로 태어나 연찬 연마를 하면서 이성적 동물이 되어간다.

자기교화

자기교화란 덕성 함양을 통해 자기를 다스림, 자제(自制) 자치(自

治)함을 말한다. 덕(德, virtus, Tugend)이란 문자 그대로 도덕적 유능함, 다시 말해 마땅히 할 바, 즉 의무를 행할 힘을 말하며, 이러한 힘을 다듬고 기름 곧 교양(教養)함으로써 인간은 인간이 된다.

인간의 행위는 의욕에서 생기는 것이고, 의욕은 으레 표적 내지 목적을 향해 있는 것이니, 덕행이란 의무에 맞는 목적을 지향하고 "동시에 의무인 목적"을 수행함을 말한다. 인간 행위에서 이러한 '의무이면서 동시에 목적'인 것은 "자신을 완전하게 함"과 "남의 행복을 증진함", 이 두 가지라고 칸트는 논변한 바 있다.[2] 그런데 이것들을 서로 바꿀 수는 없으니, '자신의 행복을 증진함'은 결코 의무가 될 수 없고, '타인을 완전하게 함'이란 이미 스스로 목적을 세워 정진할 수 있는 인격으로서의 타인을 부인하는 것이기 때문이다.

이러한 의무론 역시 인간이 '이성적 동물'이라는 통찰에 기초하고 있다. 인간은 누구나 행복을 자기 행위의 최종 목적으로 삼거니와, 그것은 동물로서의 인간은 저절로 '감성적 욕구 충족' 즉 행복을 추구하기 때문이다. 그러나 다른 한편 인간은 만약 그것이 자기의 완성에 저해가 된다고 판단하면 어떠한 욕구도 단절하고자 하는 자유로운 의지를 가진다. 자기가 부단히 얻고자 하는 행복을 남이 얻도록 하는 것은 나의 의무이고, 나의 행복을 얻으려는 경향성으로 말미암아 곧잘 훼손될 위험에 처하는 나의 인격을 완전하게 함 또한 나의 의무이다. 그리고 이 두 가지 의무는 동시에 '나의 자유의사로 하여금 나의 행위를 규정하도록 하는 것', 즉 나의 행위의 목적이기도 하다.

이러한 의무 이행이 덕행인바, 덕행의 기초는 덕성의 함양이다.

그리고 덕성의 함양은 어린 시절에는 교육을 통해서도 이루어질 수 있으나, 궁극적으로는 부단한 자기개발을 통해 각자가 자신의 이론이성과 실천이성을 배양하고, 미감(美感)을 계발하고, 공통감을 교양하는 일이다. 그리고 각자가 자기 훈도, 자연과의 교유, 사회(이웃)와의 소통에 힘씀은 이를 달성하기 위한 좋은 방도일 것이다.

"덕이 (선천적인 것이 아니고) 취득되어야만 한다는 것은, [⋯] 덕의 그 개념에 이미 함축되어 있다. 왜냐하면, 인간의 윤리적 능력은, 만약 그것이 강력하게 맞서 있는 경향성들과의 싸움에서 결의의 강함[굳셈]으로 산출되지 않는다면 덕일 수 없을 것이기 때문이다."[3] 그렇기에 덕은 육성될 수 있고 육성되어야만 하는 것이다. 그런데 덕은 수동적인 방식만으로는 갖춰지는 것이 아닌 만큼, "인간이 자기 자신에게 행하는 훈도(훈육)"[4]가 병행하지 않으면 안 된다. 부단한 자기 채찍질, 절차탁마가 필요한 것이다.

그런데 자기 채찍질은 대개의 경우 생의 기쁨을 앗아가므로, 이러한 기쁨의 상실은 자칫 사람을 우울하게 만들 수 있고, 그럴 경우에는 교화의 지속이 위태롭게 될 수 있다. 그래서 덕의 훈련에서의 규칙은 '완강하고 유쾌한 마음' 상태를 유지하기이다. 실러(F. Schiller, 1759~1805)의 통찰처럼 "아름다운 영혼에서 감성과 지성, 의무와 경향성은 조화를 이룬다."[5] 덕의 수행은 미와의 친화, 미감의 육성을 통해 큰 효과를 얻을 수 있다. 그것은 아마도 생기(生氣)를 불러일으키는 쾌감을 본질로 갖는 미[감]적 감정이 우리 안에서 우리를 도덕으로 기울게 하는 어떤 성품을 굳게 만들기 때문일 것이다.

교양

살아 있는 것은 자기 힘을 통하여 자기 삶을 과시하려는 경향성이 있으니, 누구나 강한 힘을 얻으려 한다. 과학기술의 힘을 증대시켜 더욱더 효과적으로 자연을 지배하려 하고, 정치권력을 장악하여 다른 사람들을 지배하려 한다. 그러나 인간은 타자 지배에 앞서 마땅히 자기 자신을 지배할 줄 알아야 한다. ― 자기를 다스릴 힘의 배양, 이것을 일러 자기를 형성함(Bildung)이라는 뜻에서 교양(敎養, Bildung)이라 한다. 이 교양이 인간을 인간으로 만듦의 기본이다.

그런데 교양을 쌓기란 참으로 어렵다. 자연을 지배하고, 타인을 지배하는 것보다 자기를 다스리는 일이 더 어렵기 때문이다. 타자를 지배하는 데서는 쾌감을 얻으나, 자기를 통제하는 데는 고통이 따르기 십상이다. 그러나 바로 그렇기 때문에 교양이야말로 사람됨을 위한 기초 중의 기초로서 그만큼 더 중요하다 하겠다. 지능 증강, 인공지능 개발로 이어지는 도구적 지성능력 배양이 자연과 사회의 지배, 곧 타자 지배를 향해 있는 현실에서, 그러한 '문명' 사회가 배태하고 있는 폭력성을 완화시킬 수 있는 것은 사람의 교양, 자기 통제적 이성의 힘뿐이다. 최고도의 산업사회에서든, 포스트휴먼의 사회에서든 인간이 인간인 한에서 그를 굳건하게 해줄 것은 그의 인문적 교양이다.

무릇 사람은 자연을 알고 자연과 더불어 사는 법을 탐구(자연과학)하며, 타인을 알고 타인과 더불어 사는 법을 탐색(사회과학)하는 일뿐만 아니라, 아니 그에 우선해서 나를 알고 나와 함께 사는(나를 극복하는) 법을 성찰(인문학)해야 한다. 남을 위한 공부(爲人之學)에 앞서 '자기를 위한 공부(爲己之學)'에 힘써야 한다. 타자 지배를 위한 도구적 이성의 힘을 증대시키는 일에만 열중할 것이 아니라, 자기 통제를 위한 입법적 이성의 힘을 강화시키는 공부에 매진해야 한다. ─ 살 곳을 마련하기 위해 땅굴을 파고 먹을 것을 얻기 위해 사냥을 하는 뭇 짐승들은 있어도, 하루 일과를 돌아보며 행실을 뉘우치는 동물을 인간 외에는 찾아볼 수 없다. 다른 사람들의 눈을 속인 자신을 기특하게 여기는 사람들이 없지는 않지만, 간교한 속임수로 남을 이긴 자신을 돌아보며 수치심에 사로잡히는 사람도 적지 않다.

> 인간에게 내적인 자기 검사에서 자기 자신의 눈에 자기가 하찮고 비난받아 마땅하다고 보이는 것보다 더 크게 겁나는 것이 없을 때, 이제 모든 선한 윤리적 마음씨가 접목될 수 있다. 왜냐하면, 이것은 고결하지 못한 타락하게 하는 충동들의 침입을 마음에서 막아내는 가장 좋은, 아니 유일한 파수꾼이기 때문이다.[6]

사람은 자신의 비루함을 꿰뚫어보는 내심의 '파수꾼'의 시력을 강화해감으로써 꾸준히 '인간됨'의 길을 간다. 양심의 파수꾼이 남의 허물을 발견하는 데 눈을 치켜뜨기보다는 자신의 하찮음을 경계하기 위해 두 눈 부릅뜨고 있을 때, 인간은 '인간임'의 길을 간다.

사람에 관해 인품(人品)이 있느니 없느니, 품위(品位)가 있느니 없느니 하는 것은, 사람의 인격에 위계(位階)가 있음을 함의하는 것이다. 그러니 위계가 있다 함은 다시금 그 위계를 높일 수도 낮출 수도 있음을 함의한다. 만약 그것이 불가능하다면, 인품이나 품위는 이미 정해져 있는 것이라는 뜻이 되어버릴 것이기 때문이다. ― 옛 사회에서 사람들에게 씌워졌던 신분의 족쇄는 풀렸으나, 인품의 품계는 엄연하다. 스스로 인품을 높여감이 사람이 사람으로 살아가는 길이다.

한창 흐름을 타고 있는 '포스트휴머니즘'은 정신과 물질, 인공과 자연, 생명과 기계라는 이원적 구분을 거부하고, 지능, 행위자성(agency), 주체성을 자연인간이 아닌 유사 인종에게도 부여하는 탈─인간중심주의적(post-anthropocentric) 사고를 유포함과 함께, '인간 향상/증강(human enhancement)'을 명목으로 앞세워 포스트휴먼화의 이데올로기를 확산시키고 있다. 그것은 컴퓨터공학기술과 의생명과학기술에 의해 인간의 신체나 정신을 직접적인 조작의 대상으로 삼아서, 인간이 갖는 인지나 감정적 기능, 신체적 능력, 건강 수명과 같은 능력들을 개선하거나 강화시킬 수 있다는 관념이자, 강화시키려는 기도이다. 교육과 수련을 통해 내부로부터 증진시켜오던 인간의 심신의 능력을 기술적 조작을 통해 외부에서 강화시켜주겠다는 것이다. 이러한 시도는 인간의 기계화, 물화(物化)의 기도이다. 내부의 힘으로 강화되는 것이 정신이라면 외부의 힘으로써 강화될 수 있는 것을 일러 물체라 한다.

산수 풀이 연습을 부지런히 하여 50점에서 90점으로 자신의 능력을 향상시켜가는 것이 인간의 길이다. 컴퓨터 두뇌를 시술받아 풀이 연습의 노고 없이 100점을 받는다면 그것이 바로 기계가 되는 것이다. 그런 일은 자신의 두뇌를 굳이 시술할 필요 없이, 바로 컴퓨터에게 시키면 되는 일이다. 부지런히 달리기 연습을 하여 기록을 단축해가는 것이 인간의 길이다. 그러한 훈련의 노고 없이 단번에 100m

를 9초에 달릴 수 있는 인조 다리를 시술받는 것보다는, 아예 로봇에게 달리기를 시키면 될 일이다. 스스로 기계화되어 자연인간과 겨뤄서 승리한다 한들, 그것은 거짓일 뿐이다. 스포츠에서 금지약물 복용 후에 신기록을 작성해도 그것을 인간의 기록으로 인정하지 않는 이치는 '증강인간'의 행태에도 타당한 것이다.

　모름지기 인간은 더디고 힘들더라도 교육과 연찬을 통해 자신의 정신적-신체적 능력을 부지런히 증진시켜나감으로써 스스로 인간이 되어가는 성취감을 얻어야 한다. 인간은 진화해가는 기계 동물이 아니라, 교화해가는 이성적 동물이어야 한다.

/ 3 /

정치공동체를 넘어
윤리 공동체로

시민사회는 합의에 의한 입법에 기초해 있으며, '법(法) 곧 정의(正義)'라는 낱말 뜻 그대로 정의를 기조로 한 사회이다. 시민사회는 곧 정의로운 사회를 지향해 있다. 그러나 단순히 정의로운 사회가 최선의 인간적 사회는 아니다. '정의로운 사회'는 최소한의 인간적 사회일 따름이다.

진정으로 인간적인 사회는 자유와 평등의 조화 가운데서, 다시 말해 구성원들이 누구나 인간으로서의 존엄성과 자존심을 가지고 상호 존경과 사랑으로 교제하는 우애의 관계를 유지할 때 성취될 수 있다. 그리고 이러한 유대의 지속을 견인하는 것은 구성원들 사이의 윤리적 공통감(sensus communis)이다.

이러한 공통감을 도덕 감정 또는 양심(良心)이라 하겠다. 옳음에 대해서 함께 쾌감을 느끼고, 그름에 대해서 함께 불쾌감을 느끼는 도덕 감정이 보편적이면 보편적일수록 우리는 더 넓은 윤리의 지평을 얻는 것이고, 가치에 대한 공통지 내지 공통지성이 확대되는 만큼 양심은 더 넓게 발양되는 것이겠다.

"양심이란 본래의 선한 마음씨로 곧 이른바 인의(仁義)의 마음씨"[7]라고 보는 이도 있고, 그것을 "윤리적 존재자로서 인간은 누구나 근원적으로 자신 안에 가지고 있는 그런 것"[8]이라고 보는 이도 있다. 이러한 관점에서 예컨대 「대한민국 헌법」은 법원의 장에서 "第103條 法官은 憲法과 法律에 의하여 그 良心에 따라 獨立하여 審判한다."라고 규정한다. 근래에 법관마다 양형에 크게 차이가 난다 하여 대법원에서 '양형 기준'을 제정한다는 둥의 소란이 없지 않았지만—진실로 일률적인 양형으로 판결하는 것이 합당한 일이라면 소송의 전 과정을 '인공지능' 시스템에 맡기면 될 일이다—, 그럼에도 "양심에 따라 독립하여 심판한다"라는 것이 원칙이 되고 되어야 하는 것은 그렇게 할 때라야 법관의 인격적 지위가 확인되고 그리함으로써만 오히려 심판의 공정성이 확보된다는 믿음이 그 바탕에 있는 것이기 때문이다. "한 법칙의 각 경우에서 인간에게 그의 의무가 없다 또는 있다는 것을 판정하는 실천이성"[9]인 양심이, 또는 "모든 인간이 똑같이 자연본성"으로 가지고 있는, "건전하게 판단하고 진위를 판별할 수 있는 능력"[10]으로서의 양식(bon sens)이 전제되지 않으면, '인간'이라고 하는 보편적인 개념 자체가 성립할 수 없고, 누가 누구를 법률에 의하여 심판한다는 것 또한 어불성설이다. 보편적인 법률을 구체적으로 적용할 때는 개별적인 판관의 '해석'이 불가피한 것이기 때문이다.

'양심'은 문자 그대로 '함께 앎(συνείδησις, conscientia, Gewissen)'이다. 이러한 보편적 양식(良識)을 바탕으로 해서만 기실 윤리 도덕을 보편적으로 논의할 수 있고, 우애로 맺어져 있는 사회, 자유와 평등이 조화하는 정의로운 사회 또한 실현을 기대할 수 있을 것이다. 나의 자유를 마음껏 펼 수 있는 경우에도 미약한 사람의 자유 보호를 위해서는 내 역량의 원천을 통찰하고 그 사용을 절제하여 내 자유를 유보하는 자세를 가져야 하고, 반대로 어쩌다 역량이 미진하여 사회에 의존하게 되는 경우에는 누가 나보다 더 많은 것을 향유하고 있더라도 그 누군가의 노고 덕택에 이만한 정도의 내 삶의 질이 있는 이상, 나는 나대로 내 형편에 자족(自足)하는 자세와 자기성찰이 필요하다. 이 절제와 자제, 이 통찰과 성찰, 그 위에서 우애의 마음은 두터워지는 것이고, 그 자양분이 양심이다.

양심을 지반으로 삼아 온 시민이 상호 경애 속에서 친구처럼 함께 어울려 사는 우애의 사회에서만 정의는 구현될 수 있다. 정의는 법이고, 법적 영역에 속하는 것이지만, 법 일반이 그러하듯이 정의의 기반 역시 윤리 도덕이니 말이다.

그러나 개인으로서의 인간은 미약하기에 누구나 곧잘 유혹에 빠져 사도(邪道)로 접어들고, 악한 원리에 시달려서 윤리법칙의 권위를 인정할 때조차도 그를 위반한다. 게다가 인간 안에 있는 악성은 인간이 자연 중에 있을 때보다 오히려 인간들과의 관계 중에 있을 때 더욱 발호한다.

인간은 타인들이 그를 가난하다고 여기고 그에 대해 경멸할 것

이라고 염려하는 한에서만, 가난하다(또는 자기를 가난하다고 여긴
다). 질투, 지배욕, 소유욕 그리고 이것들과 결합되어 있는 적대적
인 경향성들은 인간이 다른 인간들 가운데에 있을 때, 그 자체로
는 충족한 그의 자연본성을 이내 몰아붙인다.[11]

악성의 발동이 사람들 사이의 관계에서 특히 심해지는 것이라면,
개개인이 악의 지배에서 벗어나기 위해 제아무리 애쓴다 해도 그것
만으로써 성과를 거두기는 어렵다. 그래서 진실로 인간에게서 악을
방지하고 선을 촉진하기 위해서는 "통합된 힘으로써 악에 대항하
는, 지속적이고 점점 확대되어 순전히 도덕성의 유지를 목표로 하는
사회"[12]를 건설해야 한다. 그 사회는 순전한 덕의 법칙들 아래에서
의 인간들의 결집체라는 점에서 "윤리적 사회" 또는 "윤리적 공동
체(ein ethisches gemeines Wesen)"[13]라고 부를 수 있다.

법적 시민사회인 정치공동체가 법법칙 내지 제정 법률 아래에서
의 인간의 공존 체제라고 한다면, 윤리적 공동체는 순전히 덕법칙들
아래에 통합되어 있는 인간 상호의 관계를 일컬음이다. 사람들이 만
인의 만인에 대한 전쟁 상태를 벗어남으로써 법적 시민사회를 이룩
할 수 있듯이, 인간은 "윤리적 자연상태"[14]를 탈피할 때 윤리적 시민
사회를 이룰 수 있다. 윤리적 자연상태란 "내면적으로 윤리 없음의
상태"[15]로서 "악에 의한 부단한 반목의 상태"[16]이겠다. 이러한 자연
상태에서 인간은 서로의 도덕적 소질을 부패시킨다. 그렇기에 "최
고의 윤리적 선은 개개 인격이 그 자신의 도덕적 완전성을 위하여
노력하는 것만으로는 이루어지지 않고, 바로 그 같은 목적을 위하여

개개 인격들이 하나의 전체 안에서, 선량한 마음씨를 가진 인간들의 하나의 체계로 통합할 것이 요구된다. 최고의 윤리적 선은 이러한 체계 안에서만 그리고 이 체계의 통일을 통해서만 성사될 수 있는 것이다."[17]

급진하는 과학기술이 인간을 노동의 고난에서 해방시키고, 사람들 사이의 빈부 격차로 인한 불화를 불식시키는 인류사 이래의 소망 성취를 가져온다면, 이제야 인간은 자기교화에 매진하여 윤리적 공동체 구현을 위한 설계도를 펼칠 수 있겠다.

머리말

1 Aristoteles, 『정치학(*Politica*)』, 1253a 9/10 참조.

2 Locke, 『통치론(*Two Treatises of Government*)』[*TT*], II, 123~124 참조.

3 Bacon, 『신기관(*Novum Organum/Neues Organon*)』, hrsg. v. W. Krohn (Hamburg 1990), S. 42=43이하 참조.

4 Bacon, *Novum Organum*, S. 80=81 참조.

5 A. Smith, *An Inquiry into the Nature and Causes of the Wealth of Nations*(1776), ed. by Edwin Cannan(London ⁵1904): 김수행 역, 『국부론』 (비봉출판사, 2007[개역판]) 참조.

6 Luciano Floridi, *The Fourth Revolution*(Oxford Univ. Press, 2014), pp. 87~96 참조.

서장 인간의 존엄성을 어떻게 고양할 것인가

1 Kant, 『유작(*Opus postumum*)』[OP], AA XXI59 · 81 · 106 참조.

2 Kant, 『윤리형이상학 정초(*Grundlegung zur Metaphysik der Sitten*)』[*GMS*], B87=IV440.

3 Kant, *GMS*, B87=IV440.

4 Edward Fredkin의 말. Ray Kurzweil, *The Age of Intelligent Machines* (MIT Press, 1990), p. 189 참조.

5 James Barrat, *Our Final Invention: Artificial Intelligence and the End of the Human Era*(Thomas Dunne Books St. Martin's Griffin, New York 2013), p. 17.

6 Barrat, *Our Final Invention: Artificial Intelligence and the End of the Human Era.*

1장 인간은 무엇인가

1 Cicero, *De finibus bonorum et malorum*, II, 45 참조.

2 Thomas Aquinas, *De Ente et Essentia*, III, 1 참조.

3 Alkmaion, in: H. Diels/W. Kranz[DK], *Die Fragmente der Vorsokratiker* (1951) (Verlag Weidmann, [16]1972), 24, B1 참조.

4 Aristoteles, *Politica*, 1253a 9/10.

5 Cicero, *De officiis*, I, [30], 107.

6 Darwin, *The Origin of Species*(1859), Signet Classics(Penguin Books, 2003), p. 244.

7 Cassirer, *An Essay on Man*(1944): 최명관 역, 『人間이란 무엇인가?』(훈복문화사, 1969), 49면 참조.

8 Kant, OP, XXI18 참조.

9 Aristoteles, *De anima*, 404b.

10 Aristoteles, *De anima*, 404a.

11 Platon, *Timaios*, 77a 이하 참조.

12 『孟子集註』, 告子章句 上3: "生 指人物之所以知覺運動者而言" 참조.

13 Kant, 『실천이성비판(*Kritik der praktischen Vernunft*)』[*KpV*], A16=V9.

14　Kant, *KpV*, A16=V9.

15　『莊子』, 在宥: "吾欲取天地之精 以佐五穀 以養民人" 참조.

16　『荀子』, 天論: "天職既立 天功旣成 形具而神生" 참조.

17　『呂氏春秋』, 盡數: "聖人察陰陽之宜 辨萬物之利 以便生 故精神安乎形 而年壽得長焉"; 王符, 『潛夫論』, 卜列: "夫人之所以爲人者 非以此八尺之身也 乃以其有精神也" 참조.

18　『史記』, 太史公自序: "道家使人精神專一 動合無形 瞻足萬物" 참조.

19　중국 고전에서 '심(心)'은 대강 세 갈래의 의미를 갖는다.

　　① 심장(心臟):

　　　　"심장은 몸의 혈맥을 주관한다.(心主身之血脈)"(『黃帝內經』, 「素問」, 痿論)

　　② 사유기관(思惟器官):

　　　　"눈과 귀의 기관은 생각하지 못하여 사물에 가리워지니 사물과 사물이 교제하면 거기에 끌려갈 뿐이요, 마음의 기관은 생각할 수 있으니 생각하면 얻고 생각하지 못하면 얻지 못한다.(耳目之官 不思而蔽於物 物交物則引之而已矣 心之官則思 思則得之 不思則不得也)"(『孟子』, 告子上 15)

　　③ 형신(形神)의 자유로운 의지 주체:

　　　　"마음이란 형체[신체]의 군주이고 신명[정신]의 주인으로, 스스로 명령을 내리고 명령을 받지 않는다. 마음은 스스로 금지하고, 스스로 부리고, 스스로 빼앗고, 스스로 취하고, 스스로 행동하고, 스스로 중지하는 것이다.(心者形之君 而神明之主也 出令而無所受令 自禁也 自使也 自奪也 自取也 自行也 自止也)"(『荀子』, 解蔽 4)

20　『구약성서』, 「시편」 104, 30.

21　J. Ritter(Hs.), *Historisches Wörterbuch der Philosophie*[*HWP*], Bd. 3, Sp. 163 참조.

22　Ritter(Hs.), *HWP*, Bd. 3, Sp. 158 참조.

23　Platon, *Phaidros*, 245c.

24　"따뜻한 정신은 영혼이다."(Diogenes Laertios, *Vitae philosophorum*, VII, 157)

25　Cicero, *De natura deorum*, II, 19.

26　Diogenes Laertios, *Vitae philosophorum*(ed. Miroslav Marcovich, Stuttgart ·

Leipzig 1999), VII, 156.

27   Diogenes Laertios, VII, 158 참조.

28   "mens sana in corpore sano."(Juvenal, *Satires*, X. 356) 이 말은 'asics: anima sana in corpore sano'라고 표기되기도 한다.

29   Ritter(Hs.), *HWP*, Bd. 3, Sp. 159~160 참조.

30   Plotinos, *Enneades*, II, 2, 2 참조.

31   Ritter(Hs.), *HWP*, Bd. 3, Sp. 161 참조.

32   Augustinus, *De natura et origine animae*, IV, 22~23; *De trinitate*, XV, 5, 7 참조.

33   "전적으로 정신으로 이루어진 생물(animal, quod totum ex mente constaret)" 이 있다면, "그런 정신은 자연본성에 따르는 것은 아무것도 자신 안에 갖 지 않을 것이다(ea mens nihil haberet in se, quod esset secundum naturam)." (Cicero, *De finibus bonorum et malorum*, IV, 28) 참조.

34   Kant, *KrV*, A345=B403.

35   『孝經』, 開宗明誼章.

36   이하 자살에 관한 논변은 백종현, 「칸트 '인간 존엄성의 원칙'에 비춰 본 자 살의 문제」(『칸트연구』제32집, 한국칸트학회, 2013, 197~222면) 참조.

37   Platon, *Phaidon*, 64c.

38   Platon, *Gorgias*, 524b.

39   남경희, 「희랍의 생사관과 서구의 윤리학」 수록:《철학연구》제75집(철학연 구회, 2006), 96면.

40   Platon, *Phaidon*, 67e.

41   Platon, *Phaidon*, 63e~64a.

42   "자네도 자네의 소유물들 중 어떤 것이, 정작 자네가 그것이 죽기를 바란다 는 표시를 하지 않는데도, 스스로 자신을 죽인다면, 그것에 대해서 화를 내 고, 또 벌줄 방도만 있다면, 벌도 주겠지?"(Platon, *Phaidon*, 62b/c) "이런 점 에서 신이 어떤 필연을 [⋯] 내려보내기 전에 먼저 자신을 죽여서는 아니 된다는 주장은 아마도 불합리하지 않을 게야."(Platon, *Phaidon*, 62c) "생명 이란 인간에 준 하느님 편의 선물이며, 생사여탈은 그의 권능에 속하는 것

이다. 그러므로 자신의 생명을 잇는 자는 누구든지 남의 노예를 죽인 이가 그 노예의 주인에게 죄짓듯이 하느님에게 죄를 짓는 것이다. 그리고 이것은 마치 자신에게 위임되지 않은 사안에 대한 판정을 불법적으로 내리는 것과 같은 것이다. 생사에 대한 판정은 오직 하느님만이 할 수 있는 것이기 때문이다."(Thomas Aquinas, *Summa Theologiae*[*ST*], 2-2, q. 64, a. 5) "인간은 주(主)의 명령에 의해 그의 사업을 수행하기 위해 세상에 보내진 종(從)이며, 주의 소유물이며, 주의 작품으로서, 인간은 다른 누가 아니라 바로 신이 원하는 동안은 존속해야 하는 것이다."(Locke, *TT*, II, 6)

43 Kant, *GMS*, B53/54=IV422.

44 Kant, 『윤리형이상학 — 덕이론(*Metaphysik der Sitten–Tugendlehre*)』[*MS, TL*], A110=VI444이하 참조.

45 Kant, *MS, TL*, A21=VI390.

46 Kant, *MS, TL*, A73=VI422이하.

47 Guyer, Paul, *Kant*(Routledge, 2006), p. 251 참조.

48 "자살한 자는 폴리스에 부정의를 행한 자이다."(Aristoteles, *Ethica Nicomachea*, 1138b)

49 Kant, *GMS*, B54=IV422; *KpV*, A76=V44 참조.

50 Kant, *GMS*, B67=IV429.

51 Kant, *GMS*, B67=IV429.

52 Cicero, *De finibus*, II, 91.

53 이태하, 「흄의 자살론」, 수록:《철학연구》제78집(철학연구회, 2007), 41면.

54 스토아학도들의 "이성적인 생활" 방식에 의하면 "현자는 합당한 이유가 있으면 조국을 위해서도, 벗들을 위해서도 자신의 목숨을 기꺼이 버릴 것이고, 또 견딜 수 없는 고통을 당하거나 수족이 절단되거나 불치의 병에 걸렸을 경우에도 그렇게 한다."(Diogenes Laertios, VII, 130)

55 『論語』, 衛靈公8: "志士仁人 無求生以害仁 有殺身以成仁".

56 "선하고 현명한 자는 법률에 복종하고, 시민의 의무에 게으르지 않고, 만인의 유익을 개인의 이익이나 자신의 이익보다 더 중요하게 여긴다. 따라서 국가를 위해서 죽음을 택한 사람이 칭찬받는 이유는 우리에게는 우

리 자신보다도 조국이 더 소중하다는 것이 지당하기 때문이다."(Cicero, *De finibus*, III, 64)

57 "신실한 이가 친구와 조국을 위해 많은 일을 한다는 것, 필요하다면 그들을 위해 죽기까지 한다는 것은 사실이다. [… 타인을 위해 죽는 사람들은] 자기 자신을 위해 진정 특별히 고귀한 것을 선택하는 것이다."(Aristoteles, *Ethica Nicomachea*, 1169a)

58 Kant, *MS*, *TL*, A72=VI422이하 참조.

59 Kant, 『실용적 관점에서의 인간학(*Anthropologie in pragmatischer Hinsicht*)』 [*Anth*], AB3=VII127.

60 Kant, 『윤리형이상학 — 법이론(*Metaphysik der Sitten-Rechtslehre*)』[*MS*, *RL*], AB1=VI121.

61 Kant, *MS*, *RL*, AB5=VI213.

62 Charls Darwin, *The Descent of Man, and Selection in Relation to Sex* (1871 · ²1879), Penguin Classics(Penguin Books, 2004), p. 105.

63 Kant, OP, XXI345.

64 Kant, OP, XXI346.

65 Aristoteles, *Politica*, 1253a 2.

66 Cicero, *De natura deorum*, II, 78; *De finibus bonorum et malorum*, III, 66; *De oratore*, II, 68; *De legibus*, I, 62 참조.

67 Cicero, *De officiis*, I, 17.

68 Cicero, *De officiis*, I, 53.

69 Cicero, *De fin*. III, 66; *De leg*. I, 7 참조.

70 Ferdinand Fellmann, *Lebensgefühle*(Hamburg 2018), S. 29 이하 참조.

71 Blaise Pascal, *Pensées*(유고, 1670), éd. Léon Brunschvicg(Paris 1897), 413.

72 R. S. Lazarus & B. N. Lazarus, *Passion & Reason: Making Sense of Our Emotions*(Oxford Univ. Press, 1994), p. 174 이하 참조. 또 다른 논변은 Paul Ekman, *Emotions Revealed: Recognizing Faces and Feelings to Improve Communication and Emotional Life*(²2007): 허우성 · 허주형 역, 『표정의 심리학 — 우리는 어떻게 감정을 드러내는가?』(바다출판사,

2020) 참조.

73 Pascal, *Pensées*, éd. Brunschvicg, 253.

74 『孟子』, 公孫丑上 六; 또 告子上 六 참조.

75 Darwin, *The Descent of Man, and Selection in Relation to Sex*(1871·²1879)(Penguin Books, 2004), p. 120

76 Darwin, *The Descent of Man*(Penguin Books, 2004), p. 120 참조.

77 Kant, *MS, TL*, A16=VI387.

78 Kant, *MS, TL*, A37=VI400.

79 Kant, *MS, TL*, A16=VI387.

80 Kant, *MS, TL*, A35=VI399; 참조 *KU*, BLVII=V197.

81 Kant, *MS, TL*, A35=VI399.

82 Kant, *MS, TL*, A36=VI400.

83 Kant, *MS, TL*, A35이하=VI399.

84 Kant, *MS, TL*, A36=VI400.

85 Darwin, *The Descent of Man*(Penguin Books, 2004), p. 114.

86 Kant, *KU*, B14=V209.

87 Kant, *KU*, B15=V210.

88 Kant, *KU*, B18=V212.

89 Kant, *Anth*, BA186=VII240.

90 Kant, *KU*, B163=V297.

91 Aristoteles, *Ethica Nicomachea*, 1097b 6.

92 Aristoteles, *Ethica Nic*, 1097a 33.

93 Aristoteles, *Ethica Nic*, 1097b 20~21.

94 William von Hippel, *The Social Leap*(2018): *Die Evolution des Miteinander* (München 2020), S. 257 이하 참조.

95 Aristoteles, *Ethica Nic*, 1099b 참조.

96 『신약성서』, 「로마서」 4, 4~8.

97 『書經』, 洪範; 翟灝, 『通俗編』 참조.

98 Alexis de Tocqueville, *De la Démocratie en Amérique*: 이용재 역, 『아

메리카의 민주주의』 제2권(1840)(아카넷, 2018), 181면.

99 Aristoteles, *Rhetorica*, 1.5.3: 1360b.

100 Aristoteles, *Ethica Nic*, 1099b.

101 Aristoteles, *Politica*, 1323b.

102 Aristoteles, *Rhetorica*, 1.5.3: 1360b.

103 Diogenes Laertios, X, 128~9.

104 Diogenes Laertios, X, 137.

105 Locke, 『인간지성론(*An Essay concerning Human Understanding*[*HU*])』(London 1690), II, XXI, 43.

106 Jeremy Bentham, 『도덕과 입법 원리의 서설(*An Introduction to the Principles of Morals and Legislation*[*PML*])』(1789), I, I, 주.

107 Bentham, *PML*, I, II.

108 John Stuart Mill, 『공리주의(*Utilitarianism*)』(1863), ch.2: p. 137.

109 Bentham, *PML*, I, III.

110 Mill, *Utilitarianism*, ch.2: p. 139.

111 Mill, *Utilitarianism*, ch.2: p. 140.

112 Mill, *Utilitarianism*, ch.2: p. 142.

113 Mill, *Utilitarianism*, ch.2: p. 148.

114 Mill, *Utilitarianism*, ch.2: p. 148.

115 Bentham, *PML*, XVII, [§1], II.

116 Bentham, *PML*, XVII, [§1], III.

117 Bentham, *PML*, XVII, [§1], IV.

118 Bentham, *PML*, XVII, [§1], VIII.

119 Bentham, *PML*, XVII, [§1], XX.

120 Kant, *KpV*, A224=V124.

121 Kant, *KpV*, A40=V22.

122 Kant, *KrV*, A806=B834; *GMS*, B12=IV399.

123 Kant, *GMS*, B23=IV405.

124 Kant, *GMS*, B2=IV393.

125 Kant, *MS*, *TL*, A169=VI480.

126 Kant, *KpV*, A217=V120.

127 Kant, Refl 6117, XVIII460.

128 Kant, Refl 6907, XIX202.

129 Kant, *MS*, *TL*, AVII=VI377.

130 Kant, *MS*, *TL*, AVII=VI377.

131 Kant, *MS*, *TL*, AIX=VI378.

132 Kant, *MS*, *TL*, A16=VI387.

133 Kant, *RGV*, B86=VI67.

134 Kant, *MS*, *TL*, AVIII=VI377.

135 Kant, *KpV*, A45=V25.

136 Kant, 「형이상학 강의」[V-Phil-Th/Pölitz], XXVIII1089.

137 Kant, *KpV*, A214=V118.

138 Kant, *KpV*, A232=V129.

139 Kant, *KpV*, A236=V131.

140 Kant, Refl 6117, XVIII460.

141 Kant, *KpV*, A45=25.

142 Kant, *KpV*, A198=V110.

143 Kant, *KpV*, A226=V125.

144 Kant, *RGV*, B130=VI94. 아래 5장의 3 참조.

145 Kant, *GMS*, B87=IV440.

146 Kant, 『교육학(*Pädagogik*)』[*Päd*], A7=IX443.

147 Pascal, *Pensées*, éd. Léon Brunschvicg(Paris 1897), 146.

148 Darwin, *The Descent of Man, and Selection in Relation to Sex*(1871 · ²1879)(Penguin Books, 2004), p. 111.

149 Jean-Jacques Rousseau, *Émile, ou De l'éducation*(Amsterdam 1762), in: Œuvres complètes de J.-J. Rousseau, tome II : La Nouvelle Héloïse. Émile. Lettre à M. de Beaumont(A. Houssiaux, 1852), p. 452.

150 「창세기」 11, 1~9.

151 백종현, 『이성의 역사』, 77면 이하 참조. 물론 자연본성(성향, 경향성)과 이성의 분별에 대한 강력한 반론들도 주목해야 한다. Hilary Putnam, *Ethics without Ontology*(2004): 홍경남, 『존재론 없는 윤리학』(철학과현실사, 2006), 48면 이하 참조.

152 John Bryant / L. B. la Velle / J. Searle, *Introduction to Bioehtics*(John Wiley & Sons, 2005), p. 58 이하 참조.

153 Richard Dawkins, *The Selfish Gene*(1976)(Oxford 2006[30th anniversary edition]), p. 10.

154 Aristoteles, *Politica*, 1332a~b.

155 Diogenes Laertios, VII, 39 참조.

156 백종현, 『이성의 역사』, 54/55면 참조.

157 Hume, *A Treatise of Human Naure*[*THN*], L. A. Selby-Bigge 원편 / P. H. Nidditch 재편(Oxford ²1978), III, 1: p. 457.

158 Hume, *THN*, pp. 469~470.

159 사실과 당위의 이러한 구별에 관한 이의 제기는 Hilary Putnam, *The Collapse of the Fact / Value Dichotomy and Other Essays*(2002): 노양진 역, 『사실과 가치의 이분법을 넘어서』(서광사, 2010), 37면 이하 참조.

160 Robert Hinde, *Why Good Is Good: The Sources of Morality*(London: Routledge, 2002), p. 13.

161 Owen Flanagan, *The Really Hard Problem: Meaning in a Material World*(MIT Press, 2007), p. 126.

162 Willie Thompson, *Work, Sex and Power: The Forces that Shaped Our History*(London 2015): 우진하 역, 『노동, 성, 권력』(문학사상, 2016), 210면 이하 참조.

163 Kant, *KpV*, A53=V30.

164 Mark Johnson, *Morality for Humans—Ethical Understanding from the Perspective of Cognitive Science*(The University of Chicago Press, 2014), pp. 52~53.

165 어떤 이들은 '인공생명(artificial life)'을 구현하여 생명과정에서의 모든 법

칙의 발생을 물리적으로 시현함으로써 '창발적' 계기를 포함할 수밖에 없는 생물학적 진화론의 약점을 피하고자 한다. 이에 관해서는 김재희,『시몽동의 기술철학─포스트휴먼 사회를 위한 청사진』(아카넷, 2017), 215면 이하 참조.

166 Kant, *KpV*, A54=V30.

167 Kant, *GMS*, B66이하=IV429.

168 Kant, *MS*, *RL*, AB34=VI231.

169 도덕철학은 도덕규범의 원천 탐구를 과제로 갖는다. 도덕철학의 핵심적 문제는 인간이 어떻게 도덕 행위를 하는지의 행위 기제나 방식을 설명하는 일이 아니고─그런 일은 심리학이나 생리학 또는 사회학에서 이루어질 것이다─, 행위를 규제하여 도덕적이게끔 하는 그 원리, 행해진 행위에 대한 도덕적 가치판단의 척도가 되는 규범 원리의 원천이 무엇인지를 해명하는 일이다. (이에 대한 반론은 Wallach / Allen, *Moral Machines*, p. 178 이하 참조) 그 마당에서 선험적인 도덕 원리라는 것은 도무지 없는 것이라는 결론에 이르면, 이제 더 이상 도덕'철학'의 할 일은 없다. 도덕의 문제는 발단부터 종국까지 경험과학의 문제일 것이기 때문이다. 진리 인식의 문제에 있어서도 만약에 인식의 선험적 원리라는 것은 도대체가 있지 않다는 결론에 이르면, 철학적 인식론의 할 일은 없다. 인식의 문제 역시 심리학이나 생리학 곧 과학의 문제일 것이기 때문이다. 그런 국면에서도 '철학자'로 호칭되는 이가 '진리'니 '선'이니 하는 개념을 가지고 무엇인가 사변을 한다면, 그는 인식론이나 도덕철학을 펴고 있는 것이 아니라, 언어분석 작업, 기껏해야 '개념의 명료화' 작업을 하고 있는 것이다. 그래서 어떤 이는 '철학'을 개념의 명료화 작업이라고 정의하기조차 한다. 그러한 연관에서는, 신의 시대에 철학이 속칭 신학의 시녀였듯이, 물질의 시대에 철학은 과학의 시녀로 자리매김 된다.

170 J. Micraelius, *Lexicon philosophicum terminorum philosophis usitatorum*(Stettin 1653 · ²1662), 204.

171 Platon, *Theaitetos*, 173c 참조.

172 Platon, *Politikos*, 260e · 275c.

173 Aristoteles, *Ethica Nic.* 1098a.

174 Chrysppos, Frag. mor. Frg. 355, in: Ioannes ab Arnim(coll.), *Stoicorum Veterum Fragmenta*[*SVF*] III(Lissiae in Aedibus B. G. Teubneri), 86 참조.

175 『구약성서』, 「집회서」 15, 14~17.

176 Tatianus, *Oratio ad Graecos*, X: ed. by Wilhelm Worth(Oxford 1700), p. 26.

177 Wallach / Allen, *Moral Machines*, p. 60.

178 Kant, *MS*, *RL*, AB5=VI213.

179 Kant, Refl 6076, XVIII443.

180 Michael Schmidt-Salomon, *Jenseits von Gut und Böse*(München 2009), S. 122.

181 Kant, *GMS*, B104=IV450 참조.

182 백종현, 『이성의 역사』, 72면 참조.

183 Kant, *GMS*, B36이하=IV412.

184 Locke, *TT*, II, 63.

185 Ernst Peter Fischer, *Die Bildung des Menschen*(Berlin 2004): 박규호 역, 『인간』(들녘, 2005), 10면 이하.

186 Kant, *KpV*, A142이하=V80.

187 Kant, *KpV*, A143=V80.

188 F. Kaulbach, *Immanuel Kant*(Berlin ²1982), S. 236: 백종현 역, 『임마누엘 칸트 — 생애와 철학 체계』(아카넷, 2019), 276면.

189 Kant, *GMS*, B74=IV433.

190 Kant, *GMS*, B79=IV436.

191 Kant, *GMS*, B78이하=IV435.

192 Kant, *GMS*, B97=IV446.

193 Kant, *KrV*, A536=B564 참조.

194 Kant, *GMS*, B99=IV447 참조.

195 Kant, *Anth*, A315=B313=VII321.

2장 사회적 존재자로서의 인간과 난관

1 Hegel, *Grundlinien der Philosophie des Rechts*[GPR], §187.

2 Kant, 「보편사의 이념(Idee zu einer allgemeinen Geschichte in weltbürgerlicher Absicht)」[IaG], 제8명제: BM403=VIII27.

3 Locke, *TT*, II, 128.

4 Locke, *TT*, II, 128.

5 Kant, *Anth*, A330=B328=VII330이하.

6 Pascal, *Pensées*, éd. Brunschvicg, 298.

7 Hobbes, *De cive*, cap. 5, §9.

8 Locke, *TT*, II, §7 참조.

9 Kant, *MS*, *RL*, §46.

10 Fourier, *Le nouveau monde industriel et sociétaire*(1829) 참조.

11 L. H. A. Geck, *Über das Eindringen des Wortes <sozial> in die deutsche Sprache*(1963), 33ff. 참조.

12 Marx, "Der König von Preußen und die Sozialreform. Von einem Preußen"(1844), MEW Bd. 1, S. 392~412 참조.

13 J. Rawls, *A Theory of Justice*[TJ], revised Edition(Oxford, 1999), p. 186.

14 Rawls, *TJ*, p. 4.

15 Rawls, *TJ*, p. 7.

16 Kant, 『이론과 실천(Über den Gemeinspruch: Das mag in der Theorie richtig sein, taugt aber nicht für die Praxis)』[TP]. VIII297.

17 Hegel, *GPR*: Werke in zwanzig Bänden. Theorie Werkausgabe[TW], Bd. 7, Redaktion: E. Moldenhauer / K. M. Michel(Frankfurt/M. 1970), S. 7~87f. 참조.

18 Marx, *Grundrisse der Kritik der politischen Ökonomie* 참조.

19 전봉덕, 『韓國近代法思想史』(박영사, 1981) 참조.

20 전봉덕, 『韓國近代法思想史』, 76면 참조.

21 전봉덕, 『韓國近代法思想史』, 83면 이하 참조.

22 전봉덕, 『韓國近代法思想史』, 183면에 수록된 〈박영효의 上疏文〉 '八日 使

民得當分之自由 以養元氣' 第1節 참조.

23 "The Declaration of Independence [of the thirteen united States of America],
    in Congress, July 4, 1776" 참조.

24 유길준, 『서유견문』(1895), 허경진 역(한양출판, 1995), 117면.

25 Locke, *TT*, II, 4.

26 Rousseau, *Discours sur l'origine et les fondements de l'inégalité parmi
    les hommes*(Amsterdam 1755): 박은수 역, 『사회계약론 외』(인폴리오, 1998),
    「불평등기원론」, 서론.

27 A. Kojève, *Hegel – Eine Vergegenwärtigung seines Denkens*(Kommentar
    zur Phänomenologie des Geistes), hrsg. v. I. Fetscher(Frankfurt/M. 1975), S. 20.

28 Hegel, *Enzyklopädie der Philosophischen Wissenschaften im Grundrisse*
    (1830)[*Enzy*], Gesammelte Werke[GW] Bd. 20, hrsg. v. W. Bonsiepen /
    H.-Ch. Lucas(Hamburg 1992), S. 411 이하[§407].

29 A. Kojève, *Hegel*, S. 57 참조.

30 Hegel, GW Bd. 20, S. 431: *Enzy*. §433 참조.

31 N. Hartmann, *Die Philosophie des Deutschen Idealismus*(1923/29)(Berlin
    ³1974), S. 333.

32 A. Kojève, *Hegel*, S. 61.

33 Hegel, *GPR*, §182.

34 Hegel, *GPR*, §183.

35 Hegel, *GPR*, §199.

36 Hegel, *GPR*, §183.

37 Hegel, *GPR*, §190.

38 Hegel, *GPR*, §182 참조.

39 Hegel, *Enzy*, §433 참조.

40 Hegel, *GPR*, §192.

41 Hegel, *GPR*, §192, 추기.

42 유형원, 『磻溪隨錄』, 卷26, 續篇下, 奴隷.

43 이익, 『星湖僿說』, 卷12, 人事門, 奴婢.

44 루소,「불평등기원론」, 수록:『사회계약론 외』, 박은수 역, 106면 참조.

45 Tocqueville, *De la Démocratie en Amérique*: 이용재 역,『아메리카의 민주주의』제1권(1835)(아카넷, 2018), 487면.

46 Hegel, *Vorlesungen über die Philosophie der Geschichte*[*VPG*] (Werke in zwanzig Bänden, Theorie Werkausgabe[TW], ed. v. E. Molenhauer/K. M. Michel, Suhrkamp Verlag, Frankfurt/M. 1970, Bd. 12), S. 30.

47 Aristoteles, *Politica*, 1301b 26.

48 John Rees,『평등(*Equality*)』, 권만학 역(대광문화사, 1990), 50면 이하. 또 Q. Hogg, *The Case for Conservatism*(Penguin Books, 1947); F. A. Hayek, *The Constitution of Liberty*(London 1960) 참조.

49 Locke, *TT*, II, §154 참조.

50 Tocqueville,『아메리카의 민주주의』제1권(1835), 이용재 역, 418면.

51 Locke, *TT*, II, §95.

52 Locke, *TT*, II, §96.

53 Locke, *TT*, II, §97.

54 Locke, *TT*, II, §98.

55 Locke, *TT*, II, §98 참조.

56 Locke, *TT*, II, §98.

57 Locke, *TT*, II, §119 참조.

58 Tocqueville,『아메리카의 민주주의』제1권(1835), 이용재 역, 421면.

59 한스-헤르만 호페 저/ 박효종 역,『민주주의는 실패한 신인가』(나남출판, 2004), 175면.

60 J. S. Mill, *Considerations on Representative Government*(1861): 서병훈 역,『대의정부론』(아카넷, 2013), 133면.

61 Tocqueville,『아메리카의 민주주의』제1권, 이용재 역, 429면.

62 Tocqueville,『아메리카의 민주주의』제1권, 이용재 역, 428면.

63 Platon, *Politeia*, 462a.

64 로버트 달 저/ 조기제 역,『민주주의와 그 비판자들』(문학과지성사, 1999), 313면.

65 Kant,『영원한 평화(*Zum ewigen Frieden*)』[*ZeF*], AB25이하=VIII352이하

참조.

66 Mill, 『대의정부론』, 서병훈 역, 148면 참조.

67 J. Cohen의 개념 정의. 위르겐 하버마스, 『공론장의 구조변동』, 한승완 역 (나남출판, 2001), 43~44면에서 인용.

68 J. Habermas, *Legitimationsprobleme der Spätkapitalismus*(Frankfurt/ M. 1973); *Moralbewußtsein und kommunikatives Handeln*(Frankfurt/M. 1983); *Erläuterungen zur Diskursethik*(Frankfurt/M. 1991) 참조.

69 위르겐 하버마스, 『공론장의 구조변동』, 한승완 역, 47면.

70 Tocqueville, 『아메리카의 민주주의』 제2권, 이용재 역, 186면.

71 Hegel, *GPR*, §75, 추기: TW Bd. 7, S. 159 참조.

72 유길준, 『서유견문』, 112~113면.

73 Aristoteles, *Categoriae*, 2b 5~6.

74 Aristoteles, *Metaphysica*, 1059b 30.

75 Aristoteles, *Metaphysica*, 1050b 19; 1071b 5~6 참조.

76 Aristoteles, *Metaphysica*, 1028b 36~7.

77 Locke, *HU*, II, XXVII, 2 참조.

78 Leibniz, *Monadologie*, §§18~19 참조.

79 Hobbes, *De cive*, c. 9. sect. 9.

80 Locke, *HU*, II, XXVII, 2.

81 Locke, *TT*, II, §4.

82 정약용, 『與猶堂全書』, 第1集, 詩文集, 卷10, 原, 原牧.

83 정약용, 『與猶堂全書』, 第1集, 詩文集, 卷10, 論, 湯論.

84 정약용, 論, 湯論.

85 Locke, *TT*, II, §§3~5 참조.

86 Locke, *TT*, II, §6.

87 Locke, *TT*, II, §§16~21 참조.

88 Locke, *TT*, II, §87.

89 Locke, *TT*, II, §88 참조.

90 Locke, *TT*, II, §222.

91   Locke, *TT*, II, §211 참조.

92   Locke, *TT*, II, §212 참조.

93   Locke, *TT*, II, §219.

94   Locke, *TT*, II, §221.

95   Locke, *TT*, II, §222.

96   Locke, *TT*, II, §§231~239 참조.

97   Locke, *TT*, II, §240 참조.

98   Locke, *TT*, II, §241.

99   Locke, *TT*, II, §25.

100   Locke, *TT*, II, §26.

101   Locke, *TT*, II, §27.

102   Locke, *TT*, II, §26.

103   Locke, *TT*, II, §37.

104   Locke, *TT*, II, §34.

105   Locke, *TT*, II, §44.

106   Locke, *TT*, II, §48.

107   Locke, *TT*, II, §51.

108   *Corpus Iuris Civilis*, *Digesta*, 1.1.10. 또 Aristoteles, *Ars Rhetorica*, 1366b
      9f. 참조.

109   Locke, *TT*, II, §158 참조.

110   Cicero, *De legibus*, III, 3, 8 참조.

111   Kant, *MS*, *TL*, §46: A152=VI469.

112   Kant, *MS*, *TL*, A154이하=VI471 참조.

113   Rawls, *TJ*, p. 90.

3장 자연 존재자로서의 인간과 반성

1   Michael S. Gazzaniga, *Who's in Charge — Free Will and the Science of
      the Brain*(2011): 박인균 역, 『뇌로부터의 자유 — 무엇이 우리의 생각, 감정, 행동을 조종하는가?』(추수밭, 2012), 197/8면.

2   Edward O. Wilson, *Consilience: The Unity of Knowledge*(1998): 최재천/
     장대익 역, 『지식의 대통합: 통섭』(사이언스북스, 2005), 202면.

3   Wilson, 『통섭』, 202~203면.

4   Fischer, 『인간』, 219면.

5   Fischer, 『인간』, 219면.

6   Fischer, 『인간』, 245면 이하.

7   Leibniz, *Monadologie*, 28 참조.

8   Lange, *Geschichte des Materialismus und Kritik seiner Bedeutung in
     der Gegenwart*(Iselohn/Leipzig 1866), Bd. 2, S. 381.

9   Place, "Is Conciousness a Brain Process?", in: *British Journal of
     Psychology* 47(1956), Pt. 1, pp. 44~45 참조.

10   Dick Swaab, *Wir sind unser Gehirn: Wie wir denken, leiden und
     lieben*(München 2011) 참조.

11   Marx, *Aus den Deutsch-Französischen Jahrbüchern*, in: *Frühe
     Schriften*, Bd. 1, hrsg. H.-J. Lieber/P. Furth(Darmstadt, 1989), S. 488.

12   Nietzsche, *Die fröhliche Wissenschaft*[FW], III, 125: Kritische
     Studienausgabe[KSA] in 15 Bden(Berlin/New York ²1988)[KAS] 3, 481.

13   D. S. Wilson, *Evolution for Everyone*(New York 2007), p. 285.

14   *New Oxford American Dictionary*(Oxford Univ. Press, ³2010), p. 903.

15   이대열, 『지능의 탄생』(바다출판사, 2017), 9면.

16   Dartmouth Conference 1956에서 등장한 최초의 AI 정의. Ray Kurzweil,
     The Age of Intelligent Machines(MIT Press, 1990), p. 14 참조.

17   *New Oxford*, p. 91.

18   Brockhaus, *WAHRIG Deutsches Wörterbuch*(wissenmedia, ⁹2011), S. 905.

19   Max Tegmark, *Life 3.0: Being Human in the Age of Artificial Intelligence*
     (New York: Knopf, 2017): 백우진 역, 『맥스 테그마크의 라이프 3.0 — 인공지
     능이 열어갈 인류와 생명의 미래』(동아시아, 2017), 62면.

20   M. Tegmark, *Life 3.0*: 백우진 역, 76면.

21 이대열, 『지능의 탄생』, 266면.

22 M. Tegmark, *Life 3.0*: 백우진 역, 62면.

23 *New Oxford*, p. 903.

24 *Webster's New World. College Dictionary*(H. M. Harcourt, ⁵2016), p. 756.

25 이대열, 『지능의 탄생』, 23면.

26 이대열, 『지능의 탄생』, 26면.

27 이대열, 『지능의 탄생』, 266면.

28 James H. Moor, "The Nature, Importance, and Difficulty of Machine Ethics", in: M. Anderson, / S. L. Anderson(eds.), *Machine Ethics* (Cambridge Univ. Press, 2011), p. 15.

29 Wendell Wallach / Collin Allen, *Moral Machines — Teaching Robots Right from Wrong*(Oxford Univ. Press, 2009), p. 4.

30 John P. Sullins, "When Is a Robot a Moral Agent?", in: M. Anderson, / S. L. Anderson(eds.), *Machine Ethics*, p. 157 참조.

31 Jerry Kaplan, *Artificial Intelligence — What everyone needs to know* (Oxford Univ. Press, 2016), p. 106.

32 Jean-Jacques Rousseau, *Émile, ou De l'éducation*(Amsterdam 1762), in: Œuvres complètes de J.-J. Rousseau, tome II : La Nouvelle Héloïse. Émile. Lettre à M. de Beaumont(A. Houssiaux, 1852), p. 422.

33 Rousseau, *Émile*, p. 422.

34 Ray Kurzweil, *How to Create a Maind — The Secret of Human Thought Revealed*(2012)(Penguin Books, 2013), p. 178. 이런 일이 가능하다면, 이 지점이야말로 매우 위험하다. 윤리 규범을 교육할 수 있다 함은 사악한 짓도 가르칠 수 있음을 함의하는 것이니 말이다.

35 목광수, 「도덕적 지위에 대한 기존 논의 고찰」, 수록:《윤리학》제5권 제2호 (한국윤리학회, 2016), 47면 이하 참조.

36 'artificial person(persona ficta)'은 통상 'juristic person'의 별칭으로 사용되고 있는데, 인공지능 시스템이 '인'으로 등장하면 이것에 대한 호칭으로 특화할 수도 있겠다.

37 Cicero, *De officiis*, I, 10[33].

38 Deborah G. Johnson, "Computer Systems — Moral Entities but Not Moral Agents", in: M. Anderson, / S. L. Anderson(eds.), *Machine Ethics*, p. 168.

39 Wallach / Allen, *Moral Machines*, p. 202 이하 참조

40 Irving John Good, "Speculations Concerning the First Ultraintelligent Machine", in: *Advances in Computers*, vol. 6(1965), p. 33.

4장 포스트휴먼 사회의 도래와 인간의 과제

1 Kant, *MS*, *RL*, AB33=VI230.

2 Kant, *MS*, *RL*, AB34=VI231.

3 『성서』,「마태오복음」7, 12.

4 『論語』, 顏淵 2.

5 『論語』, 雍也 28.

6 Laurent Bègue, *Psychologie du bien et du mal*(Paris 2011): 이세진 역,『도덕적 인간은 왜 나쁜 사회를 만드는가』(부키, 2013), 310면.

7 손화철,『호모 파베르의 미래 — 기술의 시대, 인간의 자리는 어디인가』(아카넷, 2020), 196~208면 참조.

8 K. Schwab, *The Fourth Industrial Revolution*(Cologny/Geneva 2016) 참조; 정원호 · 이상준 · 강남훈,『4차 산업혁명 시대 기본소득이 노동시장에 미치는 효과 연구』(한국직업능력개발원, 2016), 15면 이하 참조.

9 Plattform Industrie 4.0(www.plattform-i40.de). 김인숙 · 남유선,『4차 산업혁명 — 새로운 미래의 물결』(호이테북스, 2016), 88면 참조.

10 김정욱 · 박봉권 · 노영우 · 임성현,『2016 다보스 리포트 — 인공지능발 4차 산업혁명』(매일경제신문사, 2016), 21면 참조.

11 백종현,『이성의 역사』(아카넷, 2017), 770면 이하 참조.

12 백종현,「'제4차 산업혁명'의 시대, 인문학의 역할과 과제」, 수록:《철학사상》제65호(서울대학교 철학사상연구소, 2017), 127~133면; 백종현,「'제4차 산

업혁명'과 사회 윤리적 과제」, 수록:『제4차 산업혁명과 새로운 사회 윤리』, 한국포스트휴먼연구소 · 한국포스트휴먼학회 편(아카넷, 2017), 39~48면 참조.

13 Locke, *TT*, II, 32.

14 Locke, *TT*, II, 48 참조.

15 Locke, *TT*, II, 51.

16 Miton Friedman, *Capitalism and Freedom*(1962): 최정표 역,『자본주의와 자유』(형설출판사, 1990), 207~208면.

17 Robert B. Reich, *Saving Capitalism: For the Many, Not the Few*(2015) (New York: Vintage Books, 2016), p. 133 이하 참조.

18 Reich, *Saving Capitalism*, p. 143 이하 참조.

19 Kaplan, *Artificial Intelligence*, p. 132.

20 Karel Čapek, *R. U. R.*(*Rossum's Universal Robots*): 김희숙 역,『로봇: 로숨의 유니버설 로봇』(모비딕, 2015) 참조.

21 이종호,『로봇은 인간을 지배할 수 있을까?』(북카라반, 2016), 45면 이하 참조.

22 J. Kaplan, *Humans Need Not Apply*(New Haven: Yale Univ. Press, 2015), pp. 5~6 참조.

23 김정욱 · 박봉권 · 노영우 · 임성현,『2016 다보스 리포트―인공지능발 4차 산업혁명』(매일경제신문사, 2016), 60면 이하 참조.

24 Tim Dunlop, *Why the Future is Workless*(Sydney 2016), p. 11.

25 정원호 · 이상준 · 강남훈,『4차 산업혁명 시대 기본소득이 노동시장에 미치는 효과 연구』, 23면 이하 참조.

26 Thomas Piketty, *Capital in the Twenty-First Century*(2013), transl. by A. Goldhammer(The Belknap Press of Harvard Univ. Press, 2014), p. 220 참조.

27 Piketty, *Capital in the Twenty-First Century*, p. 244 이하 참조.

28 Tyler Cowen, *Average is Over*(2013): 신승미 역,『4차 산업혁명. 강력한 인간의 시대』(이퍼블릭, 2017), 65면.

29 Cowen, *Average is Over*: 신승미 역,『4차 산업혁명. 강력한 인간의 시대』, 47면.

30   William Bernstein, *The Birth of Plenty*(New York: McGraw-Hill, 2004), pp. 338~339.

31   Reich, *Saving Capitalism*, p. 97.

32   Thomas Piketty / Emmanuel Saez, "Income Inequality in the United States, 1913-1998"(*NBER Working Paper* No. 8467.) 재인용: Bernstein, *The Birth of Plenty*, p. 339.

33   이정전, 『주적은 불평등이다』, 94면.

34   김광기, 『대한민국의 정의를 묻다』(21세기북스, 2017), 268면. 또한 박종규, 『우리나라 소득 불평등의 추이와 원인 및 정책목표』(한국금융연구원, 2017) [KIF 연구보고서, 2017-03], 32면 이하 참조.

35   박종규, 『우리나라 소득 불평등의 추이와 원인 및 정책목표』, 46면 이하 참조.

36   Locke, *TT*, II, 31.

37   Locke, *TT*, II, 37.

38   선대인, 『일의 미래: 무엇이 바뀌고, 무엇이 오는가』(인플루엔셜, 2017), 121면. "국제로봇협회(IIFR)" 통계 자료 참조.

39   이주호 · 이민화 · 유명희(편), 『제4차 산업혁명 선도국가』(한반도선진화재단, 2017), 240면 참조.

40   Kaplan, *Humans Need Not Apply*, p. 114 참조.

41   Thomas More, *Utopia*, ed. G. M. Logan, Transl. R. M. Adams(Cambridge ³2016), p. 39.

42   Branko Milanovic, *Global Inequality*(Harvard Univ. Press, 2016): 서정아 역, 『왜 우리는 불평등해졌는가』(21세기북스, 2017), 290면.

43   Cowen, *Average is Over*: 신승미 역, 『4차 산업혁명. 강력한 인간의 시대』, 41/42면.

44   백종현, 『이성의 역사』, 790면 이하 참조.

45   이주호 · 이민화 · 유명희(편), 『제4차 산업혁명 선도국가』, 260면 이하 참조.

46   Philippe van Parijs, *Real Freedom for All*(1995): 조현진 역, 『모두에게 실질적 자유를』(후마니타스, 2016), 77면 참조.

47 Parijs, *Real Freedom for All*(1995): 조현진 역, 『모두에게 실질적 자유를』, 262면.

48 김재희, 「기본소득―고용 없는 노동과 일의 재발명」, 수록: 『포스트휴먼이 몰려온다』(아카넷, 2020), 196면 이하 참조.

49 백종현, 『현대 한국사회의 철학적 문제―사회운영원리』(서울대학교출판부, 2004), 29면 이하 참조.

50 이익, 『星湖先生全集』, 권30: 『霍憂錄』, 均田論 참조.

51 이익, 『星湖僿說』, 권7, 人事門, 均田.

52 정약용, 『經世遺表』, 권7, 田制9, 井田議1.

53 Edward G. Ryan의 말. Reich, *Saving Capitalism*, p. 45에서 재인용.

54 정원호·이상준·강남훈, 『4차 산업혁명 시대 기본소득이 노동시장에 미치는 효과 연구』, 136면 이하 참조; Daniel Raventós, *Basic Income: The Material Conditions of Freedom*(2007): 이한주·이재명 역, 『기본소득이란 무엇인가』(책담, 2016), 113면 이하 참조.

55 Kaplan, *Artificial Intelligence*, pp. 136/137.

56 "A basic income is a periodic cash payment unconditionally delivered to all on an individual basis, without means-test or work requirement." ― Basic Income Earth Network[BIEN](http://basicincome.org/basic-incom/)의 정의 참조.

57 구본권, 『로봇 시대, 인간의 일』(어크로스, 2015), 158면 이하 참조.

58 Johan Huizinga, *Homo Ludens. A Study of the Play-Element in Culture* (1938)(London 1949), p. 4.

59 Kant, *KU*, B176=V304.

60 Kant, *KU*, B198=V317이하 참조.

61 Huizinga, *Homo Ludens*. p. ix.

62 Van Rensselar Potter, *Bioethics: Bridge to the Future*(Prentice-Hall, 1971) 참조.

63 박은정, 『생명 공학 시대의 법과 윤리』(이화여자대학교 출판부, 2000) 참조.

64 구인회, 『생명윤리의 철학』(철학과현실사, 2002), 202면 참조.

65 박은정, 『생명 공학 시대의 법과 윤리』, 305면 이하; 구인회, 『생명윤리의 철학』, 150~194면: "인간복제에 관한 윤리적 논쟁들" 참조.

66 John Bryant / Linda B. la Velle / John Searle, *Introduction to Bioethics* (John Wiley & Sons, 2005): 이원봉 역, 『생명과학의 윤리』(아카넷, 2008) 참조.

67 최경희, 「시민사회와 과학기술」, 수록: 구영모 편, 『생명의료윤리』(동녘, 2004), 226면 참조.

68 Marx, *Das Kapital*, Bd. I, Abs. IV, Kap. 13: MEW 23, S. 454.

5장 인간은 무엇이어야 하는가

1 John Dewey, Experience and Nature(1925): his *The Later Works 1925-1953*, Vol. 1, ed. Jo Ann Boydston(Southern Illinois Univ. Press, 1981), p. 325.

2 Kant, *MS, TL*, A23=VI391~A28=VI394 참조.

3 Kant, *MS, TL*, A163=VI477.

4 Kant, *MS, TL*, A178=VI485.

5 Schiller, "Über Anmut und Würde", in: P.-A. André/A. Meier/W. Riedel(Hrsg.), *Friedrich Schiller: Sämtliche Werke*(München 2004), Bd. V, S. 468.

6 Kant, *KpV*, A288=V161.

7 『孟子集註』, 告子章句 上 8 참조.

8 Kant, *MS, TL*, A37=VI400.

9 Kant, *MS, TL*, A37이하=VI400.

10 Descartes, *Discours de la Méthode*, I, 1.

11 Kant, 『이성의 한계 안에서의 종교(*Die Religion innerhalb der Grenzen der bloßen Vernunft*)』[*RGV*], B128=VI93이하.

12 Kant, *RGV*, B129=VI94.

13 Kant, *RGV*, B130=VI94.

14 Kant, *RGV*, B131=VI95.

15 Kant, *RGV*, B135=VI97.

16 Kant, *RGV*, B134=VI197.

17 Kant, *RGV*, B136=VI197이하.

참고문헌

백종현, 「인간 개념의 혼란과 포스트휴머니즘 문제」, 수록:《철학사상》제58호, 서울대학교 철학사상연구소, 2015. 11.

_____, 「포스트휴먼 사회와 휴머니즘 문제」, 수록:『포스트휴먼 시대의 휴먼』, 한국포스트휴먼연구소 · 한국포스트휴먼학회(편), 아카넷, 2016.

_____, 「'제4차 산업혁명'의 시대, 인문학의 과제와 역할」, 수록:《철학사상》제65호, 서울대학교 철학사상연구소, 2017. 8.

_____, 「제4차 산업혁명과 사회 윤리적 과제」, 수록:『제4차 산업혁명과 새로운 사회윤리』, 한국포스트휴먼연구소 · 한국포스트휴먼학회(편), 아카넷, 2017.

_____, 「인공지능의 출현과 인간 사회의 변동」, 수록:『인공지능과 새로운 규범』, 한국포스트휴먼연구소 · 한국포스트휴먼학회(편), 아카넷, 2018.

_____, 「포스트휴먼 사회의 도래와 휴머니즘」, 수록:『포스트휴먼 사회와 새로운 규범』, 한국포스트휴먼연구소 · 한국포스트휴먼학회(편), 아카넷, 2019.

_____, 『서양근대철학』, 철학과현실사, 2003(증보판).

_____, 『현대 한국사회의 철학적 문제 — 윤리 개념의 형성』, 철학과현실사, 2003.

_____, 『현대 한국사회의 철학적 문제 — 사회운영원리』, 서울대학교출판부, 2004.

_____, 『철학의 개념과 주요문제』, 철학과현실사, 2007.

_____, 『칸트와 헤겔의 철학』, 아카넷, 2017(개정판).

_____, 『이성의 역사』, 아카넷, 2017.

_____, 『한국 칸트사전』, 아카넷, 2019.

J. Ritter · K. Gründer(Hs.), *Historisches Wörterbuch der Philosophie*[*HWP*], 13 Bde., Darmstadt 1971~2007.

J. Micraelius, *Lexicon philosophicum terminorum philosophis usitatorum*, Stettin 1653 · [2]1662.

국립국어연구원, 『표준국어대사전』, 전3권, 서울 1999.

夢竹風 主編, 『漢語大詞典』, 全12卷, 上海 1990.

許愼, 『說文解字』.

Duden, *Das große Wörterbuch der deutschen Sprache*, 8 Bde, Mannheim · Leipzig · Wien · Zürich [2]1995.

Brockhaus, *WAHRIG Deutsches Wörterbuch*, wissenmedia, [9]2011.

Deutsches Wörterbuch von Jakob und Wilhelm Grimm, 33 Bde. München 1971~1984.

Brockhaus, *Allgemeine deutsche Realencyklopädie für die gebildeten Stände*, Bd. 10, [9]1846.

K. E. Georges, *Lateinisch-Deutsches Handwörterbuch*, 2 Bde, Darmstadt 1983.

Liddell / Scott, *Greek-English Lexicon*, Oxford 1968.

New Oxford American Dictionary, Oxford Univ. Press, [3]2010.

Webster's New World. College Dictionary, H. M. Harcourt, [5]2016.

「大韓民國 憲法」.

Corpus Iuris Civilis, Digesta(로마대법전).

"The Declaration of Independence [of the thirteen united States of America], in
    Congress, July 4, 1776".

『世界의 人權宣言』,《新東亞》1975年 1月號 別册附錄.

『周易』.

『書經』.

『詩經』.

『大戴禮記』.

老子,『道德經』.

『莊子』.

『黃帝內經』.

『論語』·『論語集註』.

『中庸』.

『孟子』·『孟子集註』.

『孝經』.

『荀子』.

呂不韋,『呂氏春秋』.

王符,『潛夫論』.

司馬遷,『史記』.

董仲舒,『春秋繁露』.

班固,『漢書』.

范曄,『後漢書』.

周敦頤,『通書』.

程顥·程頤,『二程遺書』.

朱熹,『朱子語類』.

_____,『性理大全』.

유형원, 『磻溪隨錄』(1783), 명문당 영인본, 1982.

이 익, 『星湖先生全集』.

_____, 『星湖僿說』, 민족문화추진회. (최석기 역, 한길사, 1999 참조)

정약용, 『與猶堂全書』, 新朝鮮社, 1936.

_____, 『經世遺表』. (이익성 역, 한길사, 1997 참조)

『성서』:

Biblia Sacra iuxta vulgatam versionem. Deutsche Bibelgesellschaft, Stuttgart [4]1994.

Die Bibel oder Die Ganze Heilige Schrift des Alten und Neuen Testaments nach der Übersetzung Martin Luthers. Revidierter Text 1975, Deutsche Bibelgesellschaft, Stuttgart 1978.

Die Bibel. Einheitsübersetzung, Katholische Bibelanstalt GmbH, Stuttgart 1980.

Die Heilige Schrift. Einheitsübersetzung, Verlag Katholisches Bibelwerk, Stuttgart 2003.

Greek-Englisch New Testament. Deutsche Bibelgesellschaft, Stuttgart [8]1998.

『NIV 구약 원어대조성경』. 로고스, 1993.

『분해대조 로고스성경』. 장보웅 편저, 로고스, 1992.

『200주년 신약성서 주해』. 분도출판사, 2001.

『공동번역 성서』. 대한성서공회, 1977.

『성경』. 한국 천주교 주교회의 성서위원회, 2005.

『貫珠 聖經全書』. 대한성서공회, 2009[개역개정판].

H. Diels/W. Kranz[DK] 편, *Die Fragmente der Vorsokratiker*(1951), Berlin: Verlag Weidmann, [16]1972.

김인곤 · 강철웅 외 편역, 『소크라테스 이전 철학자들의 단편 선집』, 아카넷, 2005.

Platon, *Politeia*: 박종현 역, 『국가 · 政體』, 서광사, 2005.

_____, *Nomoi*: 박종현 역,『법률』, 서광사, 2009.

_____, *Kriton*: 수록: 박종현 역,『플라톤의 네 대화 편』, 서광사, 2003.

_____, *Euthydemos*, bearbeitet v. H. Hofmann, Darmstadt 1973.

_____, *Gorgias*, bearbeitet v. H. Hofmann, Darmstadt 1973.

_____, *Kratylos*, bearbeitet v. D. Kurz, Darmstadt 1974.

_____, *Menon*, bearbeitet v. H. Hofmann, Darmstadt 1973.

_____, *Phaidon*, bearbeitet v. D. Kurz, Darmstadt 1974.

_____, *Phaidros*, bearbeitet v. D. Kurz, Darmstadt 1983.

_____, *Philebos*, bearbeitet v. K. Widdra, Darmstadt 1972.

_____, *Protagoras*, bearbeitet v. H. Hofmann, Darmstadt 1977.

_____, *Symposion*, bearbeitet v. D. Kurz, Darmstadt 1974.

_____, *Theaitetos*, bearbeitet von G. Eigler, Darmstadt 1970.

_____, *Timaios*, bearbeitet v. K. Widdra, Darmstadt 1972.

Aristoteles, *De anima*, ed. by W. D. Ross, Oxford 1956: 유원기 역,『영혼에 관하여』, 궁리, 2001.

_____,『정치학(*Politica*)』, ed. by W. D. Ross, Oxford 1957.

_____, *Metaphysica / Metaphysik*, Griechisch-deutsche Parallelausg., 2 Bde., übers. v. H. Bonitz, Hamburg 1978/80: 김진성 역,『형이상학』, 이제이북스, 2007.

_____, *Ethica Nicomachea*[*Ethica Nic*], ed. by I. Bywater, Oxford 1979: 김재홍 · 강상진 · 이창우 역,『니코마코스 윤리학』, 길, 2011(개정판).

_____, *Ethica Eudemia*, ed. by R. R. Walzer · J. M. Mingay, Oxford 1991: 송유례 역,『에우데모스 윤리학』, 한길사, 2012.

_____, *Categoriae // Liber de Interpretatione*, Oxford 1949.

_____, *Ars Rhetorica*, ed. by W. D. Ross, Oxford 1959.

_____, *Physica*, ed. by W. D. Ross, Oxford 1950.

Epikuros, *Kyriai doxai*.

Nickel, Rainer(Hs.), *Epikur: Wege zum Glück*, Griechisch-lateinisch-deutsch, Mannheim ³2011.

에피쿠로스 / 오유석 역,『쾌락』, 문학과지성사, 1998.

Diogenes Laertios, *Vitae philosophorum*, ed. Miroslav Marcovich, Stuttgart · Leipzig 1999: 전양범 역,『그리스철학자열전』, 동서문화사, 2008.

Plotinos, *Enneades*.

Titus Maccius Plautus, *Asinaria*.

Cicero, *De officiis*: 허승일 역,『키케로의 의무론』, 서광사, 1989.

_____, *De finibus bonorum et malorum*: 김창성 역,『키케로의 최고선악론』, 서광사, 1999.

_____, *De legibus*: 성염 역,『법률론』, 한길사, 2007.

_____, *De re publica*: 김창성 역,『국가론』, 한길사, 2007.

_____, *Tusculanae disputationes / Gespäche in Tuskulum*, lat.-dt. übers. von Karl Büchner, Zürich ²1966: 김남우 역,『투스쿨룸 대화』, 아카넷, 2014.

_____, *De natura deorum*. lat.-dt. hrsg. und übers. von W. Gerlach und Karl Bayer, München · Zürich ³1990: 강대진 역,『신들의 본성에 관하여』, 나남, 2012.

Seneca, *De tranquillitate animi*.

_____, *De providentia*.

_____, *De vita beata*.

_____, *De ira*.

_____, *Epistulae morales ad Lucilium*. lat.-dt. übers. von M. Rosenbach, Darmstadt 1999.

Horatius, *Epistulae*.

_____, *Carmina*.

Ovidius, *Metamorphoseon*.

Juvenal, *Satires*,

Epiktetos, *Encheiridion*: 김재홍 역,『엥케이리디온』, 까치글방, 2003.

Lucretius, *De rerum natura*: 강대진 역,『사물의 본성에 관하여』, 아카넷, 2012.

Markos Aurelios, *Meditationes*: 천병희 역,『명상록』, 도서출판 숲, 2005.

Arnim, Ioannes ab(coll.), *Stoicorum Veterum Fragmenta*[*SVF*] III, Lissiae in Aedibus B. G. Teubneri.

Nickel, Rainer(Hs.), *Stoa und Stoiker*, Griechisch-lateinisch-deutsch, 2 Bde., Düsseldorf 2008.

Augustinus, *Confessiones*, hrsg. v. J. Bernhart, Müchen 1980: 최민순 역, 『고백록』, 성바오로출판사(바오로딸), 1965(2010).

_____, *De libero arbitrio*: 성염 역, 『자유의지론』, 분도출판사, 1998.

_____, *De civitate dei*: 성염 역, 『신국론』(전3권), 분도출판사, 2004.

_____, *De vera religione*: 성염 역, 『참된 종교』, 분도출판사, 2011.

_____, *De trinitate*: 성염 역, 『삼위일체론』, 분도출판사, 2015.

_____, *De natura et origine animae*.

_____, *De moribus Ecclesiae catholicae et de moribus Manichaeorum libri duo*.

_____, *De ordine*.

Thomas Aquinas, *De ente et essentia*: 정의채 역, 『존재자와 본질에 대하여』, 바오로딸, 2004.

_____, *Summa Theologiae*[*ST*], Biblioteca de autores cristianos, Madrid 1978: 정의채 (외) 역, 『신학대전』, 성바오로출판사/바오로딸, 1985 이하.

_____, *Compendium Theologiae*: 박승찬 역, 『신학요강』, 나남, 2008.

_____, *Summae contra gentiles*, III/1, lat.-dt. hrsg. und übers. von K. Allgaier, Darmstadt 1990.

_____, *Quaestiones disputatae - De veritate*, ed. by R. Spiazzt, Roma 1953.

_____, *De unitate intellectus contra Averroistas*[*DUI*].

Copernicus, Nicolaus, *De revolutionibus orbium coelestium*, Nürnberg 1543.

Bacon, Francis, *Meditationes Sacræ*, 11. Artikel "De Hæresibus" 1597: *The Essaies of Sr Francis Bacon. His Religious Meditations. Places of Perswasion and Disswasion*. London 1613.

_____, *Novum Organum / Neues Organon*(1620), hrsg. v. W. Krohn, Hamburg

1990.

Descartes, *Discours de la methode*(1637): in: Oeuvres de Descartes, publ. par C. Adam & P. Tannery[AT], Paris 1973. VI, 1~78: 이현복 역, 『방법서설』, 문예출판사, 1997.

_____, *Meditationes de prima philosophia*(1641 · ²1642): AT VII, 1~90: 이현복 역, 『성찰』, 문예출판사, 1997.

_____, *Principia philosophiae*(1644): AT VIII-1: 원석영 역, 『철학의 원리』, 아카넷, 2002.

_____, *Regulae ad directionem ingenii*(1627): AT X, 358~469: 이현복 역, 『정신지도를 위한 규칙들』, 문예출판사, 1997.

_____, *Les Passions de l'âme*(1649): AT XI, 301~497: 김선영 역, 『정념론』, 문예출판사, 2013.

_____, *Notae in programma quoddam*: AT VIII-2, 335~369.

Pascal, Blaise, *Pensées*(유고, 1670), éd. Léon Brunschvicg, Paris 1897: 김형길 역, 『팡세』, 서울대학교출판문화원, 2010(전정판).

Spinoza, *Ehtica ordine geometrico demonstrata*, in: Spinoza Opera, II, hrsg. v. Carl Gebhardt, Heidelberg 1925.

_____, *Tractatus Theologico-Politicus*., in: Spinoza Opera, III, hrsg. v. Carl Gebhardt, Heidelberg 1925.

_____, *Tractatus de Intellectus Emendatione*(Amsterdam 1677), in: Spinoza Opera, II, hrsg. v. Carl Gebhardt, Heidelberg 1925.

Leibniz, *Monadologie*, in: *Die philosophischen Schriften von Gottfried Wilhelm Leibniz*[phS], hrsg. v. C. I. Gerhardt, Bd. VI, Berlin 1885.

_____, *Principes de la Nature et de la Grace fondés en Raison*, in: phS, Bd. VI, Berlin 1885.

_____, *Nouveaux Essais sur L'Entendement Humain*, phS, Bd. V, Berlin 1882.

_____, *Discours de Métaphysique*(=*Philosophische Abhandlungen* II), phS, Bd. IV, Berlin 1880.

_____, *Essais de Théodicée*, phS, Bd. VI, Berlin 1885.

Grotius, Hugo, *De jure belli ac pacis libri tres*(1625), Amsterdam ²1631.

Montesquieu, *De l'esprit des lois*(Genève 1748), éd. Garnier(1777): 권미영 역, 『법의 정신 1 · 2』, 일신서적, 1991/2.

Rousseau, *Discours sur les sciences et les arts* — Discours qui a remporté le Prix à l'académie de Dijon, En l'année 1750: 김중현 역, 『학문과 예술에 대하여』, 한길사, 2007.

_____, *Émile, ou De l'éducation*(1762), in: Œuvres complètes de J.-J. Rousseau, tome II, A. Houssiaux, 1852: 김중현 역, 『에밀』, 한길사, 2003.

_____, *Discours sur l'origine et les fondements de l'inégalité parmi les hommes*, Amsterdam 1755. 수록: 박은수 역, 『사회계약론 외』, 인폴리오, 1998.

_____, *Du contrat social ou principes du droit politique*, Amsterdam 1762. 수록: 박호성 역, 『사회계약론 외』, 책세상, 2015.

Hobbes, *Leviathan, ore the Matter, Forme, and Power of a Commonwealth, Ecclesiasticall and Civil*, London 1651: 진석용 역, 『리바이어던 1 · 2』, 나남, 2008.

_____, *De cive // On the Citizen*(Amsterdam 1642 // London 1651), ed. by R. Tuck and M. Silverthrone, Cambridge 1998: 이준호 역, 『시민론: 정부와 사회에 관한 철학적 기초』, 서광사, 2013.

_____, *De copore*, London 1655.

Locke, *An Essay concerning Human Understanding*[HU](London 1690), ed. by A. C. Fraser, New York 1959: 정병훈 · 이재영 · 양선숙 역, 『인간지성론 1 · 2』, 한길사, 2014.

_____, *Two Treatises of Government*[TT](London 1690), ed. by P. Laslett, Cambridge 1988: 강정인 · 문지영 역, 『통치론』, 까치, 1996.

Newton, I., *Philosophiae naturalis principia mathematica*(1687): 이무현 역, 『프린키피아 1 · 2 · 3』, 교우사, 1998/9.

Hume, *A Treatise of Human Nature*[*THN*](London 1739/1740), ed. by (L. A. Selby-Bigge) / P. H. Nidditch, Oxford 1978: 이준호 역, 『오성에 관하여』 (1994)·『정념에 관하여』(1996)·『도덕에 관하여』(수정판 2008), 서광사.

_____, *Enquiries concerning Human Understanding and concerning the Principles of Morals*, ed. by (L. A. Selby-Bigge) / P. H. Nidditch, Oxford ³1975.

Smith, Adam, *The Theory of Moral Sentiment*(1759), ed. by A. Millar, London ⁶1790: 박세일·민경국 역, 『도덕감정론』, 비봉출판사, 2009(개역판).

_____, *An Inquiry into the Nature and Causes of the Wealth of Nations*(1776), ed. by Edwin Cannan, London ⁵1904: 김수행 역, 『국부론』, 비봉출판사, 2007(개역판).

Kant, *Kant's gesammelte Schriften*[AA], hrsg. v. der Kgl. Preußischen Akademie der Wissenschaft // v. der Deutschen Akademie der Wissenschaft zu Berlin // v. der Akademie der Wissenschaften zu Göttingen // v. der Berlin-Brandenburgischen Akademie der Wissenschaften, Bde. 1~29, Berlin 1900~2009.

이 가운데 특히

『순수이성비판』: *Kritik der reinen Vernunft*[*KrV*], AA III~IV(백종현 역, 아카넷, 2006).

『실천이성비판』: *Kritik der praktischen Vernunft*[*KpV*], AA V(백종현 역, 아카넷, 개정2판 2019).

『윤리형이상학 정초』: *Grundlegung zur Metaphysik der Sitten*[*GMS*], AA IV(백종현 역, 아카넷, 개정2판 2018).

『윤리형이상학』: *Die Metaphysik der Sitten*[*MS*], AA VI(백종현 역, 아카넷, 2012).

『법이론』: *Metaphysische Anfangsgründe der Rechtslehre*[*RL*].

『덕이론』: *Metaphysische Anfangsgründe der Tugendlehre*[*TL*].

『판단력비판』: *Kritik der Urteilskraft*[*KU*], AA V(백종현 역, 아카넷, 2009).

『이성의 한계 안에서의 종교』: *Die Religion innerhalb der Grenzen*

der bloßen Vernunft[RGV], AA VI(백종현 역, 아카넷, 2011).

『학부들의 다툼』: *Der Streit der Fakultäten*[SF] , AA VII.

『영원한 평화』: *Zum ewigen Frieden*[ZeF], AA VIII(백종현 역, 아카넷, 2013).

『실용적 관점에서의 인간학』: *Anthropologie in pragmatischer Hinsicht*[Anth], AA VII(백종현 역, 아카넷, 2014).

「이론과 실천」: Über den Gemeinspruch: Das mag in der Theorie richtig sein, taugt aber nicht für die Praxis[TP], AA VIII.

『교육학』: *Immanuel Kant über Pädagogik*[Päd], AA IX(백종현 역, 아카넷, 2018).

「조각글」: Reflexionen[Refl], AA XIV-XIX.

「보편사의 이념」: Idee zu einer allgemeinen Geschichte in weltbürgerlicher Absicht[IaG], AA VIII.

「인간 역사」: Mutmaßlicher Anfang der Menschengeschichte[MAM], AA VIII.

「형이상학 강의」: V-Phil-Th/Pölitz, AA XXVIII.

『유작』: Opus Postumum[OP], AA XXI(백종현 역, 아카넷, 2020).

Schiller, Friedrich, "Über Anmut und Würde", in: P.-A. André / A. Meier / W. Riedel(Hrsg.), *Friedrich Schiller: Sämtliche Werke*, Bd. V, München 2004.

Hegel, Ueber die wissenschaftlichen Behandlungsarten des Naturrechts, seine Stelle in der praktischen Philosophie, und sein Verhältniss zu den positiven Rechtswissenschaften(1802), in: Gesammelte Werke[GW] Bd. 4, hrsg. v. H. Buchner / O. Pöggeler, Hamburg 1968.

_____, *Phänomenologie des Geistes*[PdG], GW, Bd. 9, hrsg. v. W. Bonsiepen / R. Heede, Hamburg 1980.

_____, *Enzyklopädie der philosophischen Wissenschaften im Grundrisse* (1830)[Enzy], GW, Bd. 20, hrsg. v. W. Bonsiepen / H.-Ch. Lucas, Hamburg 1992.

_____, *Grundlinien der Philosophie des Rechts*[GPR], Werke in zwanzig Bänden. Theorie Werkausgabe[TW], Bd. 7, Redaktion: E. Moldenhauer / K. M. Michel, Frankfurt/M. 1970.

_____, *Vorlesungen über die Philosophie der Geschichte*[VPG], TW, Bd. 12, Frankfurt/M. 1970.

Fourier, Charles, *Le nouveau monde industriel et sociétaire*, Paris 1829.

Tocqueville, Alexis de, *De la Démocratie en Amérique*: 이용재 역, 『아메리카의 민주주의』 제1권(1835) +제2권(1840), 아카넷, 2018.

Marx, Karl, Arnold Ruge, *Deutsch-Französische Jahrbücher*(Paris 1844), in: *Frühe Schriften*, Bd. 1, hrsg. H.-J. Lieber/P. Furth, Darmstadt 1989.

Marx, Karl · Friedrich Engels, *Die deutsche Ideologie*, 1845-1846. in: Karl Marx · Friedrich Engels Werke[MEW], Bd. 3, Berlin 1958.

_____, "Der König von Preußen und die Sozialreform. Von einem Preußen", 1844, MEW, Bd. 1, Berlin 1945.

_____, *Zur Kritik der Politischen Ökonomie*, in: MEW, Bd. 13, Berlin 1961.

_____, *Das Kapital*, in: MEW, Bd. 23, Berlin 1962: 김수행 역, 『자본론』(I상 · I하 · II · III상 · III하 · 부록), 비봉출판사, 2015(개역판).

Engels, *Dialektik der Natur*, in: MEW, Bd. 20, Berlin 1962: 윤형식 · 한승완 · 이재영 역, 『자연변증법』, 새길아카데미, 1989.

Schopenhauer, Arthur, *Die Welt als Wille und Vorstellung*(^{1}1819 · ^{3}1859), in: Sämtliche Werke, Bd. I, hrsg. v. W. Frhr. von Löhneysen, Stuttgart · Frankfurt/M. 1968: 홍성광 역, 『의지와 표상으로서의 세계』, 을유문화사, 2015(개정증보판).

Nietzsche, Friedrich, *Zur Genealogie der Moral*, in: Kritische Studienausgabe [KSA], hrsg. v. G. Colli · M. Montinari, Müchen 1999(Neuausgabe), Bd. 5: 김정현 역, 『도덕의 계보』, 수록: 《니체전집》(책세상, 2000~2005) 1.

_____, *Jenseits von Gut und Böse*, in: KSA 5: 김정현 역, 『선악의 저편』, 수록: 《니체전집》 14.

_____, *Also sprach Zarathustra*, in: KSA 4: 정동호 역, 『차라투스트라는 이렇

게 말했다』, 수록:《니체전집》13.

_____, *Götzen-Dämmerung*, in: KSA 6: 백승영 역, 『우상의 황혼』, 수록:《니체전집》21; 박찬국 역, 『우상의 황혼』, 아카넷, 2015.

_____, *Der Antichrist*, in: KSA 6: 백승영 역, 『안티크리스트』, 수록:《니체전집》15.

_____, *Die fröhliche Wissenschaft*[FW], in: KSA 3: 박찬국 역, 『즐거운 학문』, 수록:《니체전집》16.

Freud, S., *Abriss der Psychoanalyse*(1940), in: Gesammelte Werke[GW], Bd. 17: Schriften aus dem Nachlass, hrsg. v. Anna Freud u. a.(London 1941), Frankfurt/M. [8]1993, Bd. XVII: 박성수 · 한승완 역, 『정신분석학 개요』, 열린책들, 2003(재간).

Bentham, J. *An Introduction to the Principles of Morals and Legislation*(London 1780인쇄, 1789발행), Prometheus Books, New York 1988: 강준호 역, 『도덕과 입법의 원칙에 대한 서론』, 아카넷, 2013.

Mill, J. S., *Utilitarianism*(1863), in: On Liberty and Other Essays, ed. by J. Gray(Oxford World's Classics), Oxford 1991: 서병훈 역, 『공리주의』, 책세상, 2007.

_____, *Considerations on Representative Government*(1861), in: Utilitarianism, On Liberty, Considerations on Representative Government, ed. by G. Williams, J. M. Dent/London 1993: 서병훈 역, 『대의정부론』, 아카넷, 2013.

Darwin, Charls, *The Origin of Species*(1859), Signet Classics, Penguin Books, 2003: 김관선 역, 『종의 기원』, 한길사, 2014 / 송철용 역, 『종의 기원』, 동서문화사, 2013.

_____, *The Descent of Man, and Selection in Relation to Sex*(1871 · [2]1879), Penguin Classics, Penguin Books, 2004: 김관선 역, 『인간의 유래 1 · 2』, 한길사, 2006 / 이종호 발췌역, 『인간의 유래와 성선택』, 지식을만드는지식, 2012.

Dewey, John, *Experience and Nature*(1925): his *The Later Works 1925-*

1953, Vol. 1, ed. Jo Ann Boydston, Southern Illinois Univ. Press, 1981.

Horkheimer, Max / Theodor W. Adorno, *Dialektik der Aufklärung*(1947), Fankfurt/M. ²¹2013: 김유동 역,『계몽의 변증법』, 문학과지성사, 2001.

Horkheimer, Max, *Eclipse of Reason*(1947), New York: The Continuum, 2004: 박구용 역,『도구적 이성 비판』, 문예출판사, 2006.

Adorno, Theodor W., *Negative Dialektik*, Frankfurt/M. 1975: 홍승용 역,『부정 변증법』, 한길사, 1999.

Marcuse, Herbert, *Reason and Revolution*, London 1941: 김종호 역,『理性과 革命』, 문명사, 1970.

_____, *One Dimensional Man*(1964), Boston: Beacon Press ²1991: 차인석 역, 『一次元的 人間』, 진영사, 1979(개역판).

Deleuze, Gilles, / Félix Guattari, *L'anti-Œdipe. Capitalisme et schizophrénie 1*. Paris: Les Éditions de Minuit, 1972/1973: 김재인 역,『안티 오이디푸 스. 자본주의와 분열증』, 민음사, ³2014.

Habermas, J., *Theorie des kommunikativen Handels*, 2 Bde., Frankfurt/M. ⁸1995: 장춘익 역,『의사소통행위이론 1 · 2』, 나남출판, 2006.

_____, *Legitimationsprobleme der Spätkapitalismus*, Frankfurt/M. 1973.

_____, *Moralbewußtsein und kommunikatives Handeln*, Frankfurt/M. 1983.

_____, *Erläuterungen zur Diskursethik*, Frankfurt/M. 1991.

_____,『공론장의 구조변동』, 한승완 역, 나남출판, 2001.

Rawls, J., *A Theory of Justice*[*TJ*], Oxford, ²1999: 황경식 역,『정의론』, 이학사, 2003.

_____, *Political Liberalism*, New York, 1993: 장동진 역,『정치적 자유주의』, 동명사, 2016(증보판).

고인석,「인공지능이 자율성을 가진 존재일 수 있는가?」, 수록:《철학》, 제133집, 한국철학회, 2017 겨울.

구본권,『로봇 시대, 인간의 일』, 어크로스, 2015.

구영모(편),『생명의료윤리』, 동녘, 2004.

구인회,『생명윤리의 철학』, 철학과현실사, 2002.

김광기,『대한민국의 정의를 묻다』, 21세기북스, 2017.

김인숙 · 남유선,『4차 산업혁명 — 새로운 미래의 물결』, 호이테북스, 2016.

김재희,『시몽동의 기술철학 — 포스트휴먼 사회를 위한 청사진』, 아카넷, 2017.

김정욱 · 박봉권 · 노영우 · 임성현,『2016 다보스 리포트 — 인공지능발 4차 산
    업혁명』, 매일경제신문사, 2016.

나종석,『차이와 연대 — 현대 세계와 헤겔의 사회 · 정치철학』, 길, 2007.

남경희,『플라톤 — 서양철학의 기원과 토대』, 아카넷, 2013.

목광수,「도덕적 지위에 대한 기존 논의 고찰」, 수록:《윤리학》제5권 제2호, 한국
    윤리학회, 2016.

박은정,『생명 공학 시대의 법과 윤리』, 이화여자대학교 출판부, 2000.

박정일,『튜링 & 괴델 — 추상적 사유의 위대한 힘』, 김영사, 2010.

박종규,『우리나라 소득 불평등의 추이와 원인 및 정책목표』[KIF 연구보고서, 2017-
    03], 한국금융연구원, 2017.

박주영,『악이란 무엇인가?』, 누멘, 2012.

박충식,「생명과 몸과 마음의 존재로서의 인공지능」, 수록: 한국포스트휴먼연구
    소 · 한국포스트휴먼학회(편),『제4차 산업혁명과 새로운 사회윤리』, 아
    카넷, 2017.

백도형,『심신문제 — 인간과 자연의 형이상학』, 아카넷, 2014.

백승영,『니체, 디오니소스적 긍정의 철학』, 책세상, 2005.

선대인,『일의 미래: 무엇이 바뀌고, 무엇이 오는가』, 인플루엔셜, 2017.

손화철,『호모 파베르의 미래 — 기술의 시대, 인간의 자리는 어디인가』, 아카넷,
    2020.

신상규,「인공지능은 자율적 도덕행위자일 수 있는가?」, 수록:《철학》, 제132집,
    한국철학회, 2017 가을.

신상규 · 이상욱 · 김재희 · 하대청 외,『포스트휴먼이 몰려온다』, 아카넷, 2020.

유길준,『서유견문』, 허경진 역, 한양출판, 1995.

유영익,『甲午更張硏究』, 일조각, 1990 · 1997.

이대열,『지능의 탄생』, 바다출판사, 2017.

이상익,『본성과 본능 ― 서양 人性論史의 재조명』, 서강대학교출판부, 2016.

이승환,『유가사상의 사회철학적 재조명』, 고려대학교 출판부, 1998.

이재경,『토마스 아퀴나스와 13세기 심리철학』, 대구가톨릭대학교 출판부, 2002.

이정전,『주적은 불평등이다』, 개마고원, 2017.

이종관,『포스트휴먼이 온다』, 사월의책, 2017.

이종호,『로봇은 인간을 지배할 수 있을까?』, 북카라반, 2016.

이주호 · 이민화 · 유명희(편),『제4차 산업혁명 선도국가』, 한반도선진화재단, 2017.

이태하,「흄의 자살론」, 수록:《철학연구》, 제78집, 철학연구회, 2007.

임홍빈,『근대적 이성과 헤겔철학』, 고려대학교 출판부, 1996.

전봉덕,『韓國近代法思想史』, 박영사, 1981

정원호 · 이상준 · 강남훈,『4차 산업혁명 시대 기본소득이 노동시장에 미치는 효과 연구』, 한국직업능력개발원, 2016.

한국사회 · 윤리연구회 편,『사회계약론 연구』, 철학과현실사, 1993.

한국포스트휴먼연구소 · 한국포스트휴먼학회(편),『포스트휴먼 시대의 휴먼』, 아카넷, 2016.

_____,『포스트휴먼 시대를 달리는 자율주행자동차』, 아카넷, 2017.

_____,『제4차 산업혁명과 새로운 사회윤리』, 아카넷, 2017.

_____,『인공지능과 새로운 규범』, 아카넷, 2018.

_____,『포스트휴먼 사회와 새로운 규범』, 아카넷, 2019.

_____,『인공지능의 이론과 실제』, 아카넷, 2019.

Adler, M. J., *Intellect: Mind Over Matter*, New York: Macmillan, 1990.

Anderson, M. / S. L. Anderson(ed.), *Machine Ethics*, Cambridge univ. press, 2011.

Arnswald, Ulrich / Hans-Peter Schütt(Hs.), *Rationalität und Irrationalität in den Wissenschaften*, Wiesbaden 2011.

Asimov, Isaac, "Runaround"(1942). in: *I, Robot*(1950), New York: Bantam Dell, 2008.

Barrat, James, *Our Final Invention: Artificial Intelligence and the End of the Human Era*, Thomas Dunne Books St. Martin's Griffin, New York 2013: 정지훈 역, 『파이널 인벤션』, 동아시아, 2016.

Bayrhoffer, Karl Theodor, *Das Wesen des Universums und die Gesetze des Humanismus, dargestellt aus dem Standpunkte der Vernunft*, Ottawa 1871.

Bègue, Laurent, *Psychologie du bien et du mal*, Paris 2011: 이세진 역, 『도덕적 인간은 왜 나쁜 사회를 만드는가』, 부키, 2013.

Bergson, Henri, *Les deux sources de la morale et de la religion*(1932), Félix Alcan, 1937: 송영진 역, 『도덕과 종교의 두 원천』, 서광사, 1998.

Bernstein, William, *The Birth of Plenty*, New York: McGraw-Hill, 2004: 김현구, 『부의 탄생』, 시아출판사, 2005.

Brockman, John(ed.), *The Mind*, 2011: 이한음 역, 『마음의 과학』, 와이즈베리, 2012.

Bryant, John / L. B. la Velle / J. Searle, *Introduction to Bioehtics*, John Wiley & Sons, 2005: 이원봉 역, 『생명과학의 윤리』, 아카넷, 2008.

Burley, Justine(ed.) / Richard Dawkins(Foreword by), *The Genetic Revolution and Human Rights: Oxford Amnesty Lectures 1998*, Oxford 1999: 생물학사상연구회 역, 『유전자 혁명과 생명윤리』, 아침이슬, 2004.

Čapek, Karel, *R. U. R.*(*Rossum's Universal Robots*): 김희숙 역, 『로봇: 로숨의 유니버설 로봇』, 모비딕, 2015.

Cassirer E., *An Essay on Man*(1944): 최명관 역, 『人間이란 무엇인가?』, 훈복문화사, 1969.

Casti, John / Werner DePauli, *Gödel–A Life of Logic*(2000): 박정일 역, 『괴델』, 몸과마음, 2002.

Churchland, Patricia S., *Neurophilosophy: Toward a Unified Science of the Mind-Brain*, 1989: 박제윤 역, 『뇌과학과 철학: 마음—뇌 통합 과학을

향하여』, 철학과현실사, 2006.

Cowen, Tyler, *Average is Over*(2013): 신승미 역, 『4차 산업혁명. 강력한 인간의 시대』, 이퍼블릭, 2017.

로버트 달 저 / 조기제 역, 『민주주의와 그 비판자들』, 문학과지성사, 1999.

Dawkins, Richard, *The Selfish Gene*(1976), Oxford 2006(30주년 기념판): 홍영남 · 이상임 역, 『이기적 유전자』, 을유문화사, 2010(전면개정판).

_____, *The Extended Phenotype*(1982), Oxford · New York, 1999(개정판): 홍영남 · 장대익 · 권오현 역, 『확장된 표현형』, 을유문화사, 2016.

Dunlop, Tim, *Why the Future is Workless*, Sydney 2016: 엄성수 역, 『노동 없는 미래』, 비즈니스맵, 2016.

Ekman, Paul, *Emotions Revealed: Recognizing Faces and Feelings to Improve Communication and Emotional Life*(^{2}2007): 허우성 · 허주형 역, 『표정의 심리학 — 우리는 어떻게 감정을 드러내는가?』, 바다출판사, 2020.

Emmeche, Claus, *The Garden in the Machine — The Emerging Science of Artificial Life*(1991), transl. by Steven Sampson, Princeton 1996: 오은아 역, 『기계 속의 생명』, 이제이북스, 2004.

Fellmann, Ferdinand, *Lebensgefühle*, Hamburg 2018.

Feyerabend, Paul, *Farewell to Reason*, London · New York 1987.

Fischer, Ernst Peter, *Die Bildung des Menschen*, Berlin 2004: 박규호 역, 『인간』, 들녘, 2005.

Fischer, Peter, *Moralität und Sinn*, München 2003.

Flanagan, Owen, *The Really Hard Problem: Meaning in a Material World*, MIT Press, 2007.

Floridi, Luciano, *The 4th Revolution*, Oxford Univ. Press, 2014.

Ford, Martin, *Rise of the Robots: Technology and the Threat of a Jobless Future*, New York: Basic Books, 2015: 이창희 역, 『로봇의 부상 — 인공지능의 진화와 미래의 실직 위협』, 세종서적, 2016.

Friedman, Milton, *Capitalism and Freedom*, 1962: 최정표 역, 『자본주의와 자유』, 형설출판사, 1999.

Gabriel, Markus, *Ich ist nicht Gehirn*, Berlin 2015 · [2]2016: 전대호 역, 『나는 뇌가 아니다』, 열린책들, 2018.

Gadeib, Andera, *Die Zukunft ist menschlich*, Offenbach 2019.

Ganten, Detlev / u. a.(Hs.), *Was ist der Mensch?*, Berlin 2008.

Gazzaniga, Michael S., *Who's in Charge?—Free Will and the Science of the Brain*, New York, 2011: 박인균 역, 『뇌로부터의 자유 — 무엇이 우리의 생각, 감정, 행동을 조종하는가?』, 추수밭, 2012.

Gehlen, Arnold, *Der Mensch—Seine Natur und seine Stellung in der Welt* (1940), Frankfurt/M. 2016.

Gerhard, C., *Kants Lehre von der Freiheit*, Heidelberg 1885.

Good, Irving John, "Speculations Concerning the First Ultraintelligent Machine", in: *Advances in Computers*, vol. 6, 1965.

Gray, Chris H., *Cyborg Citizen—Politics in the Posthuman Age*(2001), New York · London 2002: 석기용 역, 『사이보그 시티즌』, 김영사, 2016.

Greenfield, Susan, *Brain Story*, London 2000: 정병선 역, 『브레인 스토리』, 지호, 2004.

_____, *Mind Change—How Digital Technologies Are Leaving Their Mark on Our Brains*, 2014: 이한음 역, 『마인드 체인지』, 북라이프, 2015.

Guyer, Paul, *Kant*, Routledge, 2006.

Halbig, Chr. / T. Henning(Hs.), *Die neue Kritik der instrumentellen Vernunft*, Berlin 2012.

Harari, Yuval Noah, *Homo Deus*, London: Harvill Secker, 2016.

Hartmann, N., *Die Philosophie des Deutschen Idealismus*(1923/29), Berlin [3]1974.

Hayek, F. A., *The Constitution of Liberty*, London 1960.

Hayles, N. Katherine, *How We Became Posthuman: Virtual Bodies in Cybernetics, Literature, and Informatics*, Chicago 1999: 허진 역, 『우리는 어떻게 포스트휴먼이 되었는가』, 플래닛, 2013.

Hinde, Robert, *Why Good Is Good: The Sources of Morality*, London:

Routledge, 2002.

Hippel, William von, *The Social Leap*(2018): *Die Evolution des Miteinander*, München 2020

Hogg, Q., *The Case for Conservatism*, Penguin Books, 1947.

Honneth, A., *Pathologien der Vernunft: Geschichte und Gegenwart der Kritischen Theorie*, Frankfurt/M. ³2007.

한스-헤르만 호페 저 / 박효종 역, 『민주주의는 실패한 신인가』, 나남출판, 2004.

Huizinga, Johan, *Homo Ludens. A Study of the Play-Element in Culture* (1938), London 1949.

Johnson, Mark, *Morality for Humans-Ethical Understanding from the Perspective of Cognitive Science*, The University of Chicago Press, 2014: 노양진 역, 『인간의 도덕 ─ 윤리학과 인지과학』, 서광사, 2017.

Kaplan, Jerry, *Humans Need Not Apply*, New Haven: Yale Univ. Press, 2015: 신동숙 역, 『인간은 필요 없다』, 한스미디어, 2016.

_____, *Artificial Intelligence-What everyone needs to know*, Oxford univ. Press, 2016: 신동숙 역, 『인공지능의 미래』, 한스미디어, 2016.

Kaulbach, F., *Immanuel Kant*, Berlin ²1982: 백종현 역, 『임마누엘 칸트 ─ 생애와 철학 체계』, 아카넷, 2019.

Kettner, Matthias(Hs.), *Biomedizin und Menschenwürde*, Frankfurt/M. 2004.

Kissler, Alexander, *Der geklonte Mensch ─ Das Spiel mit Technik, Träumen und Geld*, Freiburg/Br. 2006: 전대호 역, 『복제인간, 망상기계들의 유토피아』, 뿌리와 이파리, 2007.

Kojève, A., *Hegel - Eine Vergegenwärtigung seines Denkens*(Kommentar zur Phänomenologie des Geistes), hrsg. v. I. Fetscher, Frankfurt/M. 1975.

Kurzweil, Ray, *The Age of Intelligent Machines*, MIT Press, 1990.

_____, *The Age of Spiritual Machines*, London: Orion Business Books, 1999.

_____, *The Singularity Is Near ─ When Humans Transcend Biology*(2005), Penguin Books, 2006: 장시영 · 김영남 역, 『특이점이 온다』, 김영사, 2007.

_____, *How to Create a Mind — The Secret of Human Thought Revealed* (2012), Penguin Books, 2013: 윤영삼 역, 『마음의 탄생』, 크레센도, 2016.

Lange, F. A., *Geschichte des Materialismus und Kritik seiner Bedeutung in der Gegenwart*, Iselohn/Leipzig, 1866.

Latour, Bruno, *Science in Action*, 1987: 황희숙 역, 『젊은 과학의 전선』, 아카넷, 2016.

Lazarus, R. S. / B. N. Lazarus, *Passion & Reason: Making Sense of Our Emotions*, Oxford Univ. Press, 1994: 정영목 역, 『감정과 이성』, 문예출판사, 1997.

Manin, Bernard, *The Principles of Representative Government*(1997): 곽준혁 역, 『선거는 민주적인가』, 후마니타스, 2004.

Marion J. B. / W. F. Hornyak, *General Physics with Bioscience Essays*, New York: John Wiley & Sons, ^{2}1985.

Marks, Stephan, *Die Würde des Menschen ist verletzlich*, Stuttgart ^{2}2019.

Milanovic, Branko, *Global Inequality*, Harvard Univ. Press 2016: 서정아 역, 『왜 우리는 불평등해졌는가』, 21세기북스, 2017.

Mulhall, S. & A. Swift, *Liberals and Communitarians*(1992): 김해성 · 조영달 역, 『자유주의와 공동체주의』, 한울, 2001.

O'mathuna, D. P., *Nanoethics*, 2009: 이상헌 · 이원봉 역, 『나노윤리』, 아카넷, 2015.

Parijs, Philippe van, *Real Freedom for All*, Oxford 1995: 조현진 역, 『모두에게 실질적 자유를』, 후마니타스, 2016.

Perilli, Lorenzo(Hs.), *Logos — Theorie und Begriffsgeschichte*, Darmstadt 2013.

Piketty, Thomas, *Capital in the Twenty-First Century*(2013), transl. by A. Goldhammer, The Belknap Press of Harvard Univ. Press, 2014: 장경덕 (외) 역, 『21세기 자본』, 글항아리, 2014.

Place, U. T., "Is Conciousness a Brain Process?", in: *British Journal of Psychology* 47(1956).

Plattform Industrie 4.0(www.plattform-i40.de). Potter, Van Rensselar, *Bioethics:*
  Bridge to the Future, Prentice-Hall, 1971.

Putnam, Hilary, *Reason, Truth and History,* Cambridge 1981: 김효명 역, 『이
  성, 진리, 역사』, 민음사, 2002.

_____, *The Collapse of the Fact/Value Dichotomy and Other Essays*(2002):
  노양진 역, 『사실과 가치의 이분법을 넘어서』, 서광사, 2010.

Rabinow, Paul, *Anthropologie der Vernunft,* hrsg. v. C. Caduff · T. Rees,
  Frankfurt/M. 2004.

Rachels, James, *Created from Animals: The Moral Implications of*
  Darwinism, 1990: 김성한 역, 『동물에서 유래된 인간―다윈주의의 도
  덕적 함의』, 나남, 2009.

Raventós, Daniel, *Basic Income: The Material Conditions of Freedom*(2007):
  이한주 · 이재명 역, 『기본소득이란 무엇인가』, 책담, 2016.

Reich, Robert B., *Saving Capitalism: For the Many, Not the Few*(2015), New
  York: Vintage Books, 2016: 안기순 역, 『자본주의를 구하라』, 김영사,
  2016.

Rifkin, Jeremy, *The End of Work*(1995), New York 1996: 이영호 역, 『노동의 종
  말』, 민음사, 1996.

Scaruffi, Piero, *Intelligence is not Artificial,* 2015.

Schmidinger Heinrich · Clemens Sedmak(Hs.), *Der Mensch — ein ≫animal*
  rationale≪?, Darmstadt 2004.

Schmidt-Salomon, Michael, *Jenseits von Gut und Böse,* München 2009.

Schramme, Thomas, *Bioethik,* Frankfurt/M. 2002.

Schwab, Klaus, *The Fourth Industrial Revolution,* Cologny/Geneva 2016: 송
  경진 역, 『클라우스 슈밥의 제4차 산업혁명』, 새로운 현재, 2016.

Seifert, J., *Das Leib-Seele-Problem und die gegenwrtige philoso-phische*
  Diskussion, Darmstadt, 1989.

Steinvorth, Ulrich, *Was ist Vernunft?,* München 2002.

Swaab, Dick, *Wir sind unser Gehirn: Wie wir denken, leiden und lieben,*

München 2011.

Tatianus, *Oratio ad Graecos*. ed. by Wilhelm Worth, Oxford 1700.

Taylor, Ch., *Hegel*, übers. v. G. Fehn, Frankfurt/M. 1993.

Taylor, Frederick Winslow, *The Principles of Scientific Management*, New York and London 1911.

Tegmark, Max, *Life 3.0: Being Human in the Age of Artificial Intelligence*, New York: Knopf, 2017: 백우진 역, 『맥스 테그마크의 라이프 3.0 — 인공지능이 열어갈 인류와 생명의 미래』, 동아시아, 2017.

Thompson, Willie, *Work, Sex and Power: The Forces that Shaped Our History*, London 2015: 우진하 역, 『노동, 성, 권력』, 문학사상, 2016.

Vietta, Silvio, *Rationalität — Eine Weltgeschichte*, München 2012.

Wallach, Wendell / Collin Allen, *Moral Machines — Teaching Robots Right from Wrong*, Oxford univ. press, 2009: 『왜 로봇의 도덕인가』, 메디치미디어, 2014.

Watson, James Dewey / Andrew Berry, *DNA — The Secret of Life*(2003), New York 2006: 이한음 역, 『DNA: 생명의 비밀』, 까치, 2003.

Wilson, David Sloan, *Evolution for Everyone*, New York 2007: 김영희 외 역, 『진화론의 유혹』, 북스토리, 2009.

Wilson, Edward O., *Consilience: The Unity of Knowledge*(1998), New York: Vintage Books, 1999: 최재천 · 장대익 역, 『지식의 대통합: 통섭』, 사이언스북스, 2005.

Wittwer, H., *Ist es vernünftig, moralisch zu handeln?*, Berlin 2010.

Wright, Robert, *The Moral Animal*, 1994: 박영준 역, 『도덕적 동물』, 사이언스북스, 2003.

찾아보기

※ 표제어는 한글로 적되, 본문에서 여타 문자(언어)가 사용된 경우 표제어(한자) 그리스어 / 라틴어 / 영어 / 독일어 /프랑스어 순서로 병기한다.

※ '→'표 다음의 제시어는 상관어이며, '(→)'표는 해당 표제어를 참조하라는 뜻 이다.

백종현 白琮鉉

서울대학교 명예교수. 한국포스트휴먼연구소 소장.

서울대학교 철학과에서 학사 및 석사 과정 후 독일 프라이부르크 대학에서 철학박사 학위를 받았다. 인하대 · 서울대 철학과 교수, 서울대 철학사상연구소 소장, 서울대 인문학연구원 원장, 한국칸트학회 회장, 한국철학회 『철학』 편집인 · 철학용어정비위원장 · 회장 겸 이사장, 한국포스트휴먼학회 회장을 역임하였다.

주요 논문으로는 "Universality and Relativity of Culture" (*Humanitas Asiatica*, 1, Seoul 2000), "Kant's Theory of Transcendental Truth as Ontology" (*Kant-Studien*, 96, Berlin & New York 2005), "Reality and Knowledge" (*Philosophy and Culture*, 3, Seoul 2008) 등이 있으며, 주요 저서로는 *Phänomenologische Untersuchung zum Gegenstandsbegriff in Kants "Kritik der reinen Vernunft"* (Frankfurt/M. & New York 1985), 『독일철학과 20세기 한국의 철학』 (1998/증보판 2000), 『존재와 칸트 — 진리 〈순수이성비판〉의 근본 문제』(2000/2003/전정판 2008), 『서양근대철학』(2001/증보판 2003), 『현

422

저자소개

대한국사회의 철학적 문제: 윤리 개념의 형성』(2003),『현대한국사회의 철학적 문제: 사회 운영 원리』(2004),『철학의 개념과 주요 문제』(2007),『시대와의 대화: 칸트와 헤겔의 철학』(2010/개정판 2017),『칸트 이성철학 9서5제』(2012),『동아시아의 칸트철학』(편저, 2014),『한국 칸트철학 소사전』(2015),『이성의 역사』(2017),『인간이란 무엇인가─칸트 3대 비판서 특강』(2018),『한국 칸트사전』(2019) 등이 있고, 역서로는『칸트 비판철학의 형성과정과 체계』(F. 카울바흐, 1992),『임마누엘 칸트─생애와 철학 체계』(F. 카울바흐, 2019),『실천이성비판』(칸트, 2002/개정2판 2019),『윤리형이상학 정초』(칸트, 2005/개정2판 2018),『순수이성비판 1·2』(칸트, 2006),『판단력비판』(칸트, 2009),『이성의 한계 안에서의 종교』(칸트, 2011),『윤리형이상학』(칸트, 2012),『형이상학 서설』(칸트, 2012),『영원한 평화』(칸트, 2013),『실용적 관점에서의 인간학』(칸트, 2014),『교육학』(칸트, 2018),『유작 I.1·I.2』(칸트, 2020) 등이 있다.

인간은 무엇이어야 하는가

포스트휴먼 시대, 인간을 다시 묻다

1판 1쇄 찍음 2021년 3월 24일
1판 1쇄 펴냄 2021년 4월 12일

지은이 백종현
펴낸이 김정호
펴낸곳 아카넷

책임편집 김일수

출판등록 2000년 1월 24일 (제406-2000-000012호)
주   소 10881 경기도 파주시 회동길 445-3
전   화 031-955-9510 (편집) · 031-955-9514 (주문)
팩시밀리 031-955-9519

www.acanet.co.kr

Printed in Paju, Korea.

ISBN 978-89-5733-728-8(03100)